U0507812

中国海洋大学"985工程"

海洋发展人文社会科学研究基地建设经费资助

广义文字学研究自选集

黄亚平 著

中国社会科学出版社

图书在版编目（CIP）数据

广义文字学研究自选集／黄亚平著．—北京：中国社会科学出版社，
2016.12
　ISBN 978 - 7 - 5161 - 9500 - 0

　Ⅰ.①广…　Ⅱ.①黄…　Ⅲ.①汉字—文字学—研究
Ⅳ.①H12

　中国版本图书馆 CIP 数据核字（2016）第 303142 号

出 版 人　赵剑英
责任编辑　安　芳
特约编辑　席建海
责任校对　石春梅
责任印制　李寡寡

出　　　版　中国社会科学出版社
社　　　址　北京鼓楼西大街甲 158 号
邮　　　编　100720
网　　　址　http://www.csspw.cn
发 行 部　010 - 84083685
门 市 部　010 - 84029450
经　　　销　新华书店及其他书店

印　　　刷　北京君升印刷有限公司
装　　　订　廊坊市广阳区广增装订厂
版　　　次　2016 年 12 月第 1 版
印　　　次　2016 年 12 月第 1 次印刷

开　　　本　710 × 1000　1/16
印　　　张　19.25
插　　　页　2
字　　　数　305 千字
定　　　价　70.00 元

凡购买中国社会科学出版社图书，如有质量问题请与本社营销中心联系调换
电话：010 - 84083683
版权所有　侵权必究

序

　　这本自选集选录的是 2004 年至 2016 年间笔者发表在各类学术期刊上的有关广义文字学研究方面的部分学术论文和少量未发表的文章。内容包括广义文字学理论研究、前文字研究、文字与文明研究 3 部分。

　　广义文字学理论研究部分收录了笔者多年来探索广义文字学理论的 13 篇文章，是本书的主体，也是笔者自 2004 年首倡"广义文字学"概念以来，不断探索这个问题的阶段性成果的汇集。该部分的讨论围绕"文字起源"问题展开，这既是笔者的研究兴趣所在，也是这本文集的核心内容。

　　西方现代语言学自 20 世纪传入中国后，对中国语言学学科的确立和理论建构产生了巨大影响，随着各时期各种语言思潮的相继引入，中国语言学的话语体系几乎全部来自西方。毋庸讳言，西方语言学理论对中国现代语言学的建立和学科地位的奠定做出了极大贡献。但是，西方现代语言学的奠基人也有其自身学术背景的局限，他们建立的语言理论较少考虑以汉字为代表的表意文字的情况。因此，西方语言学的代表人物对"语言和文字"关系问题的认识是有片面性的。索绪尔指出："语言和文字是两种不同的符号系统，后者唯一存在的理由是在于表现语言。"[1] 索绪尔在言文关系的认识上出现偏差是事出有因的，因为他明确说明"我们的研究将只限于表音体系，特别只限于今天的以希腊字母为原始型的体系"[2]。但是，在

---

[1]　［瑞士］索绪尔：《普通语言学教程》，高名凯译，商务印书馆 1980 年版，第 47 页。
[2]　同上书，第 51 页。

西方现代语言学引入中国以后，由中国语言学家撰写的语言学著作中，并没有很好地总结中国传统文字学的研究成果并及时补充西方语言理论的不足，创建出既能包括表音文字体系，又能吸收以汉字为代表的表意文字体系的普通语言学理论，反而坚持西方理论，并把它发挥到极致，重点强调"语言是第一性的，文字是第二性的"，却很少谈及或干脆不提文字对语言的反向制约和影响，这是让人无法理解的。大部分语言学专业教科书至今还是坚持"文字是在语言的基础上产生的。语言是第一性的，文字是第二性的"①。这种对语言、文字关系的认识自然导致文字成为语言的附庸。当前国家学科目录设置中的文字学只是一个从属于普通语言学之下的三级学科，这应当是国内学界受制于言文关系认识局限的真实写照。

文字只有成为自足的符号系统，进入能够毫无遗漏地记录语词的阶段，才可以说是记录语言的符号系统，是成熟的文字。史前阶段出现在世界各地种种媒介之上的各类符号表达形式，如实物记事、陶符、刻契、结绳等，只能是史前表情达意的方式，我们将其称为"前文字"。前文字充其量是成熟文字体系的符号之源，但并非记录语词的符号。显然，如果我们想要讨论文字起源和文字系统形成的原因，那就必然要回溯到前文字阶段，考虑前文字和成熟文字的符号关系，语言和文字的关系，以及语言和文字在什么情况下合并在一起的问题。而不能首先限定文字晚于语言，文字是第二性的，文字只能是记录语言的辅助符号。在这样的大前提之下，"文字起源"的问题根本无法展开讨论。因此，如果要探讨文字起源的问题，必须首先打破现代语言学理论对言文关系所设立的禁忌，关注和思考语言和文字什么时候结合在一起、结合的条件和环境如何是怎样的问题，这也正是我们倡导广义文字学理论建设的意义所在。

前文字研究部分的 5 篇论文主要讨论文字系统形成之前的史前时期表情达意的方式及其对成熟文字的影响。并具体讨论了双墩符号的构型方式及其符号性质：双墩符号属于前文字，虽然距离成熟的文字系统还有一段距离，但由于它所处的地理位置非常独特，因此，双墩符号对汉字源头的

---

① 高名凯、石安石主编：《语言学概论》，中华书局 1963 年版，第 187 页。

探讨具有十分重要的意义。实际上，从目前我们了解到的情况看，比较理想的前文字研究材料是所谓的"印第安图画文字"，其中包含形式多样、内涵丰富的种种表情达意方式，但由于编选本书的时限，笔者对有关印第安图画文字的讨论文章只完成了《美洲印第安手势符号初探》一篇，其余两篇尚未完成，只能等以后有机会时再行补充了。

文字与文明研究部分的2篇文章着眼于讨论文字和文明之间的互动关系，讨论文字与文明之间的相互激发扩散，着力探索文字在文明建构过程中，以及在文明的固化方面所发挥的不可替代的作用。从文字和文明的互动关系中研究文字体系的形成，这是广义文字学理论的一个重要组成部分。文字及其书面经典对文化的塑形和整合作用十分明显，以汉字为例，汉字的起源对应于传说中的黄帝时期，成熟的汉字体系对应于夏文化早期，而经典化过程从商周就已经萌芽，直至孔子的时代才最终完成，这恰好描摹出华夏文明从萌芽到孕育，以至最终成形的全景。

原始文明的不断碰撞和不断重组，民族凝聚力的养成和定型，在很大程度上都是符号层面上的观念性意识形态整合的结果，而文字则是这种意识形态中最为基础的元素。如果我们把文字之前的种种表达方式，尤其是其中的视觉表达方式看成"前文字"，那显然只有前文字才是所有文明或文化所必须具备的。成熟文字则是社会发展到一定阶段，为了更好地交流信息、管理政务和记录账目等目的，补充语言符号的不足而发明出来的符号系统。文字系统出现的根本动力是社会需求，而一种与社会需求相适应的"社会读写机制"的建立才是促使该文字系统迅速传播和推广的制度保障。因此，"文字起源"的问题，如果是指"文字系统是在什么时候形成的"，或者是指"记录语言的符号系统什么时候变得成熟了"一类的问题的话，其研究重点应该是对"社会读写机制"的深入挖掘，而不是对符号个体的产生时间以及前文字符号与文字符号形体相似度的不断追寻。没有社会读写机制的建立和健全及其对文字的大力推介和广泛应用，没有适当的传授者，没有自觉自愿的学习者，没有推广和考核的措施，文字符号便不可能自己走向市场，并实现自我流通和应用。

"广义文字学"概念的提出，蕴含着我们将卓越的中国文字学研究成果推向世界的愿望，也蕴含着我们期待世界范围内古文字、古文明研究者更多地重视和关注中国的文字研究成果的努力。显而易见，一种新理论体系的构建不是短期内就能奏效的，需要几十年，甚至几代人的共同奋斗，需要各方面的认同、肯定和参与。从 2004 年我们提出这个概念算起，我们已经为此做了十几年的努力。但是，我们的努力还只能算是刚刚开始，今后要走的路还很长。对我而言，需要用毕生来完成这样一个夙愿！

黄亚平

2016 年 4 月 10 日

于青岛浮山一线海斋

目 录 CONTENTS

广义文字学研究自选集

广 义 文 字 学 研 究 自 选 集

广义文字学理论研究

广义文字学刍议

20世纪以来，由于地下材料的大量出土和现代科学化理论和研究方法的运用，与传统语言文字研究相比，文字学的研究不但取得了丰硕的成果，而且正在朝着健康的方向深入发展。但是，我们这里重点要谈的却不是20世纪以来的文字学研究的巨大成绩，而是现代文字学研究的局限以及我们提出的初步的解决办法。

毋庸讳言，由于受现代语言学研究的巨大影响以及语言学研究中对"语言和文字"关系问题的认识局限，文字学界针对文字的研究事实上存在一个大前提，那就是"文字是记录语言的符号系统"，并且赋予它不证自明的地位。有了这个大前提，文字研究被自然纳入语言研究的羽翼之下而不能自成门户，对文字的研究也只能是狭义的而不是广义的。由于现代语言学的奠基者们一开始就将文字逐出门外，宣称文字不是语言学的研究对象，① 与世界同步的现代中国语言学学科领域中也几乎没有文字学的位置。另一方面，中国传统的文字学研究也由于不能完全被现代的"语言的"范畴所涵盖，在20世纪那个"语言的世纪"里基本上处于自生自灭的尴尬状态，较少受到现代语言学的青睐。

从"记录语言的""成体系的"视角出发研究"出土文字"，自然会把注意力放在文字的形义联系和考释文字的具体意义上，而相对忽略了文明早期文字符号具有的文化透射作用，忽略了文字形成期文字符号的神性

---

① 参见索绪尔《普通语言学教程》，高名凯译，商务印书馆1980年版。

功能，没有意识到将出土文字与相关要素结合起来的重要性，将复杂的问题简单化，不注意从广义的角度研究文字发生期的相关问题，更没有把文字发生的问题和文明发生的方式结合起来进行研究，结果必然导致仅就文字而谈文字的狭义的文字研究方法。这种倾向既不利于文字起源的研究，也不符合文明发生初期的实际情况。

从语言学的视角出发建构文字学的学科体系，则必然把注意力放在文字符号的形体演变上，致使针对汉字的研究花费大量精力讨论已经成体系的、记录语言的符号的形体结构，即从甲骨文一直到楷书的形体演变。但由于对文字形体变化的研究事先有一个"语言的"前提，并且仅仅局限在"记录语言的"符号范畴之内，因此相对忽略更大范围内的符号系统之间的关系，没有意识到若就文字发生的全过程而言，不但文字形成初期的符号构成形式错综复杂，受多种因素的共同影响，并非仅仅与语言符号发生关系，即便是在记录语言的文字体系形成之后，文字形体的变易发展也有可能受非文字符号的影响，甚至受文字表达过程中其他因素的制约。换句话说，文字符号的构成方式显然并不只受语言符号的制约，而是更为宽泛的符号构成方式共同作用的产物。

一 研究的基本思路

广义文字学是与狭义的文字研究相对的文字学研究，也是发生学意义上的以文字为核心的综合性研究。广义文字学的研究从发生的角度讨论文字是如何被构成的，但它并不致力于找到文字符号的创造原点所在，它把注意力放在揭示文明形成时期的文字与文明的互动关系以及文字构形方式与文明类型的对应关系上。

广义文字学的研究应该时刻关注考古学领域内的新动向，注意吸收考古学研究领域内的新成果。比如，在苏秉琦先生关于"区系分际理论"[①]

[①] 苏秉琦：《中国文明起源新探》，生活·读书·新知三联书店1999年版。

研究思路的指导之下，考古学界关于文明起源问题的研究和近年来的考古发掘已经表明：在史前时期中华大地的各处，大致同时期存在着形态各异而又交错影响的多种文化单元。华夏文明并不像我们原先所认定的那样单纯产生于黄河流域并逐步向四周扩展，而是星罗棋布于中华大地各处，不但中原地区有文明的曙光，南方的长江流域、东北、西南、西北各地都有大致同时的文明之火冉冉升起。可以说华夏文明从一开始就选择了源于本土的"福辏式"的发展模式，从四面八方向中原聚拢、整合，最终形成文明的主体。并在其后的漫长发展过程中，始终保持着以华夏文明为主干的状态，逐步容纳和吸附了周边各文明要素，成为包容性极强的大文明体。

广义文字学的研究认为，针对汉字起源的研究应该与华夏文明的形成过程相对应。因此，我们首先应该把文字发生时期的现象与考古学上的文明类型对应起来研究，并以此为准区分文字研究的历史。比如，文字形成期的文字主要对应于考古文化中的龙山时代和传说中的黄帝时期的中华各大考古文化。文字成为"记录语言的""成熟的符号体系"主要对应于历史传说中的"五帝"末期——尧、舜、禹阶段和有文献记载的夏文化及其后的中华历史上的各个朝代。

文字发生时期的符号构成方式不但与文明的形成方式一样——具备多样性的特征，而且在一定程度上对文明产生的方式发生了不可低估的影响。一个大的文明体或拥有共同文化的原始族团的形成与这个文明体中占优势地位的文字符号对异文化的整合密不可分。甚至这个族团本身之所以能够作为一个存在的实体，也是文字整合的结果，而不是我们先前认为的那样，完全是由物质财富积聚到一定程度以后发生的突变所致。物质财富的积累当然是社会发展的条件之一，但它并不是唯一的条件；文明的形成、原始族团的重组，甚至民族凝聚力的培养，在很大程度上是由符号层面上的观念性意识形态整合的结果，而文字则是这种意识形态中最为主要的一个方面。

广义文字学研究应该同时关注民族学的研究成果。既然史前考古学的研究已经表明，华夏文明并不是一个血脉纯正，起源单一的文明体，那么针对这个文明体构成方式及其文字构成方式的研究就不能仅仅局限于少数几个文明个体内部，而要加强对其他文明体的研究，并力图从对多个文明体的研究中找出许多文明体之间曾经存在过的交叉、渗透、融合、重组的轨迹来，以便揭示华夏文明"多元一体"的性质。

广义文字学研究还应具有符号学的视角。在文明发生期，文字符号是直接表情达意的符号。文字符号与语言符号相对平行，还没有出现专门用来记录语言的文字，文字与语言的约定相对松散，或者说还没有完全约定俗成；文字的表达方式多样化，文字的构形以写意为主，文字的性质和功能以表达原始人的心智为主。如果说这个阶段对后世"记录语言的文字体系"的出现产生了什么样的影响，或者说对文字发展的最大贡献是什么？可以用一句话来概括，那就是奠定了为后世所尊存的"象意精神"（其核心是"二元互补"结构），并成为潜在的文字构成的深层结构。这个精神或深层结构规定了文字的创制并不需要全部从头做起，从一个个物象的描摹开始造字；文字的形成完全可以借助永远来自前代各个民族创造的现存符号，所谓创制文字的过程只不过是对各个不同文化和相同文化不同分支已有符号的借用、挪移、置换和重新整合而已。我们甚至可以说，通常所谓的"造字"，并不是全然按照"象形原则"进行的符号创制，更多的则是对前代已有符号的整理和规范。在文字成熟阶段，文字符号的最主要的特征是文字成为独立于图画、记号、族徽等视觉符号的符号系统，文字系统与语言系统发生了紧密的联系，语言符号成为与人们关系最为密切的直接表情达意的符号系统，文字则退居其次，成为记录语言的符号。①

二　比较的原则

广义文字学的基本思路决定了它的研究必须坚持"比较的原则"。所谓比较的原则包含两方面的内容：首先是立足于中国境内各史前民族之间的内部比较。既然考古学的研究已经证明在史前时代的中国大地上曾经存

---

① 参见黄亚平、孟华《汉字符号学》上编"史前汉字符号研究"，上海古籍出版社 2001 年版。

在各自独立而又相互渗透的几大文明，而且这些文明的内涵也不尽相同，那么作为文明要素之一的各文明个体的文字符号，自然也会因为文明自身具有的类型的差异而存在不同类型。比如说，仰韶文化半坡系刻符与大汶口、良渚系刻符之间存在的差别就是因为它们的文化类型的不同所致；中原地区出土的彩陶器上的写意型符号与周边地区发现于岩石上的写实性符号之间的差别也可以看成不同文化类型的产物；至于同一个文明体创造的符号，也会随着这个文化的传播而走向各地，因而导致在不同的文化范畴之内出现相同的符号。[①] 其次是立足于世界范围内的文明类型的分别与比较（包括文明要素之间的比较），即外部比较。进行外部比较必然要借鉴人类学的研究方法。因此，广义文字学的研究自然要具备文化人类学的背景。只有以整个人类历史发展为平台，对中国早期文明与世界古代文明因素进行细致的对比研究，才能正确揭示华夏文明与世界其他文明之间的交流和影响，准确描述华夏文明的特征和它在世界文明史上的历史地位以及对文明要素的影响，也才能更好地解释汉字形成的过程以及随着它的传播而对其他文明产生的影响。比如，同属"意音文字"，楔形文字、古埃及文字、玛雅文字、甲骨文这些不同的文字体系之间是否存在着若干的区别或者统一？表意文字或意音文字这一大类是否还可以划分成不同的类型？中国传统文字学发明的"六书"理论在多大程度上实用于上述这些古文字？[②] 这些问题只有立足于世界文化比较的范畴才能说得清，如果仅局限于一个文明体之内，那是没法解决的。

三 关系型的研究方法

如果不事先确定比较研究的双方，进行比较研究的过程就势必存在一些问题，因此，有必要首先将"文字"设立为一个对应项，再找出可能与

---

① 参见黄亚平、孟华《汉字符号学》上编"史前汉字符号研究"，上海古籍出版社2001年版。
② 参见周有光《六书有普遍适应性》，《中国社会科学》1996年第5期。

文字形成过程紧密相连的其他要素并将它设为另一个对应项，使两个对应项之间存在一种相互对应的关系。比如文字构成方式/早期文明类型、文字形成/礼制形成、文字结构/礼仪性建筑等。关系型的研究方法应主要包含两层意思。第一，从文字构成方式与早期文明类型的关系中研究文字。我们认为，发生阶段的文字构成方式与早期文明的类型密切相关，对不同的文字构成方式的研究应该是探讨早期不同文明类型的重要视角。华夏文明以其悠久历史傲立当世，讨论这一文明的发生及其在世界文明史中的独特地位具有重要的现实意义。众所周知，汉字是自古至今都在使用的"意音文字"，它的构成方式与华夏文明之间的关系应该既是文明史的研究课题，又是广义文字学的课题。对汉字构成方式与华夏文明之间关系的深入研究，既可以让我们认识史前时期中国大地上不同地区文明起源的进程及其相互关系，又可以进一步了解中国文明发生阶段多元文化相互渗透、共同融合为华夏文明的发展进程，以及这种带有"文化基因"性质的文明特征给该文明的进一步发展所产生的影响，使我们对自己的文明和文化有进一步的深入了解，有利于增强民族自豪感。并使我们进一步认清华夏文明在当今世界范围内的位置，对我们发扬华夏文明的优势，吸取其他文明的长处，延续和传承华夏文明做出贡献。第二，从文字构成方式与文明要素之间的对应关系中研究文字。简明扼要地说，就是此者的意义取决于此者与他者的关系，在文明早期，没有离开关系而单独存在的价值和意义。如果我们把发生期的文字看成一个关系项，并以此为坐标，将文明的几大要素，比如礼制、礼仪性建筑、器具的使用等看成与之相关联的对应项，在关系项与对应项之间建立相应的关系，并试图从关系项和对立项的对应中研究文字的构成方式。我们就可以这样描述文字与礼制之间的关系：中国文字和书写传统的起源都很早，以书写（记事记言）为主要任务的史官系统同样具有悠久的历史，而文字、书写传统和记事记言的史官都与更加源远流长的礼乐仪式以及这些礼乐仪式的制度化进程密不可分。在一定程度上，我们甚至可以说，文字的起源或者说"文字发生的原动力"很可能来自礼乐仪式制度化的需要。如果我们把礼仪制度的奠基看成文明起源的一大要素，那么，与礼仪制度的定型大体同步的文字形成及其文字符号的构成形式就与礼仪制度的奠基过程经历了同步的发展过程。因此，我们既可以从礼制成型的过程中，追寻文字的构成方式及其特点，同样，也可以通过对文字构成方式的研究观照礼乐文明的种种特征。我们还可以这样描述发生阶段的文字与考古发掘中的礼仪性建筑之间的关系：史前礼仪性建筑在建筑物的用途、建筑物的布局、殿堂建筑物表达的神性功能以及装饰艺术等方面无不渗透了古人的礼仪观念，这种观念往往与史前文字以及文字符号表达的观念异曲同工。比如，先民广为使用的"亞"形符号，就不但出现在考古发掘的实物中，也出现在青铜器的铭文中，等等。换句话说，如果我们留意史前中国大地上各不同文化类型的符号表达形式，也许就能在一定程度上触摸到各文明个体之间存在的差异。

四　注重文字功能的研究①

从发生学的角度探讨文字的功能，必然首先面对"神性功能"。这是因为史前文字不过是原始先民的"意象"的一种表达方式，把神秘的原始意象用图画、书契、刻符等视觉表达形式呈现在一定的书写表面上，就形成原始的文字及其典册，因为原始先民的意象往往具有神秘性质，在此基础上形成的原始文字和典册因而先天具有神性的意味。文字和典册代代传承、不断延续，就形成原始的部落文化遗产，成为权力话语的化身。随着原始部落之间的兼并战争，经过与其他文化遗产的融合，在具备了一定的数量和质量之后，就会形成适用于更大范围的文化遗产，当这个更大范围的文化体在相当范围内占主导地位的时候，"经艺之本""王政之始"的"文字"（包括典籍）就根本构成了。由此看来，所谓经艺之本的文字不过是固化了的意象，或者说意象是史前文字的本原。不论意象还是文字、典籍，从发生学的意义上看，都必须首先具备神性功能。②

---

① 参见黄亚平、孟华《汉字符号学》上编"史前汉字符号研究"，上海古籍出版社 2001 年版。

② 参见黄亚平《典籍符号与权力话语》，中国社会科学出版社 2004 年版。

　　文字的第二大功能应该是它的政治功能。因为文字自身虽然具备神性，具有权力话语的资格，但它自己毕竟不能发号施令，文字的神性功能只有借助王权才能发挥得淋漓尽致。因为王官集团的成员（巫觋、酋长、史、师之类）不但是文字符号创制的主力军，而且是具有权力话语资格的文字（包括典籍）的当然解释者，文字典籍等神性符号所表达的权力意志正是靠着他们的解释才让人理解。缺少解释的环节，文字典籍的神性权威和权力意志将要大打折扣。因此，当社会发展到一定阶段，人们的社会分工越来越细，社会的事务越来越繁重，原始的国家出现而且到了出现统治国家的王官的阶段，文字典籍原本具有的神性功能就自然而然地转变为政治功能，被统治国家的王者所掌握。文字也自然具备了"宣教明化于朝廷"的政治功能。

　　如果以现代语言学的眼光来看问题，文字的交际功能实在是最有现实意义、最为重要的功能。但是，如果从发生的角度来讨论文字的功能，恐怕我们只能把"社会交际功能"放在最后面。文字的社会交际功能是文明进步的产物，也是"神性"观念逐步退却，"人性"意识逐渐进步的产物。文字成为沟通古今、传承文明的载体，成为"前人所以垂后，后人所以识古"的工具。文字的广泛运用，给广大的人群克服时空障碍，交流生活经验，传达思想感情带来了极大的方便，因而成为人们最为便捷的、传递信息的工具之一。

五　关于文字的性质

　　简言之，发生时期的文字应该是表达原始人心智的符号而不仅仅是记录语言的符号。如果说到语言和文字的关系，那么两者基本是平行的符号系统，两者之间还不存在后世那样的从属关系。对原始人来说，语言固然重要，但语言并不等同于人生的全部意义。在许多场合，比如在原始祭祀礼仪活动中，视觉符号之一的文字与语言同时扮演着重要的角色，在语言和文字之间，很难真正分出高下，一般认为的语言性的记事符号或叙事表达方式只是文明发展到一定阶段的产物，并非原始人的本能创造活动。从文字的功能来看，史前阶段的文字和史前阶段的语言都呈现出复杂的状态。他们是各自独立的两大系统，平行发展，各有用途。文字用来沟通人神，语言用来联系人群；前者是神性的符号，后者是理性的符号。

尽管史前单体文字的符号表达形式（图画、刻符、图腾、记号）差别较大，但从结构形式上看，史前文字都是以一个二维平面为单位的"单体文字"。所谓"单体文字"，应该是指文字的形体构造是在有限的二维平面中展开并以一个二维平面为基本构图单位，还没有发展到我们常说的"按次序记录语言（或成词）"阶段的文字形式。这个基本单位可以独立表达，也可以加以解说，是不是需要解说（语言的介入），那要取决于心智表达和文字功能表达的需要。如果着眼于差异性，那么，我们应该意识到这些为不同创造主体所创制的文字符号的复杂性和多样性，也就是说，我们既要看到众多的史前文化单元之间的差别和歧异，也要注意它们在史前中华大地上的相互渗透和融合的情况。换句话说，史前符号或者文字只要符合并适应一定目的的心智表达的需要即可。不能以理性的抉择规定史前的文字符号应该是什么样的、不应该是什么样的。我们的任务之一是对地下出土的史前符号进行尽可能合理的解释，在研究已出土的史前符号时，应该注意向人类学家学习，尽可能地接近原始人的生活习惯和思维方式，尽量去理解前逻辑思维的本质，以便对原始符号做出尽可能合理的解释。

六　文字研究史的分期问题

文明的产生方式在一定程度上决定了文化的构成模式，而文字符号作为文化的符号系统和衡量文明的重要尺度之一，不可能不受文明产生方式的影响。既然华夏文明的产生方式不再像我们以前所认识的那样，是共同发源于黄河流域的一种中心文明体向周边扩散的结果，而是星罗棋布于中华各地。文明演化的过程没有采用单线演进的方式，而是选择了多元共存、相互渗透、相互影响的方式。那么，我们还有什么理由要坚持一元论的单线演进的研究方法，企图为汉字找出一个并不存在的理想化的源头呢？

笔者以为，从文字研究史的角度看，我们首先应该把文字学研究的对象区分为史前文字和成熟文字两个时期，每个时期又各分成两个阶段。

（一）史前文字时期

主要对应于考古文化中的龙山时代和传说中的黄帝时期的中华各大考古文化。史前文字时期包括两个阶段：泛文字阶段和单体文字阶段。

泛文字阶段：其主要特征是字、画、刻符、记号等视觉符号形式都是原始符号系统的表达手段之一员，它们之间并无高下优劣的差别，它们都只是不同的表达手段共同服务于心智表达的需要。在这个阶段，符号表达的需要完全视表达者的要求而定，还没有规定或者认同一种便捷的符号系统，同时规定由这一系统，而不是其他系统来承担文化赋予它的唯一重任。总体上看，符号的表达还处在自由化的阶段。

单体文字阶段：在这个阶段里，字画初步分离，文字向记录语言过渡；图画向表情、表意发展；文字和图画的构成方式交互为用、相互渗透。文字构形出现了相对固定的范本，文字书写成为一种专门的技艺，甚至成为代代相传的职业。语言和文字的初步整合形成了一种新的文化霸权和文化中心，原先为各个氏族所有的文化原型被新的文化中心置换，新的文化中心进一步成为涵盖各异质文化的共同本原。

（二）成熟文字时期

主要对应于华夏民族整合成型，成为中华文明的主干，文化和文明都有了明确而既定的主心骨，华夏和四夷的对立，中央和地方的对应，构成了新的二元互补关系的阶段。这个时期大体上对应于历史传说中的"五帝"末期——尧、舜、禹阶段。这个时期最主要的特征就是文字成为独立于图画、记号、族徽等视觉符号的符号系统，文字系统与语言系统产生了密不可分的联系，语言符号成为与人们关系最为密切的直接表情达意的符号系统，文字则退居其次，成为记录语言的符号。

成熟文字时期包括古文字阶段和隶楷阶段。

古文字阶段：这个阶段的文字形体保持了较多的"笔意"，保持了较强的象形意味，文字对语言和文化的投射还比较明显。但这个阶段文字形体的所谓"象形"，实际上已经经过了无数次的置换变形，单从形体构造上看，已经名不副实，说"象形"只是求其近似而已，其实已经属于唐兰先生所说的"象意"文字了。

隶楷阶段：这个阶段的字形基本脱离"象形"原则，形声字居于主导地位。在这个阶段，文字学上最大的问题已经蜕变为文字的正俗、形体的繁简与笔画的增省等，文字体系已经完全成熟，完全适应文化的需要，能够最大限度地满足记录语言的需求。因此，文字系统的变革仅仅局限于系统内部的改革，如果没有过于强大的外力，就不会出现超出系统的革命。

七　史前文字向成熟文字的过渡问题[①]

我们既然把文字研究的历史分成两个时期，那就必然要回答史前文字如何向成熟文字过渡的问题。我们以为，在"史前单体文字"向记录语言的"成熟文字"发展的过程中，"假借"起了关键的作用，正是"假借"原则的运用将语言和文字两大符号系统紧密联系在一起，从而构成了迄今为止依然是最为便捷灵敏的人类信息交流手段。

"假借"是传统"六书"理论中有较多争论的"一书"，对它的解释自古以来就很不相同。有人把"假借"看成跟"前四书"一样的"造字条例"，有人把它看成"用字之法"，有人把"假借"等同于词义引申，有人把它当成借词表音的手段，等等。之所以造成这么大的分歧，那是因为学者们借以立论的角度不同，因而导致表达方式与文字类型的混淆。我们以为，若从记录语言的文字体系形成的全过程来看，"假借"应该是

---

① 参见黄亚平《试论假借表达与假借字的区别》，《中国文字研究》第四辑，广西教育出版社 2003 年版。

"借词表音"的一种表达方式，是一种意指汉字构造的基本结构精神，它甚至是记录语言的成熟的文字体系形成的标志之一，而不仅仅是一种具体的造字规程或者造字条例。作为结构原则或表达方式的"假借"和作为文字类型的"假借字"应该是既有区别又有联系的，前者的本质是语言与文字图符的"二次约定"，后者则仅仅是前者造成的结果。如果我们想要对文字形成的全过程有一个深入的了解，那就一定要高度重视作为表达原则层面的"假借表达"在成熟的文字体系的形成过程中曾经起过的重要作用。

语言和文字作为人类最重要的表达思想的工具，在人类文明的早期是长期和平共处、共存共荣的，它们同是人类创造的孪生兄弟，是人与动物相区别的重要标志。由于人类心智表达的双重性（一方面，心智表达总是具有综合的性质；另一方面，又必须借助感觉器官来表达，而感觉器官是有分工的）统一，语言的表达和文字的表达总有一些地方会自然重合，两者很自然地发生共鸣或者互相借用。因此，当语言中惯用的"假借表达"手法成功地运用到大量的文字个体中，并经过漫长的孕育之后，必然促使成熟的文字体系的出现。当然，"假借表达"在满足文明早期文字记录语言需要的同时，也使原本平起平坐的语言和文字两兄弟变成主仆关系。从此以后，语言成为至高无上的主人，文字成为记录、书写表达它的工具或载体。

[本文原载《青岛大学师范学院学报》2004 年第 3 期；又收入黄亚平、白瑞斯、王霄冰主编《广义文字研究》（齐鲁书社 2009 年版）；此次收入本书时仍沿用原文，仅做了几处文字修正]

广义文字学研究再议

——国外古文字研究带给我们的启示

所谓"广义文字学"是指与隶属于语言学范畴之下的文字学研究，即狭义的文字学研究相对应的概念。拙作《广义文字学刍议》（2004）曾指出："广义文字学是与狭义的文字研究相对的文字学研究，也是发生学意义上的以文字为核心的综合性研究。广义文字学遵循比较的原则，主张关系型的研究方法，它注重文字的功能研究而相对忽略成熟期的文字形体的演变研究。"笔者近年来接触国外古文字研究的一些成果，很受启发，结合自己的理解和体会，特撰文介绍如下。

一　文字研究的理论探索

西方人的文字研究传统一直是在语言学的框架内进行的，或者说只有与自然语言存在直接联系的符号系统才会被认为是文字，这可以看成较典型的狭义文字观。毋庸讳言，狭义文字观至今依然是西方文字研究的主流。[①] 每一种狭义文字观指导下的文字理论都是语言学理论的一部分。在狭义的文字研究中，文字从来都只是语言的一种属性、一个元素。但是，在西方人了解了近东、北非、南美的几种古文字并对此投入了大量的研究

---

① 参见［德］白瑞斯《当代西方文字学研究》，王霄冰译，黄亚平、白瑞斯、王霄冰主编《广义文字研究》，齐鲁书社 2009 年版，第 3 页。

之后，也就是说在西方学者有了比较的眼光之后，虽然在理论范畴方面，他们还是比较愿意接受西方固有的传统，将文字纳入语言学范畴之中加以研究，但其文字研究事实上已经突破了狭义文字的局限而进入更加广阔的范畴。

法国哲学家雅克·德里达（Derrida）早在 20 世纪六七十年代就提出了他的文字哲学。雅克·德里达对文字的看法体现了他从哲学高度对"言语中心主义"的解构，这种解构实际上是其哲学解构学说的重要组成部分。在文字研究领域，雅克·德里达所要做的是解构言语的中心地位，以便还原文字的本原地位并试图建构一种不同于现代主义阅读方式的新方式。① 雅克·德里达的研究从理论上为文字学研究的独立地位廓清了道路。

英国学者罗伊·哈里斯（Roy Harris，1990）的符号学研究为西方的文字研究开辟了崭新的视角。他首次明确了在符号学框架之下文字研究领域集中讨论的几个问题：文字符号的元符号性、文字对语言的表现以及文字的线性主张。他把可以用来解释其他符号的符号叫作元符号，而文字符号的本质正是这样一种符号；文字与语言是并行的两个符号系统，文字可以直接、独立地表达思想；口语的线性序列和文字的空间排列之间是不能画等号的。罗伊·哈里斯的观点为我们探讨文字的符号本质和文字与语言的关系提供了有益的思路。②

德国学者扬·阿斯曼（Jan Assmann，1992）从人类记忆及其发展的角度区分了无文字社会和有文字社会的根本性质，指出无文字社会的人们得益于实物的、礼仪的和传统的方式保存了记忆的本真状态，相反，有文字的社会却常常处于迅即变化之中；书写并不能给社会带来持久和稳定，书写越多，变化和遗忘越快；文字最根本的功能是保存和交流，前者与记忆相连，后者与声音相关；文字和史前时代的一切符号一样是作为存储媒介而不是记录声音的交流媒介而发明的；如果说无文字文化的传播须依靠实

---

① 参见［法］雅克·德里达《论文字学》，汪堂家译，上海译文出版社 1999 年版。
② 参见［英］罗伊·哈里斯《符号学视野的文字研究》，刘晓宁译，黄亚平、白瑞斯、王霄冰主编《广义文字研究》，齐鲁书社 2009 年版，第 21—34 页。

际参与、记忆和仪式的复述或复现，书写文化的传播则依赖交流语境的制度化，也就是说，文字成为交流媒介首先必须依赖阅读文化制度的发展及其对文学范本的不断学习。扬·阿斯曼之后，"文字与记忆文化""有文字和无文字社会"的区分、"文化记忆"等成为当今西方学术界讨论的基本命题。① 扬·阿斯曼的研究让我们意识到文字及文本在保存民族文化记忆中的局限以及文字文化传播对交流语境，即文学范本学习的依赖性。

二　文字起源研究

文字起源问题是中外普遍关注的基本问题，这方面的文章和论述很多。周有光先生将国外文字起源问题的研究归纳为两个流派：文字进化论和文字自发论。

韦恩·森纳（Wayne M. Senner）专门编撰了《文字的起源》（1990）文集，收录了外国文字学家撰写的 12 篇论文。如果按照周有光先生的分析，《文字的起源》的编者和大部分作者都是文字进化论者。文字进化论者所持的观点大部分建立在考古事实之上，所以能言之成理，但有理想化的成分。

美国学者沃尔特·A. 费尔斯沃斯（Walter A. Fairservis）研究了来源于印度河谷哈拉帕文明约 4000 个印章上的"文字"和图像，认为印章上的图案表明持有者所在的部落或宗族，而"文字符号"则表明个人的姓名、职业、住所、等级、头衔等信息。通过哈拉帕印章上的文字和图案以及两者关系的研究，可以确定印章持有者的身份以及该文字的性质和功能。② 这种以文字与图像互证来研究史前时代文字的方法，对我们探讨以记名为主的前文字以及最初的文字体系提供了有益的思路。

---

① 参见［德］扬·阿斯曼《有文字的和无文字的社会》，王霄冰译，黄亚平、白瑞斯、王霄冰主编《广义文字研究》，齐鲁书社 2009 年版，第 21—34 页。

② 参见［美］沃尔特·A. 费尔斯沃斯《印度河文明的古文字》，廉珍译，黄亚平、白瑞斯、王霄冰主编《广义文字研究》，齐鲁书社 2009 年版，第 133—152 页。

近年来，西方人的文字起源研究越来越多地重视考古案例，从具体材料中发掘文字材料，并就发掘材料对某种文字的起源加以探讨，其研究体现出重视个别案例甚于重视共同起源的特征。这一新的研究路数逐渐弥合了文字进化论和文字自发论的界线，而比较强调文字起源阶段的文化背景及其文化交流的作用和影响。亨利·乔治·弗斯科尔（Henry George Fischer，1990）主要从时间和美索不达米亚影响两方面讨论古埃及文字的起源。他认为古埃及文字的产生肯定受到了苏美尔和埃兰的影响，来自美索不达米亚的接触既有货物的输入，又有思想理念的输入，最明显的借鉴是"滚印"。① 实际上，照我们的理解，该文潜在表达的思想是，古埃及文字起源于与异文化的交流，这可以看成对"文字进化论"的一种新补充。

美国学者丹尼斯·斯曼特-贝瑟拉（Denise Schmandt-Besserat）经过对近东地区各大博物馆考古出土的"陶筹"长达三十余年的潜心研究，提出了一种观点，认为世界上最早的文字可能起源于近东地区的"陶筹"。她为此撰写了一系列的论著加以论述。丹尼斯无疑是文字进化论的拥护者，但她的"陶筹"变文字的观点却在很大程度上突破了进化论的演变程式。② 拱玉书认为，"陶筹"变文字的说法，对通常意义上关于文字起源发展，比如文字是从具体到抽象的发展过程，文字的最初阶段是图画字的理论都构成了严峻的挑战。③

还有学者通过对自源文字以外的自创文字系统，即文字本族创制问题的讨论企图间接回溯文字创制的过程。美国学者威廉·A. 斯曼里（William A. Smalley）提出本族自创文字是一个激发扩散的过程，即受可能性启发然后创制的过程。他举出了班玛姆文字（Bamum）、切罗基文字（Cherokee Scrip）和孟语字母（Pahawh Hmong）的例子。指出在本族自创文字的

---

① 参见［英］亨利·乔治·弗斯科尔《埃及文字的起源》，陈永生译，黄亚平、白瑞斯、王霄冰主编《广义文字研究》，齐鲁书社 2009 年版，第 117—132 页。

② 参见［美］丹尼斯·斯曼特-贝瑟拉《最早的文字》，王乐洋译，黄亚平、白瑞斯、王霄冰主编《广义文字研究》，齐鲁书社 2009 年版，第 97—116 页。

③ 参见拱玉书《楔形文字起源新论》，《世界历史》1997 年第 4 期。

过程中，最根本的是社会阶层或者其代表人物的书写意识及扩散；其次，文字系统创制之后的推广和应用必须依赖来自官方的或某种权威力量的支持和保障。① 这一研究给我们的启发是，应该把文字的创制和文字系统的激发扩散看成文字体系演变发展的两个不同阶段：文字或者文字系统可以由一些人在一段时间内创制完成，但是这种文字或文字体系的推行和传播却不是一人之功可以做到的；在文字激发扩散的过程中，官方的推介尤为重要。

每一种文字体系都是相对独立的系统。有的文字出现的时间较早，有些较晚，甲文字和乙文字可能存在继承关系，也可能没有这种关系；有些文字的创制直接受到其他文字的影响，甚至其他文字系统的专家亲自参与，借用已有的文字创制新文字，比如许多汉字型的民族文字；有些文字创制之前，创制人深入研究了其他文字的结构原理，结合自己的理解创新出一种新的文字，如班玛姆文字；有些文字的创制只是受了其他民族使用文字的启发，创制者本身并不识字，也没有文化，仅凭自己的宗教徒般的信仰和坚韧不拔的精神就能在几十年内创制出一种文字系统，如孟语字母。因此，文字创制的模式是多样化的，不能一概而论，只能具体讨论。

三　语言与文字的关系

语言和文字的关系是语言学和文字学必然面临的重大问题，中外的语言学、文字学都有非常多的讨论。主流的观点是文字记录语言。迄今为止，语言学家讨论文字和语言的关系，一般都认为文字是用来记录语言的，对文字的研究只有纳入语言学范畴才有意义。但是也有许多语言学家指出，语言和文字的对应关系并不均衡。也就是说，文字对语言的记录和

---

① 参见［美］威廉·A. 斯曼里《文字系统的本族创制》，陈永生译，黄亚平、白瑞斯、王霄冰主编《广义文字研究》，齐鲁书社 2009 年版，第 221—245 页。

文字在记录语言中的功能并不完全对等。实际上，如果我们回到人类历史早期，言、文、像、音乐、舞蹈、仪式表演共生共存于仪式中的现象比比皆是。在这个阶段，言、文本来就是平行共生的，他们都是原始人综合表达的一部分而已。原生态的文化往往体现了言、文共生的状态。墨西哥学者帕特里克·约翰逊（Patrick Johansson，2005）指出，在西班牙统治之前，拉美纳尔瓦特文化中，口语、图画性书写和仪式是表达、保存以及传递传统和文化的基本方式。歌曲被图画性地写在书中，一些口说的言语行为也保存在"对书中图画的吟唱"中。无论什么内容都能用口头的话语文本和图画的文本在一定的仪式中表达，口语文本、图画文本和仪式往往共存互补，但其联系又非常松散。① 帕特里克的这一研究对文字符号研究及其记录语言的文字体系形成的研究具有一定的启迪作用。从中我们可以看到，图画是怎样被说出来，口语又是怎样被画出来的这样一些有趣的现象。这对我们正确理解史前阶段文字和口说的关系很有启发。实际上，最近公布的中国广西壮族自治区的《坡芽歌书》，用81个符号代表81首歌曲，与纳尔瓦特文化的情况类似。

四　文字功能和地位

在原初文化中，文本具有仪式对象的功能和地位。德国学者白瑞斯（Berthold Riese，2001）指出，在中美洲的书籍文化中，书本不仅仅是用于祭祀的道具，它本身就是礼仪活动的内容，针对书本的祭祀是祭祀礼仪活动不可分割的部分。在前殖民时代的中美洲文化区，一些民族如玛雅、米须特克和阿兹特克等都有自己的书本文化。它们在形式上比较单一，内容上却异常丰富。这些文本采用图文并茂的形式存在，在公开祭典和印第安人的人生礼仪中都扮演着重要角色。在中美洲所有文化中，圣书似乎都是

---

① 参见［墨］帕特里克·约翰逊《西班牙征服之前拉美纳尔瓦特文化中的口语和书写》，侯霞译，黄亚平、白瑞斯、王霄冰主编《广义文字研究》，齐鲁书社2009年版，第441—459页。

作为祭司手册被使用的。书籍不仅因为其记载的内容而受到尊敬，它本身也可能成为礼仪祭祀的对象。① 实际上，中国云南的纳西东巴文字在祭祀仪式中也具有类似的功能和地位。②

英国学者杰克·古迪、伊安·沃特（Jack Goody, Ian Watt, 1977）指出，在无文字的口语社会，文化传递必须依靠面对面的交流。如果交流活动中某些内容或部分不再需要或没有多大的意义，遗忘和自我调节机制就会使这些内容发生改变；而在有文字的文本社会中，它们的成员必然永远面对着记录过去的文本和观点。因为过去与现在完全分割开，是历史研究的前提。文字的产生改变了文化传统的整个结构，文字使文化传递形式有了选择的余地，它意识到了一种不一致性。首先，它意识到了变化和文化滞后；其次，文化传承作为一个整体是由两个完全不同的部分组成的：一方面，是虚构、偏离和超自然；另一方面，是对神、人类的过去和物质世界更可信、更有条理的解释。③

英国学者佛罗利安·库尔马斯（Florian Coulmas, 2001）特别强调文字在东亚文化中占有的支配地位。他从导致文字产生的诸多社会力量，诸如行政管理、帝国、圣事、科学、现代标准、支配等多方面探讨书面语与不同语言社团的关系，力图从这个角度证明书面语言的功能和支配地位。与其他西方学者相比，他已经能充分关注东亚书面语言的特殊地位，这是西方学者主动变换研究角度，立足全球语言事实之上的研究，因此，他的研究是对西方学者 20 世纪 70 年代以来大量同类研究的进一步发展。④

---

① 参见［德］白瑞斯《中美洲的书籍文化》，黄亚平、白瑞斯、王霄冰主编《广义文字研究》，齐鲁书社 2009 年版，第 412—437 页。

② 参见和志武《祭风仪式及木牌画谱》，云南人民出版社 1992 年版。

③ 参见［英］杰克·古迪、伊安·沃特《文字的社会功能》，张晓雯译，黄亚平、白瑞斯、王霄冰主编《广义文字研究》，齐鲁书社 2009 年版，第 329—380 页。

④ 参见［英］佛罗利安·库尔马斯《东亚书面语的功能和地位》，黄亚平、白瑞斯、王霄冰主编《广义文字研究》，齐鲁书社 2009 年版，第 381—411 页。

五　文字载体与文字书体

德国学者阿莱达·阿斯曼（Aleida Assmann, 2001）指出，不同的文字载体使用体态不同的文字体系，有着不同的书写技术，并且被用来表现不同的内容。古埃及的石碑刻字（圣书体）使得人物及其事迹永恒化，而莎草纸（僧侣体）的写本却把文献档案化。文字在前者那里是公开的记忆媒体，在后者那里则只是被一部分专家所掌握的存储工具。文字载体的不同甚至导致了文体上的区别：一种是公民演说、历史记录、自述、表白和祈祷；另一种则是往来公文、管理资料、方案和记录。古希腊的羊皮纸随着基督教教会的确立而发展成为最重要的文字载体。文字载体表面持久性和书写便利性的统一，使羊皮纸不仅可以用来书写开头字母带有华丽装饰的宏伟的文字作品，而且可以为珍贵的插图和连篇的文字提供空间。书籍形式在传媒技术上的每一个变化，都导致了新的阅读文化的产生：自14世纪起，纸张制造技术成了书籍印刷的前提。书籍的印刷和装订形式的改变造成了阅读形式的变化。随着新的书籍形式的出现，对文献和知识的掌握也发生了深刻的变化。知识通过书本印刷而成为一种消费品，读者可以根据自己的需要进行选择。在计算机的电子书写形态引入之后，在电子阅读中出现了新的交流和信息传播的方式。新的阅读能力包括寻找和互联的技术能力，只有具备在电子世界的地形里找到一定的路径，也就是所谓的因特网的基础知识才有可能。阅读和写作被最紧密地联系在一起。如果不事先写点什么，就不能阅读。① 王霄冰进一步指出（2006），文字文化的发展在很大程度上受制于书写技术的进步程度，纸的发明使整个人类文化史发生了历史性的转变，文字只有得益于印刷技术才能摆脱在古代社会中为少数文化精英所掌握的状

---

① 参见［德］阿莱达·阿斯曼《文字与书写材料》，王霄冰译，黄亚平、白瑞斯、王霄冰主编《广义文字研究》，齐鲁书社2009年版，第481—499页。

态，成为真正的大众传播媒介。①

综上所述，自 20 世纪末以来，国外的古文字研究在对文字的认识、文字起源、文字和语言的关系、文字的功能以及书写载体对文字书体的影响等方面，都出现了一些新观点和新看法，这将对我们进一步讨论汉字起源等汉字研究的重大问题提供有益的思路和参照系统。

〔本文是在《广义文字研究》一书前言的基础上改编而成的，该文发表在《中国海洋大学学报》（哲学社会科学版）2010 年第 1 期；又载于中国文字学会主办《中国文字学报》第三辑，2010 年 11 月；今仍按原文收入本书，仅做了几处外文译名的更正〕

---

① 参见王霄冰《文字的物质载体及其社会功能》，黄亚平、白瑞斯、王霄冰主编《广义文字研究》，齐鲁书社 2009 年版，第 515—533 页。

前文字、类文字、广义文字学

——三议"广义文字学"研究

在讨论"前文字""类文字""广义文字学"之前，首先要再次明确"文字"的概念，因为"文字"概念是探索以上这些概念的前提和基础。但是，到底什么是"文字"？这却不是一个简单的问题，学术界对此存在许多不同的认识和看法。① 限于篇幅，我们在这里不打算展开讨论有关"文字"概念的种种看法。

关于"文字"的概念，我们采用时下为多数人所认同的看法，即将文字看成"记录语言的符号系统"或"成熟的符号系统"，本文中单独出现的"文字"概念都是指能够没有遗漏的记录语言的符号系统，即成熟的文字。这是本文所有探索的前提和基础。

在交代了本文讨论的大前提之后，还有一个问题也需要进一步明确，那就是怎样看待人类文明史的划分标准问题，即"文字"到底是不是文明产生的重要标志之一？众所周知，从19世纪初兴起的现代考古学，将人类文明史的研究推向了崭新的阶段。"因此，在考古学上把凡没有当时文字记录的，被称为史前时代；当任何地区出现文字记录之后，就称为历史时代。"② 考古学的发现对历史学、人类文明史研究产生了重大影响。有无"文字记录"被当作区分"蒙昧阶段"和"文明阶段"的最重要的标志。

---

① 参见连登岗《论文字的五种定义及其局限》，《中国海洋大学学报》（社会科学版）2010年第1期。

② ［英］戈登·柴尔德：《考古学导论》，安志敏、安家瑗译，陈淳审校，上海三联书店2008年版，第23页。

但是，随着学术研究的深入，通常所说的"成熟文字"概念，在不断出现的新材料、新认识面前，遇到了很大的挑战。比如在汉字起源研究中，关于以半坡系陶器符号为代表的史前陶符是不是文字或者是不是汉字来源的问题；再比如西亚地区发现的大量陶筹及其表面的各种刻痕和符号究竟是不是乌鲁克文字源头的问题；等等，都对通行的"文字"的概念提出了挑战。

在文明起源研究中，对文字与文明、国家的关系问题，也有一些情况超出了将"文字"作为文明标准的范畴之外，比如，澳洲、非洲、美洲地区的多数原住民始终没有创制出符合上述通行定义的"文字系统"，但众所周知，他们都有灿烂辉煌的文化和古老的文明。如果把文字作为区分文明是否建立的标准，那又该如何看待上述广大地区没有创制出文字的原住民的文化？再如，目前已经发现有些民族先建立国家，后创制出文字，如西亚地区的乌鲁克城邦、高拉和苏萨城邦；而有些历史上的国家，却始终都没有创制出文字来，如南美的印加帝国。

还有对史前考古发掘出的骨、木、石、土、金属等不同材质的原始艺术及其上的图画、纹饰、图案、符号等遗迹的属性认定问题，如若不能突破通行的"文字"概念，并试图寻找其所代表的语音，则等同于将这些原始艺术及其之上的图画、图案、符号等摈弃在语言文字学研究的大门之外。

正因为上述所提到的与通行的"文字"概念有关的问题都没有得到很好的解决，所以，提示我们需要重新审视通行的"文字"概念的合理性，充分发掘其内涵，限定其外延，而不是一味恪守通行的概念而不敢越雷池半步。我们显然不能为了维护一个现成的为多数人认同的体系，或者为了科研和教学的方便而叫停学术探索和学术争鸣，唯有直面事实，大胆探索才是正道。正是从这个意义上，我们倡议"前文字""类文字""广义文字学"等概念，并希望就此类问题，求教于大方之家。

一 前文字

据我们所知，最初提出这一概念并将其单独列为文字史上一个历史阶段的是王凤阳，[①] 而最早提出要把"史前文字"独立出来并采用与古文字研究不同方法加以研究的是饶宗颐。[②] 2001 年，笔者和孟华合作撰写了《汉字符号学》，在该书的上编"史前汉字符号研究"部分，我们继承了前辈学者所说的"史前文字"的概念，并尝试对"史前汉字"做了初步的分类。[③]

我们对"前文字"概念的探索，经过了一个从认识相对模糊到概念逐渐清晰的过程：在拙作《史前汉字符号研究》（2001）和笔者初期的几篇论文《广义文字学刍议》（2004）、《符号学视阈的史前文字研究》（2004）、《史前文字符号研究的基本观点》（2005）和《史前文字与"视像时代"的因缘际会》（2008）里，我们先后使用了"史前文字""史前汉字""史前符号"等术语，它们指的是那些出现于历史时代之前的各类史前符号，比如原始岩画、陶器符号、文身图案、图腾和徽标等。这些原始艺术的遗物通常被统称为"原始艺术""史前符号"或"史前艺术品"，由艺术史家、博物学家、史前考古学家、文字史家分别从艺术史角度、文明史角度和文字史角度加以研究。今天看来，"史前艺术品"的称名太过笼统，用来指称史前雕塑等实物形态的遗物比较合适，但用来包含符号形态的史前艺术就有点勉强；"史前符号"的名称虽然能较好地指称符号形态的史前艺术，但它又很难涵盖实物形态的史前遗物，也无法区分同为"符号化形态"的图画、记号、图案等不同情况。更为重要的一点，如果使用"史前艺术品"或"史前符号"的概念，那就成了艺术史家和符号学家的任务，与我们这里要讨论的"广义文字"的问题无关了。所以我们在

---

① 参见王凤阳《汉字学》，吉林文史出版社 1989 年版。
② 参见饶宗颐《符号·初文与字母——汉字树》，上海书店出版社 2001 年版，第 6 页。
③ 参见黄亚平、孟华《汉字符号学》，上海古籍出版社 2001 年版，第 52—162 页。

这里不宜采用"史前艺术品"和"史前符号"的名称，而使用"史前文字"的概念。

文字史家对"史前符号"的关注由来已久，从文字史的角度探讨史前符号的性质、功能以及这些符号与成熟文字体系中文字个体的符号继承关系应该是行之有效的。"史前文字"的研究不但能在"史前符号"和"成熟文字"之间架起桥梁，疏通道路，而且对文字史的撰写、文明史的研究都有积极的推动作用。

"史前文字"和"史前汉字"在笔者最初的观念里，两者也是混淆的。这是因为，我们起初接触到的材料基本上都是中国境内的，很少能看到国外的材料，因此，研究视野受到了局限。随着研究的深入，我们接触到的新材料和新观点越来越丰富，眼光不再局限于中国，因此，我们对"史前汉字"的提法有了新的反思，转而主张"史前文字"而不是"史前汉字"了。

"史前文字"的称名虽然相对完善，但也有其不足之处。因为"史前文字"的称呼是从历史学、考古学和文明史的视野对文字史所做的区分，而历史学、考古学有明确的时限和年代框架。如果从历史学、考古学视角出发定名为"史前文字"，那么，我们就必须确保使用的材料必须是历史时代之前的。但是，如果真要这么做，那我们又该如何看待那些始终都没有创制出文字的原住民的艺术？我们又该怎样看待那些民族学、人类学调查的原始材料？他们并没有用文字记载的历史，但是却有相辅相成的神话、歌曲、舞蹈、图腾和徽标，有各种类型的物件表达形式，如堆石、堆土、结绳、编珠、编框、刻木等，而这些看似简陋的表达形式既可以表意，也可以用来计数、记事甚至简单叙事。我们又该如何看待以上两类材料？

贯穿历史学、考古学的"时间"架构是其学科属性的根本反映，当然应该遵守。但是，把这一"时间框架"照搬于文明史研究中，并且把"记录语言的文字"作为区分"史前史"与"历史"的标准，这却是不尽合理的。除非我们把以上所说的这些人类学、民族学的材料也囊括进去，不但考虑了书面的文字记载，同时也考虑并包含了实物的、口述的、行为的种种表达形式，并且将上述所有实物的、图画的、符号的、文字的、口述的、行为的遗迹统称为"前文字"，针对文明史上各史前符号的研究才能够比较全面。

由此可见，由于文明发展的不均衡性和各文明体的千差万别。我们这里所说的"前文字"概念中的"前"其实是一个相对的时间概念，不宜机械地理解为所谓"史前"。

"前文字"有可能发生在文明史所谓的史前时代，但所谓的"史前时代"也是相对的概念。比如，纳西东巴文大致形成于唐宋时期，距今 1600 年左右。那么，如果东巴文之前有文字符号的发现，那应该看成东巴文的前文字；同理，甲骨文大致形成于距今 3200 年左右，那么如果发现了甲骨文的前文字，也应该是发生在距今 3200 年之前的时代。从广义文字学的立场来看，没有成熟文字记载之前的历史都应该算作史前史。我们不能因为纳西族的"前文字"比殷商族的成熟文字——甲骨文还要晚而否定纳西东巴文可能存在前文字，这正如我们不能因为苏美尔楔形文字和古埃及文字比甲骨文早约 2000 年，从而否定甲骨文可能存在前文字是同一个道理。世界各地、各民族的文化发展不均衡，有的快，有的慢，不能一概而论，只能具体对待，逐个讨论。

"前文字"也有可能发生在一些没有创造出文字的文明体之中。在美洲的印第安文明中，虽然在中美洲地区也出现了一些文字，如米须特克文字、玛雅文字、阿兹特克文字等，但如果把这些文字放在有几万年历史的美洲印第安民族的大背景下来考察，它们不但出现时间较晚（米须特克文字出现在距今 1800—1500 年之间；玛雅文字通常认为出现在距今 1800 年前后；阿兹特克文字出现在距今 800 年前后），而且地域也主要分布于中美洲地区。广大的南、北美洲地区的众多印第安民族却始终没有创制出用来记录语言的成熟文字，甚至连创造成熟文字的想法也没有。但是，这并不意味着南、北美洲的广大的印第安民族没有自己的书写系统，相反，这一广大区域内众多的印第安民族都有数量可观、形式多样的所谓"印第安图画文字"（又称"印第安象形文字"），以及同样形式众多、数量庞大，并且在一定区域范围内广为流行的表情达意的方式，比如岩刻、结绳、编织、图腾和徽标、手势语等，不一而足。这些形式多样的符号表意方式都应该被看成印第安民族的"前文字"，因为在它们的基础之上，如果有强烈的社会需求，就立刻能孕育出成熟文字来。

显而易见，上述地区印第安民族的所谓"印第安图画文字"以及丰富的表情达意方式是"前文字"研究的"富矿区"。实际上，不但在南、北美洲，在广大的非洲、澳洲地区都富含前文字研究的材料。

由此可见，许多民族都没有创制出成熟的文字，但他们却都有丰富的表情达意的方式——前文字。成熟文字只是社会发展到一定阶段的产物，前文字才是所有形态的社会都必须具备的表达手段。一个民族可以没有文字，但绝不能连"前文字"也没有。

当然，我们还应该明白，无论是"史前时代"的"前文字"材料，还是始终没有创造出文字的民族的"前文字"材料，其本质都是某种符号表达方式，这些符号表达方式或成为成熟文字符号形态的渊源物，为成熟文字的创制奠定了符号的基础，但却未必一定是成熟文字的直接起源。换句话说，我们很难期待某一天会突然发现一大批与某个成熟文字体系（如汉字、东巴文）逐一对应的"史前文字"来。我们认为，如果成熟文字出现的根本动因是社会的需求，而一种与之适应的"读写教育机制"的建立才是成熟文字形成的最主要的动因。文字起源研究的重点应该是"社会读写教育机制"的建立，而不是符号个体的产生和积累。没有社会读写机制的建立和健全，"成熟的文字"只不过是一个初创阶段的符号系统而已，既没有适当的传授者，也没有愿意学习者，更没有推广和考核的措施，文字不可能自己走向市场，并自我流通和应用。

有了上述的讨论之后，我们现在可以给我们所说的"前文字"下一个定义：所谓前文字，是指形义结合的早期视觉符号的总称。如前所述，一个民族可以没有自己的文字，但绝不能没有自己的表达方式。从这个意义上说，"前文字"是人类早期的视觉表达方式，但它既出现在史前时代，也出现在没有创制出文字的文明中。从表达方式的角度看，前文字大致可以分成物件表意型、图画记事型（又可进一步区分为：图画记

事类、图画转喻类、象征表意类三小类)、记号表意型、图案表意型等
"四型六类。"① "前文字"与"文字"既有区别又有联系:"前文字"与
"文字"的区别主要体现在两者记录语言的能力方面,"前文字"尚不能记
语或尚不能完全记语,"文字"则可以逐词记录语言;"前文字"与"文
字"的联系主要表现在符号形体上,"前文字"符号是"文字体系"中个
体符号形态创制的主要符号渊源物,"文字"符号是在"前文字"符号的
基础之上经过重叠、置换、增减等手法逐渐演变出来的符号系统。

二 类文字

"前文字"和"类文字"的提法实际上源于徐通锵先生在 2004 年读到
两篇拙作《史前文字研究的基本方法》和《广义文字学刍议》之后提出的
建议,② 有关"前文字"的讨论见前,此不赘述。

对我们而言,"类文字"的提法意味着"广义文字学"对文字应用
问题的关注。我们认为,"类文字"研究应该着重讨论文字在当今视觉
时代的文化功能和应用价值问题。这一思路首先源于笔者对"史前文
字"研究价值的思考,③ 在对史前符号的研究中我们发现,来自远古的
史前符号不但没有在当今互联网时代湮灭无闻,反而活跃非常,屡屡跃
出水面,成为符号创意的生力军。其次,"类文字"的提法源于笔者的
课堂实践。

从 2008 年起笔者为汉语言文字学专业研究生(以"广义文字学"方
向为主)开设了"广义文字研究"课程。在这门课程的讲授中,笔者明确
将广义文字学分为前文字、类文字和比较文字研究三个领域,要求学生制

---

① 有关"前文字类型"的讨论可详参黄亚平《前文字研究》(未刊稿)第二章"前文字的
类型"。

② 参见徐通锵《汉语结构的基本原理——字本位和语言研究·附录》,中国海洋大学出版社
2005 年版,第 294—295 页。

③ 参见黄亚平《史前符号与"视像时代"的因缘际会》,朱自强主编《中国文化产业》第 1
辑,中国海洋大学出版社 2008 年版,第 15—20 页。

作"类文字"的 PPT 报告，在课堂上报告和讨论，并在期末提交纸质论文作为"广义文字研究"课程论文。2008—2013 年，先后约 50 名同学参加讨论并提交了这一方面的论文。

徐通锵先生建议的"类文字"概念主要考虑了符号形体上的类似，其优点是可以让我们充分展开对符号形体的讨论和关注。但是，如果采用了这一称名，我们就不得不放弃上述所谓"前文字"的提法，因为，如果按照徐先生的建议，"前文字"与"类文字"两者虽然名称不同，但研究内容是可以重合的。孟华的《试论类文字》是笔者所见这一领域中较早发表的文章。① 孟文使用的"类文字"概念就是从符号形态的相似程度来定义的。他所举的"类文字"例证既有陶器造型与甲骨文、金文、商周铜器族徽文字，又有时下流行的部分艺术汉字、交通标志符号、奥运会图标以及火星文符号等。由此可见，孟华的"类文字"的概念是不区分古今中外的，即没有时间、空间的限制，而只取其"形态相似"。我们以为，将古今中外的符号不分时间、地域统统纳入"类文字"之中，实际上等于取消了"类文字"称名的合理性，使这一概念变得泛滥无边，无法把握。孟文还初步区分了"类文字"的类型，将"类文字"分成文趋图的"离心化类文字"和图趋文的"向心化类文字"。这两种类型是从图文关系的角度所做的区分，而且显然受徐通锵先生"字本位"理论所谓"向心"和"离心"模式的影响。② 孟文将徐通锵先生针对言文关系讨论文字的视角引入对图文关系的讨论之中，是对言文关系研究视角的进一步理论推阐，但缺乏对实际材料的归纳和分析。

我们以为，分类研究和针对"类文字"的功能研究是今后一段时期"类文字"研究的重点，应该重点展开对"类文字"概念内涵的归纳分类和定量、定性描写，并在此基础上，展开类文字在现代符号创意活动中的功能和地位研究。根据我们的初步探索，"类文字"大体上可分为三大类。

---

① 孟华的《试论类文字》一文见《符号与传媒》第 3 辑，四川大学出版社 2011 年版，第 59—72 页。

② 参见徐通锵《语言论——语义型语言的结构原理和研究方法》，东北师范大学出版社 1997 年版，第 519—544 页。

①图形图案类：如国旗、邮票、照片、服饰图案、旅游标志图案、交通标志符等。②标识徽号类：如各种商标广告：公司标志、酒标、化妆品标志；银行徽标；汽车徽标；电视台徽标；世博会会徽；家族徽；军功章；交通标志灯；等等。③"汉字式"新表意类：如时下流行的"火星文"、网络表情符、部分艺术家创制的"地书"，以及汉字化体育图标、艺术汉字、文字形吉祥符号、汉字形创意符号，等等。

以上三大类型中，我们尤其要关注第三类"汉字式新表意类"文字的研究。因为这些"类文字"或者广泛使用于新媒介之上，为广大的新生代所喜爱，呈现出不断发展壮大的趋势，如"火星文"、网络表情符；或者为前沿艺术家所创制，看图即能知意，成为一种能跨越语言障碍，直接以图表意的新象形字，如画家徐冰创造的"地书"；或者以汉字为创意元素，既表达某种审美功能，又能表情达意的艺术字，如汉字形吉祥符、艺术汉字、汉字化体育图标；等等。而且，相对前两类而言，第三类"类文字"贯穿了汉字的气韵精神，与汉字、汉文化的关系更加紧密。对此类"类文字"的研究有助于我们反观文字史上的书体演变和文字审美情趣的发展和变化。

至此，我们可以给类文字下一个定义：所谓"类文字"，是从符号功能的角度，对时下流行的非图非文、亦图亦文、半图半文的视觉符号的总称。"类文字"和"前文字"的区别在于"前文字"没有经过现代人的加工，尚没有被注入新的符号创意的元素；"类文字"则必须是经过现代人加工并具备了符号创意功能的视觉符号，两者不应混淆。

三　广义文字学

我们在《广义文字学刍议》（2004）里讨论过我们所说的"广义文字学"的概念内涵。简而言之，广义文字学就是以文字为核心的综合性研究，它以文字学研究为基础，但又不局限于此，而更多地把目光投向文字与文明关系的研究之中。

在多年的教学实践探索过程中，我们逐渐把"广义文字学"的概念外延推定为：比较文字与文化学研究，即研究世界各大文字体系文字的异同及其背后的文化差异；前文字研究，即研究史前符号的性质及其与成熟的文字体系形成的关系，包含通常所说的文字起源研究；类文字研究，即研究文字的结构功能及其在现代社会新媒体中的应用，即所谓的针对视觉创意活动的研究；文字传播研究，这又有两个方面，一是研究本族语境下文字的流通传播以及文字与社会教育机制的关联问题；二是研究跨文化语境下文字的流通和传播问题。当前的对外汉字教学研究正是这样一个崭新的领域，它不同于国内汉字教学的规律，又同时兼备文化传播的功能。

对我们而言，"广义文字学"更多的是对新的研究领域的拓展和一个开放的平台。在这个平台上，我们可以用更广阔的视野研究以文字为核心的诸多问题：从纵向的文字史的角度探讨历史文字和现代文字的联系和变迁；从横向比较的角度讨论中外文字、文明的异同；从功能的角度讨论符号、文字、图画、语言等不同表达手段的共同作用；讨论和关注文字和符号在现代生活中的应用和视觉转换问题；讨论广义的文字在当今视觉时代的符号创意活动，为基于网络的新媒体提供符号的基础支撑；讨论汉字的对外传播问题，为汉字文化走出国门提供理论研究基础和优化的教学模式。

由此可见，所谓的"广义文字学"只是一个研究视角的转换，而不是对"狭义文字学"研究的颠覆。在科学研究中，视角的转换也是非常重要的，同样的材料，换一个角度看，就可能得出不同的结论。如果我们能有一个广阔的平台，让尽可能多的对这个话题感兴趣的人在这个平台上沟通和交流，切磋和琢磨，碰撞和激荡，久而久之，也许就能培育出真正的世界"文字学"（不是指世界文字史）或者"文字与文明的比较与融合"（重点在于融合）这样的更具普适性的新研究方向。

"广义文字学"概念的提出，蕴含着我们将卓越的中国的文字学研究成果介绍给世界，也蕴含着我们期待世界范围内古文字、古文明研究者更多地重视和关注中国的文字研究成果。显而易见，一个新学科或研究方向的建设不是短期内就能奏效的，需要几十年甚至几代人的共同奋斗，需要各方面的认同、肯定和参与。从 2004 年我们提出这个概念算起，① 已经为此做了十多年的努力，但是，迄今为止，我们的努力还只能算是刚刚开始，今后要走的路还很长，需要我们用毕生来完成这样一个夙愿。因此，真切地盼望有一大批真心喜欢文字、文化、文明丰富性、文化多样性的朋友们能积极参与其中，建设我们共同的"广义文字学"精神家园。

［本文原刊于《中国海洋大学学报》（社会科学版）2014 年第 6 期，今仍按原文收入文集，仅做了几处文字修正］

① 有关"广义文字学概念"的提出和具体讨论，请参见黄亚平《广义文字学刍议》，《青岛大学师范学院学报》2004 年第 3 期；《广义文字学研究再议——国外古文字研究带给我们的启示》，《中国海洋大学学报》（社会科学版）2010 年第 1 期。

我们的广义文字学研究

本文是对十余年来我们的广义文字学研究的小结。

应该说，广义文字学的研究自始至终都不是封闭的、个人的苦思冥想，而是开放式的、思想碰撞的火花。这其中既有国内外同行的思想引领，又有与同事们的切磋琢磨而受到的启迪和激发，还有在教学和指导研究生论文过程中与学生们的交流和互动，这一切正能量的汇集，形成这里所说的广义文字学研究。因此，如果说广义文字学研究还有一些创新意义的话，那首先要衷心感谢各位或直接或间接参与其中并贡献了伟大智慧的各位学界朋友。

从时间节点上说，最早提出这一话题讨论的是笔者在 2004 年首先发表在《青岛师范学院学报》的一篇名叫《广义文字学刍议》的文章。这篇文章提出了广义文字学研究的基本问题和笔者的一些看法，归结起来有如下几点。

（1）需要重新审视现有学科体系对文字学研究的"有意忽视"，打破西方语言学传入中国以来的"新传统"对文字学的限制和约束，从广义的视角研究以文字为核心的诸多问题。

（2）需要高度重视文字构成方式与文明类型的互动关系。充分吸收考古学、民族学、符号学以及古代文明研究方面的成果；采用比较的方法比对世界各大"自源文字"的异同，找出差异，总结各不同类型的文字结构特点并依次梳理文明特征；进一步讨论不同的符号构成方式对不同文明类型的塑造作用。

（3）初步厘清文字形成的过程，尝试说明史前文字向成熟文字的过渡中是什么因素发挥了关键作用，并尽可能找到成熟文字的符号渊源物，探究"史前文字"与成熟文字在符号形态上的继承关系。

（4）不仅关注早期文字的结构方式，更要关注造字阶段文字具有的特殊功能，并进一步从社会需求的角度讨论文字体系是如何形成的以及这种文字的性质。

实际上，以上 4 个方面的问题可以依次归结为：①文字学的学科地位和研究视角的研究；②文字构成方式与文明关系的研究及比较文字学研究；③史前文字和成熟文字体系的关联研究及前文字研究；④早期文字与社会读写机制的关联研究，即文字传播的问题。

一　文字学的学科地位问题和研究视角的问题

有关文字学的学科地位和研究视角的问题虽然十分重要，但却不是仅凭学术讨论就能解决的，尤其是前者。这是因为一个学科的学科地位主要是由国家的文化发展战略、法律、法规的考量来决定的。若仅就学科地位而言，它主要反映在国家的学科目录设置方面。

以下是 2012 年国家设立的学科目录：

国家学科分类与代码表（GB/T13745—92）

740	语言学
740.10	普通语言学
740.1010	语音学
740.1015	语法学
740.1020	语义学
740.1025	词汇学
740.1030	语用学
740.1035	方言学
740.1040	修辞学

740. 1045	文字学
740. 1050	语源学
740. 1099	普通语言学其他学科
740. 15	比较语言学
740. 1510	历史比较语言学
740. 1520	类型比较语言学
740. 1530	双语对比语言学
740. 1599	比较语言学其他学科
740. 20	地理语言学
740. 25	社会语言学
740. 30	心理语言学
740. 35	应用语言学
740. 3510	语言教学
740. 3520	话语语言学
740. 3530	实验语音学
740. 3540	数理语言学
740. 3550	计算语言学
740. 3560	翻译学
740. 3599	应用语言学其他学科
740. 40	汉语研究
740. 4010	普通话
740. 4015	汉语方言
740. 4020	汉语语音
740. 4025	汉语音韵
740. 4030	汉语语法
740. 4035	汉语词汇
740. 4040	汉语训诂
740. 4045	汉语修辞
740. 4050	汉字规范

740.4055	汉语史
740.4099	汉语研究其他学科
740.45	中国少数民族语言文字
740.4510	蒙古语文
740.4515	藏语文
740.4520	维吾尔语文
740.4525	哈萨克语文
740.4530	满语文
740.4535	朝鲜语文
740.4540	傣族语文
740.4545	彝族语文
740.4550	壮语文
740.4555	苗语文
740.4560	瑶语文
740.4565	柯尔克孜语文
740.4570	锡伯语文
740.4599	中国少数民族语言文字其他学科

在这个国家学科目录分类表中，文字学只是一个三级学科，隶属于二级学科普通语言学之下，与语音学、语法学、语义学、词汇学等并列。如果说普通语言学之下的10个三级学科的分布是按照"新传统"（即西方语言学传统）的考量设置的，而在另一处按照"老传统"（即中国语言学传统）设立的二级学科"汉语研究"旗下，虽列出汉语音韵、汉语词汇、汉语训诂、汉语修辞、汉语语法等11个三级学科，却不列汉语文字，就实在令人费解了。业内人士都知道，就中国古代传统语言学（一说语文学）而言，"文字学"不但是核心，而且曾经是整个中国古代语言学的代称。没有汉字的记录，所谓音韵、训诂、词汇、汉语修辞等从何谈起呢？传统的中国古代语言学对语音、语义、词汇、修辞的研究，基本是对汉字记录的文献语言的研究，即书面语研究，而不是对活语言，即口头语的研究。中国古代语言传统中不能说没有针对口头语的研究，但这一类的研究显然数

量较少，成绩不大，在历史上，显然不是中国语言研究的主要对象。

现行的学科目录设置体系中文字学的学科地位没有得到应有的重视和体现。无论在"新传统"的标准下，还是在老传统或新老传统并举的标准下，"文字学"的学科地位都没有得到妥善的安置。国家学科目录设置在这方面的缺憾不仅与旺盛的社会需求以及对外文化传播和交流的要求不相符，而且给高校和科研机构文字学学科队伍的建设造成了一定的困难。但是，正如上面所言，国家学科目录的设置，并不是纯粹的学理探讨所能解决问题的，它是一个国家文化战略、法规建设的重要组成部分。因此，这样的问题，只能由国家层面的文化战略制定部门加以通盘考虑。

与学科地位问题的讨论不同，文字学研究新视角的问题显然属于学理讨论的范畴。对我们而言，这一考量应与此前有所不同。20 世纪 80 年代以来，学界通行一种做法：若要提出一种新观点、新学说、新视角，往往采用"先破而后立"的办法，喜好建构"体系"。但是，随着社会发展节奏的加快，一种新的理论往往各领风骚三五年，甚至更短，同行还没有来得及领会就已经销声匿迹，或者被更新的"理论"所击垮，很快被人们彻底遗忘。这种为了建构理论模式而出现的所谓理论创新为我们所不取。在我们看来，理论或者体系要么出于实际需求，解决实践中遇到的问题，要么能为解决实际问题提供更广阔的平台。因此，我们所说的广义文字学的研究，只是文字学研究的一个新视角而已，或者仅仅是针对文字学的学科内涵和外延的拓展，而非头脑风暴似的概念革命。我们希望广义文字学研究始终呈现出一种开放的状态，为广大的文字研究者、爱好者提供对话和交流的广阔平台，既关注历史文字和现代文字的关联，也关注中国文字和外国文字的异同比较，同时更要关注文字和符号在当今社会应用中的现实问题，适当聚焦于文字在"视觉时代"符号创意中的作用和功能研究，为新的文化发展模式提供符号的基础支撑。简言之，广义文字学应该尽可能理顺古今关系（前文字和文字关系）、中外关系（古文字、古文明，比较文字，汉字、汉文化的传播问题）以及本体和应用关系（文字结构方式和文字符号创意、文字本体研究和文字教学法研究）等三个方面的问题。

二 比较文字学研究

在西方人针对西亚文明、古埃及文明、中美洲文明和世界其他地区的古文明研究中，古文字的研究只是其中的一个组成部分，西方人针对古文字的研究远不及汉字研究在华夏文明研究中的地位那么重要。这是因为，西方人长期使用"借源型"文字，文字的字形对他们来说似有似无，引不起他们的关注。对他们而言，"文字唯一存在的理由就是记录语言"，而语言是音义的合体，是活着的、可以言说的符号系统；文字是外在的、可以淡出的、次一级的符号系统。这样的意识在西方人的心目中根深蒂固，很难动摇。

在国内，从 20 世纪初兴起的中国的比较文字学研究（真正成熟于 20 世纪 80 年代，奠基人是周有光、王元鹿等人）应该说具有中国的特色。与西方人的研究比较起来，国内的比较文字学研究属于相对纯粹的"文字比较"，虽然文明的比较也是必不可少的，但在国内的比较文字学研究中，文明研究已经退居其后，蜕变为一种"文化比较"。因此，统而言之，西方的古文字、古文明研究，到了中国却催生出相对独立的"比较文字学研究"。

在比较文字学（主要是世界古文字与古文明比较）研究领域中，我们前期的研究主要是指导研究生撰写的硕士学位论文。这些论文基本上是从三方面进行的：一是带有探索性质的中西语言及文化的比较；二是以学界出现的新理论以及我们的理论探索为基础的中西语言文字比较方面的论文；三是以周有光先生提出的"六书具有普遍性"的理论为指导的古文字比较。

2001 年，同事孟华教授和笔者在中国海洋大学外国语学院张德禄院长和各位领导的大力支持下，在该院语言学与应用语言学专业设立了中西语言文字比较方向，开始招收外语和中文两方面对此感兴趣的同学进行中西语言文字的比较研究。从 2006 年这个方向并入中国海洋大学文学与新闻传播学院汉语言文字学专业为止，该方向共招收过6届41名学生，其间周继圣教授加入这个团队，先后招收了两届共7名研究生。如果我们把这些硕士论文加以简单分类，就会发现它们基本上属于下面所说的三类。

其一，中西语言及文化的比较。这方面我们指导过的论文有20余篇，如《英汉音节对比研究》（张大英，2004），《论英汉互借词中的意译词》（阎海宁，2005），《英汉语序的生成机制的对比》（孙亚楠，2006），《英汉异体词比较》（程金芳，2007），等等。此类论文以中、英两种语言及文化为比较对象，试图寻找中、英两种语言及其结构方式方面的异同，顺便讨论两种文化的异同及其原因。这种类型的比较研究，自20世纪80年代改革开放以来就在国内学术界，尤其在外语界广为流行。因此，此类研究是我们对学界中英比较传统的继承，代表着初期我们在中西语言文化方面的一些探索。

其二，以近年来学界出现的新理论以及我们的理论探索为基础进行的中西语言文字对比研究，这方面的论文也有20篇左右。如《会意字的认知研究》（陈志群，2004），《徐通锵字本位理论述评》（邹爱琴，2007），《文字的认同性及文化心理》（夏洁，2009），《东亚和西欧的"同文"比较研究》（孟凡杰，2010），《唐代汉字推广与社会读写机制的关联》（李萍，2015），等等。在这些论文中，我们尝试引入了认知理论、文化认同理论、字本位理论等当下学界新出的理论来分析汉字的实际问题，指导学生的论文撰写，初步得出了一些有益的结论。

此处所谓"我们的新理论探索"主要是指以孟华教授的符号学理论为指导撰写的学术论文，如《品牌译名的理据方式和动机方式》（吕玉红，2004），《不同言文关系背景下的汉英"形"音关系研究》（王乐洋，2005），《言文关系视角下的汉英成语结构对比》（杜彩霞，2005），《从视觉诗媒体间性方式看中西文字》（甄婷婷，2008），等等。这些论文以孟华提出的动机性和任意性原则、汉语和汉字合治的文字观及文字间性理论为指导，可以看成孟华的符号学理论指导下的中西语言文字比较研究。

其三，世界古文字比较研究的论文，这方面的论文有十余篇，如《甲骨文声符与圣书字音符的对比》（陈永生，2006），《甲骨文纳西东巴文象形字比较研究》（田玲，2007），《甲骨文与玛雅文象形字比较研究》（侯霞，2008），《甲骨文形声字形符和圣书字定符的比较研究》（田田，2009），《甲骨文与古埃及圣书字象形字比较研究》（张晓雯，2009），《甲骨文与原始楔形文字会意字比较研究》（李红梅，2010），《甲骨文与原始楔文象形字比较研究》（杨冬冬，2010），《甲骨文与玛雅文字音符比较研究》（刘晖，2012），《阿拜多斯 U-j 号墓发现的标签符号研究》（张玲，2015），等等。这些论文都是以周有光先生的"六书具有普遍性"为理论基础进行的世界古文字字形结构方面的比较研究。对传统的"六书"理论是否具有普适性价值，学界有不同的看法。我们的探索证明，尽管"六书"不可能揭示世界一切古文字的构造规律，比如苏美尔楔形文字有"十三书"，其中所谓的增画字、左斜字、右斜字等都不能被"六书"所涵盖，但我们并不能因此而否定传统"六书"的价值，因为，无论什么样的文字，都有形体构造的问题，而且形体构造是文字的根本属性，从形体构造的角度入手进行某种文字系统中文字结构规律的研究，这个大方向无疑是正确的。从形体构造的角度进行古文字，尤其是自源型文字的比较，同样是切实可行的。关键是我们怎么看待"六书"，究竟是一个层面（造字法/结构大类），还是两个层面（四体二用）？今后，我们可以结合对苏美尔楔形文字的"十三书"的比较研究，发现"六书"的奥妙，从而为世界古文字的比较归纳出一个切实可行的原则——一种可以涵盖世界各主要古文字形体结构规律的"新××书"来。

以上三方面的论文均带有探索性质，这些探索包括对不同语言、文化的对比分析和重新认识，对新理论的借鉴和应用，以及我们自身的理论探索。

2007 年，中国海洋大学中西语言文字比较方向并入文学与新闻传播学院汉语言文字学专业招生，以上三个方面的论文虽然仍有续作，但从总体上已经由初期比较朦胧的中西语言、文字、文化的比较转向了相对自觉的广义文字学研究。

三 史前文字研究

据我们所知，王凤阳先生首先在他的《汉字学》（吉林文史出版社，1989）一书中提出了"史前文字"的概念，他指出这是一个跟"有史文字"相对的时期，史前文字只起提示语言的作用，有史文字则是用来记录语言的文字体系（见该书第 272 页的"简表"）。其后，饶宗颐先生在他的《符号·初文与字母——汉字树》（上海书店出版社，2000）一书中提出要把古陶器上的符号资料"展开作为'史前文字学'看待……'史前文字学'在古文字学当中，应该算是一个独立的部门，其研究方法及着眼点，不尽与古文字学的一般研究方法相同。"（见饶书第 6 页）。

笔者在拙著《汉字符号学》（上海古籍出版社，2001）上编"史前汉字符号研究"中将"史前汉字"从表达方式的角度分成造型表达、图画表达、记号表达、徽号表达四类，并初步探索了"史前文字"向"有史文字"体系过渡的方式。此后，在笔者的相关论文以及由本人指导的一些硕士学位论文中，我们又做了一些针对性的专题研究。本人独撰及与他人合作发表的论文若按发表的先后顺序有以下几篇：《有关汉字形成和性质的几点假说》（2000）；《试论假借表达与假借字的区别》（2003）；《符号学视阈的史前文字研究》（2004）；《史前文字符号研究的基本观点》（2005）；《史前符号与"视像时代"的因缘际会》（2008）；《东巴教祭风仪式中的木牌画、象形文字和经文诵读》（2009）；《双墩符号的构成方式以及对文字形成的影响》（2011）；《美洲印第安手势符号初探》（2016）；等等。这些论文或探讨史前文字的构成方式，或探讨早期象形文字的性质，或讨论前文字与文字体系的符号继承问题，或讨论史前文字向有史文字的过渡，即文字体系的形成问题以及成熟的汉字系统的性质，个别还涉及史前符号现代传播等问题的探索。

在史前文字研究方面，笔者指导的硕士学位论文有：《试论新石器时代陶器符号的前文字属性》（孙莹莹，2010）；《岩画与文字的关系》（由真珍，2010）；《商周图形文字构形研究》（刘思媛，2011）；《青铜器纹饰与文字的关系》（王春霞，2011）；《图形符号与文字关系研究——以鸟图形为例》（江帆，2011）；《早期图画文字性质研究——以东巴文为例》（朱冉，2013）；《广义文字视野下北美印第安黑脚族战争题材图画文字研究》（张欢，2014）；《广义文字视角下印第安手势语与图画文字的研究》（王惠杰，2014）；《广义文字视域下的纳瓦霍编织品图案研究》（刘洋洋，2015）；《印第安普韦布洛陶器及其图案研究》（韩笑梅，2015）；等等。这些论文有的探索了史前文字的属性以及与有史文字的关联，有的讨论图画、纹饰、图形符号与文字的关系，有的讨论早期文字的性质，有的讨论手势语与图画文字的关系。这些论文从不同侧面讨论了早期图画文字的性质以及早期阶段图画文字和语言的关系，对研究汉字起源和形成问题有一定的促进作用。

需要特别说明的是，史前文字研究从 2001 年起就成为个人关注的焦点，这不仅是因为这个课题事关文明起源问题，意义重大，最主要的还是个人的学术兴趣所在。这个兴趣在我而言是由对"汉字起源"研究的关注所引起的。从那以后，为了较好地实现心愿，我花了十余年的时间，尽可能地广泛搜集世界各地的岩画、彩陶纹饰、史前雕塑艺术品、图腾徽号、文身图案等资料，并系统自学了考古学、人类学、民族学等方面的知识，计划在适当的时间最终完成自己在这方面的研究，并结集为《前文字研究》出版。实际上，这个课题已经被申小龙、孟华教授主编的"汉字新视野丛书"收纳并签订了出版合同，却由于我个人的原因，迟迟不能完成全书的写作，不得已退出丛书，而且拖了丛书的后腿，这让我感到非常的遗憾，借此机会，谨向两位主编、出版社及丛书的各位作者表达我深深的歉意！

如前所述，对前文字的探讨同时引发了我对前文字在当今视觉时代的符号传播和应用方面的思考，这也是笔者提出"类文字概念"的内在动因。

四　类文字研究

我的《广义文字学刍议》（2004）一文中并没有提到"类文字"的概念，这是因为"类文字"的提法缘起于2004年徐通锵先生在看了我的两篇拙文（一篇是《广义文字学刍议》，另一篇是《史前文字研究的基本观点》）后所提的建议。① 徐先生建议我把"史前文字"改成"前文字"或"类文字"，因为这样可以弥合目前学界关于"文字"的认知与我们提出的"史前文字"概念的矛盾冲突。记得我们一起相约爬青岛的浮山时曾专门讨论过这个问题。徐先生当时的观点是：（1）文字既然是文明的重要标志，史前应该没有文字；（2）语言和文字应该有个顺序，语言先于文字，文字是记录语言的；（3）如果认为语言和文字是二轨并行的，那么什么时候二轨并行？我的观点有以下几点。（1）区别对待史前文字和成熟文字系统中的文字，应该比干脆不承认"史前文字"更符合实际。虽然我们很难一下子具体确定哪些史前符号能对应于某成熟文字，但也不能断然否定史前符号就一定与成熟文字的形成无关。我们可以先不急着定性，而是逐一讨论，最大限度地接近真实，总比一棍子打死的办法要好。（2）如果我们重新定义了文字，使文字的内涵和外延得到扩展，未必语言一定先于文字；语言和文字是各自独立的两个系统，它们各有作用，相互补足，共同表情达意；（3）语言和文字什么时候并轨的问题不容易说清楚，但首先应该是在一定的社会发展阶段里。在这个阶段里，光凭口述已经不能满足信息存储和交流传播之需，社会需要呼唤出现成熟的文字系统，以便帮助人们存储信息，记录事件，与遗忘做斗争。也许当我们弄清楚语言和文字这两大符号系统的关系时，这样的问题本身就不一定能成立了。这是我们两人一起爬山时谈话的要点，当然我们还谈了其他问题，可惜由于我完全没

① 徐先生的意见请参见其所著《汉语结构的基本原理——字本位和语言研究》附录2（中国海洋大学出版社2005年版）。

有意识到此次面谈会成为我和徐先生之间的诀别，所以当时并没有录音，后来就只能凭记忆来叙述了。幸好我们谈话的要点被徐先生本人写入其著作《汉语结构的基本原理——字本位和语言研究》附录2以及徐先生所写的最后一篇文章《语言与文字的关系新探》①里保留下来。在该文中，徐先生已经部分吸收了我们的意见，虽然仍然坚持语言和文字有"先进"与"落后"之分，但已经明确提出"语言和文字平行"的观点了。

其实，当时没有接受徐先生的建议，把笔者自己的"广义文字研究"改成"类文字"还另有原因。因为笔者想要把纵向的文字史的研究、横向的文字应用的研究，以及针对国内外古文字的比较文字学研究统统纳入"广义文字学"的范畴，如果采用了"类文字"的概念，虽然可以突出文字形体上的像与不像、似与不似的特征，但却丢掉了文字研究的历史属性，这样的文字容易变成符号的附庸，缺乏独立的学术特性。遗憾的是，这个想法没有来得及向徐先生请教，这给我留下了深深的遗憾。

2007年，中西语言文字比较方向并入文新学院汉语言文字学专业，其间因为人员变动、学科整合的原因，所设研究方向的名称屡次变更，方向数量也不断扩充，最多时达到6个（含新闻传播两个方向）。从此以后，我和孟华教授自2001年以来的合作研究逐渐淡化，但各自的研究特色也得以凸显。这6个方向依次是：

（1）语言与符号学理论方向，由孟华教授带头。这一方向的研究因循了此前的理论探索传统而有所前进，从言文关系的讨论转向言、文、像关系的探讨，研究对象也进一步扩展为符号学理论指导下的地方文化元素的挖掘。2011年，孟华发表了第一篇"类文字"方面的文章《试论类文字》②，该文对"类文字"做了初步的界定，借鉴徐通锵先生的"字本位"理论将类文字分为"离心化"和"向心化"两种类型，并指出类文字的中介性及其在当代学术领域和社会生活中的应用价值。孟华教授和他的高足弟子们对类文字的关注主要是对孟华的符号学"间性理论"的应用，可以

---

① 该文收入黄亚平、白瑞斯、王霄冰主编《广义文字研究》（齐鲁书社2009年版）。
② 该文收入四川大学符号学—传媒学研究中心主办《符号与传媒》第3辑。

看成孟华的汉字符号学理论的升级版。

（2）广义文字研究方向，这个方向由我带头。该方向的研究范畴如前所述有三个方面：比较文字、前文字、类文字。因为前面已经谈过比较文字和前文字，此处主要介绍"类文字"研究。与孟华把"类文字"视为一种"独特的视觉语言"不同，我们把"类文字"限定在文字应用的范畴当中，着重讨论这种文字在视觉时代的文化功能和社会价值。这一思路源于我对"史前文字"的讨论，我们在对"史前文字"材料做了初步的分类之后，需要进一步思考此类前文字的符号功能和社会价值，反观当下活跃非常的视觉符号创意，我们发现一个现象，来自远古的史前文字及其符号表达方式不但没有在互联网时代湮灭无闻，反而活跃非常，屡屡跃出水面。因此，从2008年起，我为汉语言文字学专业研究生（以广义文字研究方向为主）开设了"广义文字研究"课，在这门课程中，我明确将广义文字研究分为前文字、类文字和比较文字学三个领域。其中关于"类文字"研究方面的探索，因为跟现实生活关联度比较高，学生们普遍都很感兴趣，正因如此，学生们提交的广义文字研究的课程作业基本上都是跟类文字有关的材料搜集、归类和整理，2008—2013年，我带领学生先后做了40余篇有关"类文字"的课程论文，其中王晓（2012）、张欢（2013）、刘欣然（2013）等人的课程论文都已经正式发表。此外，在类文字研究方面，我指导过的硕士学位论文有：《广义文字视角下的艺术汉字研究》（唐绪诚，2009）；《广义文字视角下的徽标研究》（祁晓旭，2009）；《广义文字学视域下的苗族服饰纹样研究》（曾媛春，2010）；《广义文字视野下的旅游标识研究》（刘洁，2010）；《广义文字视野下的"地书"研究》（郭文红，2014）；等等。而孟华教授指导的硕士学位论文，如《在图像与文字之间——图形符号与汉字的比较研究》（吕会，2008）和《符号学视野下的城市文化元素研究——以青岛为例》（王敏，2008）似也可归属于针对类文字的符号学研究。

（3）对外汉语教学与研究方向，这一方向起初由刘中富教授带头。重点研究对外汉语教学领域中汉语词汇的教学问题。2012年，文新学院语言学与应用语言学专业设立之后，对外汉语教学与研究方向归入其中，成为新设专业的两个方向之一，带头人为王庆云教授。

（4）汉语词汇研究方向，由刘中富教授带头。重点研究社会语言学范畴的汉语新词语的构成、语意组合和语言变异等问题，大体归属于国家学科目录中二级学科汉语研究下属的三级学科——词汇研究的范畴。

此外，由于学科整合的需要，文新学院汉语言文字学专业在 2008 年至 2013 年先后招收了新闻与传播学系学生 5 届 38 名。在汉语言文字专业下先后设立了：

（5）广告语言与文化方向（该方向由傅根清教授带头，导师有伍新民、柴焰、李萌羽诸位教授），傅根清教授早年从事文字学研究与教学，文字功底相当扎实，他指导的一些硕士学位论文，如《美国平面广告艺术符号应用分析》（李国珍，2009）和《西方平面广告艺术符号应用》（孔文思，2009）等，尽管从广告学的视野出发，但对我们所说的类文字现象也有所涉猎，与我们的研究有异曲同工之处。

（6）话语与传媒文化研究方向，该方向由张伟教授带头，导师还有欧阳霞教授。

五 广义文字学理论建设

我们所说的广义文字学研究有两层含义：第一层含义是作为建设新学科意义上的"广义文字学"，如前所述，我们希望这是一个开放性的平台，它的研究范畴初步如下：比较文字学研究、前文字研究、类文字研究，以及广义文字学理论建设。广义文字研究这个名称的第二层含义是指针对学科理论的建设和研究。此处我们指的正是后者，即针对广义文字学学科建设方面的理论探索。在这方面，从 2001 年开始，我先后写了几篇文章，从不同的角度讨论这个问题。按时间顺序，这些论文有：《试论假借表达与假借字的区别》（2003）；《广义文字学刍议》（2004）；《论"二次约定"》（2007）；《许慎对中国文字学学科研究体系的创造性贡献》（2008）；《语言的认同与文化心理》（2009）；《广义文字学研究再议——国外文字学研究带给我们的启示》（2009）；《象形字的几个问题》（2010）；《前文字、类文字、广义文字——广义文字研究三议》（2014）；《社会读写机制的建立和激发扩散是文字系统形成的真正动力——以甲骨文为例》（2015）；《论汉字身份认同对中华民族文化复兴的重大意义》（2016）；《试论汉字和书法艺术在传统艺术中的核心地位》（2016）；等等。

2008 年，应王蕴智教授之邀，我为河南安阳"中国文字博物馆"撰写了"世界各民族古文"部分的文字脚本，约 6 万余字。据悉这部分内容由于一些原因，实际上并未应用在"中国文字博物馆"的展览中。

2009 年，我与德国学者合作主编《广义文字研究》（黄亚平、白瑞斯、王霄冰主编）文集，分 6 个板块编选了 21 篇外国学者的相关论文，这些论文在国外广义的文字学领域研究中产生了很大的影响，将这些成果介绍到国内，有助于文字学学科的建设。此外，该《文集》也酌情收录了国内学者如徐通锵、孟华各 1 篇论文，以及笔者（以代序和前言形式）发表的两篇论文。该书已于 2009 年由齐鲁书社正式出版。

2010 年，应《中国海洋大学学报》（社会科学版）之邀在 2010—2011 年主持了该学报的"广义文字研究专栏"，前后编发共 6 期 23 篇文章，先后有 22 位作者参与了"广义文字研究专栏"的讨论。这些论文有：《广义文字学研究再议——国外古文字研究带给我们的几点启示》（黄亚平，2010 年第 1 期）；《论文字五种定义的适用性与局限性》（连登岗，2010 年第 1 期）；《圣书字音符表音准确度的差异》（陈永生，2010 年第 1 期）；《正体与俗体三题》（詹鄞鑫，2010 年第 3 期）；《中国文字学观念的时代演进》（邓章应，2010 年第 3 期）；《甲骨文与玛雅文象形字取象方式比较》（侯霞，2010 年第 3 期）；《纳西东巴文中的简省和羡余》（范常喜，2010 年第 3 期）；《中国南方民族古文字研究的一些瓶颈》（王元鹿，2010 年第 5 期）；《汉字在书写中演变》（任平，2010 年第 5 期）；《象形字的几个问题》（黄亚平，2010 年第 5 期）；《符号学角度的文字分类研究》（朱建军，2010 年第 5 期）；《双墩符号的构成方式以及对文字形成的影响》（黄亚平、孙莹莹，2011 年第 1 期）；《美洲发现"甲骨文"一案错判剖析——兼论奥尔梅克象征图画和符号》（张禾，2011 年第 1 期）；《陶筹到文字：

认知的发展》（Denise Schmandt-Besserat 著，孙亚楠译，2011 年第 1 期）；《东巴文假借现象初探》（甘露，2011 年第 1 期）；《楔形文字和女真文字中音补结构比较研究》（唐均，2011 年第 3 期）；《从"言据性"看证据的符号性质》（孟华、田沐禾，2011 年第 3 期）；《纳西东巴文异体字研究述评》（刘悦，2011 年第 3 期）；《古巴比伦时期的学生是如何学习苏美尔语的》（王乐洋，2011 年第 3 期）；《双墩符号的文化特征及其性质》（王蕴智，2011 年第 5 期）；《〈苏美尔、埃及及中国古文字比较研究〉对比较文字学研究的贡献》（黄亚平、王乐洋，2011 年第 5 期）；《两河流域原始楔形文字初造字仿拟机制探析》（白小丽，2011 年第 5 期）；《汉字和古埃及文字比较研究述评》（陈永生，2011 年第 5 期）；等等。之后，还有数篇相关论文也发表在《中国海洋大学学报》（社会科学版）上，如《也谈文字的性质——从语言学教科书说起》（孙艳，2012 年第 2 期）、《对象形文字和图画文字的认识历程》（邓章应，2012 年第 1 期）及《论法国学者蒲芳莎（Fran_ oiseBottéro）的〈说文〉研究》（张大英，2013 年第 4 期）等。收入"广义文字研究"专栏中的这些文章从文字学理论探讨、术语定名、西方新理论介绍、古文字比较等方面讨论了广义上的文字问题。

2011 年，应西南大学文献所之邀，参加了 2011 全国博士生学术论坛——出土文献语言文字研究与比较文字学研究，作为指导老师，笔者做了"谈谈广义文字研究"的专题报告。

2012 年，与商务印书馆签订合同，主持翻译"文字与文明"译丛（全 6 种 7 册，原定 2014 年出版，因为客观原因，原定译者有所变更，截至 2016 年年底，译丛正式出版了三种）。这六种书目的翻译情况如下：

（1）［英］马克·科利尔、比尔·曼雷《圣书字导读》，陈永生译；

（2）［美］丹尼斯·史曼特·白瑟拉托《文字起源》，王乐洋译；

（3）［德］扬·阿斯曼《宗教与文化记忆》，黄亚平译；

（4）［加］亨利·罗杰斯《文字系统：语言学方法》，孙亚楠译；

（5）［美］加里克·马勒里《美洲印第安图画文字》，该书全二册，由于篇幅较大，先译出第一册（闵锐武译），其后译出第二册（孙亚楠译）；

(6)〔美〕加里·乌尔顿《印加结绳符号》，孙立新译。

"收入译丛的六部著作，从不同方面展现了西方学者对人类发明的早期不同记录符号的考察和阐释，通过这些著作我们可以接触到许多新的原始符号和古文字资料，了解西方学者的研究方法和成果，这对深化汉字研究以及推进文字与文明关系的研究都是很有借鉴意义的。"（黄德宽《文字与文明译丛序》）。

自 2008 年起，汉语言文字学专业广义文字研究方向就一直坚持为研究生开设"文字学名著翻译与实践训练"课，培养学生在专业领域中的英汉翻译和表达能力。截至目前，从 2007 级到 2013 级，先后有 8 届 47 名研究生选修这门英汉翻译实践训练课程。在本课程中，基本上每个年级都先由老师挑选一部国外文字学名著作为学生翻译实践训练的对象，学生按照分工翻译各自内容，同时在网上建立翻译群，翻译中若遇到问题，由大家一起商讨，老师最终定夺。当翻译有了一定积累后，再由同学将其翻译内容制作成 PPT，在课堂上用英文做报告和答疑讨论，最后由老师点评，通过笔头的翻译和口头的 PPT 报告，课程结束时，学生普遍反映其专业英语水平，无论翻译能力还是口述能力都有了较大的提高。这门课程最直接的产品从开始到现在，差不多每年一本的西方名著的汉译习作，尽管习作的水平因学生个人的英汉语言水平而参差不齐，其翻译作品与正式出版物的水平要求还有很大的距离。但毕竟师生们都从翻译实践中得到了锻炼，不但起到了教学相长的作用，而且也为日后该专业方向专业翻译和英汉翻译积累了人才。而前面所述"文字与文明"译丛中的某些翻译课题，是跟此前师生们的艰难探索分不开的。

截至 2016 年 12 月，学生们参与翻译和学生们完成的习作如下：

（1）〔德〕扬·阿斯曼《宗教与文化记忆》（侯霞、甄婷婷、宋玲玲、王海燕、王桂灵、邹爱琴，2008）；

（2）〔英〕阿尔巴尼·戈尔《文字的历史》（夏洁、田田、刘晓宁、张晓雯、彭佼、廉珍、罗晓静，2009）；

（3）〔美〕丹尼斯·白瑟拉托《文字之前》（孟凡杰、李红梅、杨冬冬，2010）；

（4）［美］塞勒斯·劳伦斯《奎谱与魔法之绳结》（刘思媛、江帆、王春霞、高兴凯、孙莹莹、由真珍，2011）；

（5）［美］斯蒂芬·休斯顿《最初的文字》（刘晖、祁晓旭、唐绪诚、苏宁、李艳、王红璐，2012；王晓、曾媛春、李国、刘洁、朱冉，2013）；

（6）［美］格尔伯《文字研究》（张欢、王惠杰、郭文红、王砚文，2014）；

（7）［美］克里斯汀·费斯特《北美土著艺术》（李萍、韩笑梅、刘洋洋、陈娜娜、张玲、姜冬梅，2015）；

（8）［美］加里克·马勒里《美洲印第安图画文字》（下册）（孙琪、吕凌云，2016；李端姿、李聪、焦红梅、万彩娟，2017）。

（9）裘云易专著《文字学概要》英文版（王景、胡嫚丽、江慧、曾磊，2018）。

广义文字学的研究和探索还在继续，要走的路还很长。借此机会，衷心感谢在广义文字研究和探索过程中给予我们大力支持和鼓励的各位学界朋友，尤其要感谢各位研究生同学们的积极参与和无私奉献。

（本文是笔者对我们这个松散的学术团队十余年来广义文字学研究的小结。文中仅仅记录了我和各位同人十余年间一路前行的足迹，文中的许多观点尚处在探索过程中，因此远不是定论，衷心期待各位学界同人批评指正。本文尚未正式发表过，此次收入自选集）

论 "二次约定"

"二次约定"是指符号与符号之间进行的有一定理据的约定，它表现为相对的关系型的概念。也就是说，从符号构成关系来看，只有相邻的一对关系才构成"二次约定"。"二次约定"具有普遍的适应性，不但在同一个符号系统的内部或者在其子系统之间存在"二次约定"，即便在不同的符号系统之间，也同样存在着"二次约定"的现象。

一　同一符号系统内部存在的符号构成关系

在汉字符号系统内，如果我们承认汉字形体结构研究的成果——"六书"具有相对的层级性，那么，很显然，象形字属于上一个层级，而在象形字基础上形成的会意字和形声字则属于与之对应的下一个层级，它们之间明显存在着符号与符号之间的"二次约定"关系。

比如，"日""月""目""手"是象形字。以"日"为基础构成的会意字有"杲""杳""早""莫""普""昔"等；形声字有"晓""昭""暑""时""景"等。以"月"为基础构成的会意字有"朏"；形声字有"朔""霸""朗""朓""胐""期"等。以"目"为基础构成的会意字有"睡""看""相"等；形声字有"眼""眩""盼""瞥""盲""睹"等。以"手"为基础构成的会意字有"插""承""投"等；形声字有"掌""拇""指""拱""扶""拉""排"等。

以上的例子至少可以从历时层面说明二次约定现象。下面我们再举几个甲骨文的例子。比如在甲骨文有关"人"的字系中，"人"与"儿"
"兒"，以及"人"与"大""尸""女"等皆为象形字，"儿""兒"及
"大""尸""女"都是"人"字的变体，它们仅从时间层面上是很难分出
先后次序的。但是，如果我们把着眼点放在分析这些符号之间存在的相对
关系，把两者看成互相对应的关系项，就可以从两者的互动关系中确定它
们各自的含义及其意义关联了。

虽然"人"字系的"人"与"儿""大""尸""女"都是象形字，
从"六书"结构关系和时间层面看难以区分，但我们依然可以从"儿"
"大""尸""女"等变体与"人"字正体之间的符号模仿关系上加以研
究。比如"人"字是人的侧立形状，"人"字系的"儿""元""兀"
"兒""尿""屎""尾""挺""老""长""羌""身""孕""包""殷"
等字的构型都与侧身而立的"人"字的构型相关，我们可以说"儿"
"元""兀""兒""尿""屎""尾""挺""老""长""羌""身""孕"
"包""殷"等字与相互对应的"人"字之间存在着二次约定关系；"大"
字是人的正立形状，"大"字系的"天""立""并""普""夫""仄"
"夭""亦""交""夹""族""央""亢"等字的构型都与"大"字的正
立形状相关；同理，"大"字与"天""立""并""普""夫""仄"
"夭""亦""交""夹""族""央""亢"等字也存在二次约定关系。我
们可以解释说，由于"人"字系诸字与"大"字系诸字的构字依据并不相
同，一为侧立之人，一为正立之人，因此导致两系诸字的文字形状也不相
同。而不必纠缠于"人"字系各字与"大"字系各字之间存在什么样的错
综复杂的关系，以及它们两者究竟谁比谁出现更早一类的问题。

我们虽然可以把侧立的"人"字和正立的"人"字（大）解释为符
号能指对所指的自然约定，或者叫"约定俗成"。但我们也应该看到，经
过自然约定后的"人"字和"大"字自身也是一种新的能指符号，而这种
能指符号又成为"人"字系诸字与"大"字系诸字创制过程中所依据的符
号基础，"人"字系诸字与"大"字系诸字正是在"人"字和"大"字这
两个符号的基础上加以"二次约定"而成的。从文字体系形成并成为记录
语言的符号系统的那一天起，具有约定俗成性质的"一级符号"固然是重

要的一步，但文字体系之所以成为记录语言的系统，主要还是经过"二次约定"的"二级符号"使然。当然，"二次约定"所关注的已经不是主体与客体（能指与所指）的对应，而是针对上位符号的模仿和重建。换句话说，在记录语言的文字体系形成的过程中，起主要作用的不是约定俗成，而是符号与符号之间的"二次约定"。

比较文字学家在研究了世界范围内几种自源型文字后发现，现今已知的几种用于记录语言的古典文字都来源于更早的史前符号。比如，楔形文字渊源于古苏美尔泥版，古埃及圣书字渊源于古埃及铭文，① 玛雅文字来源于奥尔梅克石碑，东巴文渊源于东巴课标画，甲骨金文与史前陶符存在一定关系，大汶口陶符、台西符号与甲骨文相似，等等。而这些史前符号的性质在一定程度上决定了各早期文字的发展道路。② 比较文字学家甚至认为，一个民族早期文字的性质与其前文字阶段的"渊源物"的性质息息相关，而与文字符号与客观实体的约定无关。如果一个民族的渊源物的性质属于具象符号（图画），那它的早期文字的性质就可能与具象符号有关，比如大汶口陶符与部分甲骨文。如果某个民族渊源物的性质属于抽象符号，那它的早期文字的性质很可能与抽象符号有关，比如尼日利亚的 Nsibidi 文字。同样，如果某个民族的渊源物兼备图画符号和抽象符号的性质，那它的早期文字的性质也必然兼备综合的性质，比如早期苏美尔文字。

二 不同符号系统之间存在的符号构成关系

不同性质的符号系统之间往往存在着相互借鉴的情况，这种借鉴往往是在已有符号基础之上进行的创新，而这种状况依然是由符号关系的本质所引起的。

如果我们将甲骨文、金文中的一些文字，如"豆""鼎""壶""鬲"

---

① 参见李学勤《失落的文明》，上海文艺出版社 1997 年版。
② 参见王元鹿《比较文字学》，广西教育出版社 2001 年版。

"皿""盆"等与更早的人造陶器物件比较，就会发现两者之间同样存在符号的继承和模仿关系，这类象形字的形状来源于不同性质的符号系统——更早的陶器造型物，是对陶器造型物的再次模仿和"二次约定"。

考古学家苏秉琦认为，甲骨文"酉"字是考古发现的仰韶文化庙底沟类型的尖底瓶演变到最后形式的象形字，"丙"字则是三个瓶结合在一起的形象，而"酉"和"丙"都不是一般的用字，而是干支的组成部分。"'干支'是除了社会分化以外更高一级的专业化的产物。所以，这不仅说明，甲骨文这两个字的起源可追溯到五千年前，而且尖底瓶或称'酉瓶'和鬲（斝）也都不只是生活用品，而可能同祭祀的神器有关。所以是文化融合产生的文明火花。"[①]

依照一部分文字学家的看法，人类早期发明的结绳、契刻、岩刻、文身、图画、陶纹、图腾、记号等符号系统，都是人类早期广泛使用的有效的记事手段和有效的表达手段，尽管它们的性质不尽相同，但都属于前文字阶段的符号。如果我们着眼于上述符号系统与文字符号之间的符号关联，就可以发现，至少记录语言的文字符号中的一部分符号有可能与这些属于前文字阶段的符号构成"二次约定"的关系。一些文字学家认为，结绳系统的某些符号被汉字的古文字系统所吸纳，汉字古文字系统中的一部分字，比如"十""廿""卅""卌""世""糸""卖"等与结绳系统的符号有关。汉古文字系统中的"爻""教""学"等字可能与原始八卦符号有关。大汶口、良渚系刻符与汉古文字的"山""斤""戊"存在一定联系。河北藁城台西出土的二十多个刻符应该是文字。一些彩陶符号也先后进入汉古文字系统，比如马家窑文化马厂型彩陶纹饰"十"字纹及其变体"亞"字纹和"卐"（卍）字纹，前者可能与汉古文字存在一定的符号继承关系，后者（亞、卐、卍）则直接进入汉古文字系统成为文字。

结绳符号、八卦符号、刻画符号、彩陶纹饰符号，甚至陶器符号这些性质并不相同的符号系统都有可能与汉古文字符号系统发生符号间的模仿和借鉴关系，从而构成"二次约定"。甲系统的符号可以成为乙系统的成

---

① 苏秉琦：《中国文明起源新探》，上海三联书店 1999 年版。

员，乙系统的符号丙系统可以使用并收归己有。由此可见，不但在相同的符号系统内存在符号间的模仿和重构的可能性，就是在不同的符号系统之间，符号间的相互模仿和"二次约定"都是广泛发生的现象。

这样看来，在语言符号和文字符号这两大重要符号系统之间发生符号间的关联，那是十分自然的事情。人们习惯于把语言符号与人的心智活动的直接表达相联系，而将文字符号与心智活动直接表达相分离，因而认为文字符号是服务于语言的，是次一级的符号系统，文字存在的唯一理由在于表现语言。这样的认识恐怕是有些片面的。

[本文是笔者为2005年10月在上海召开，由德国波恩大学民族学与古美洲学研究所、慕尼黑大学汉学研究所和上海同济大学中德学院、新疆师范大学社会人类学研究所共同主办的"亚美古代文明中的文字与礼仪"国际学术会议所写的学术论文。论文的完整版以《试论符号的"二次约定"》为题收入黄亚平、白瑞斯、王霄冰主编《广义文字研究》（齐鲁书社，2009）一书，简版则以《论"二次约定"》为题载于《语言研究》2007年第1期。此次收入本书的是刊于《语言研究》的简版，仅做了几处文字修改和标点符号的更正，其余未作改动]

语言的认同性与文化心理

英文的"identity"这个词通常有两个含义：①人的"身份"；②一致。这两种意思都是相对静态的、名词性的概念，是指人通过一定方式获得的生理、社会、心理特征。如果考虑人类获得这一特征的过程，"identity"这个词其实还有相对动态的动词性的含义，即"认同"。名词性的"身份"或"一致"与动词性的"认同"实际上是一个事物的两个方面，前者强调选择的结果，后者强调选择的过程，两者相辅相成，缺一不可。

本文所说的"语言认同"实际上同时包含动态与静态两个方面。但本文论述的重点在其动态方面，故称为"语言认同"。如果把语言认同看成受各种各样因素制约的人为选择，① 那么，这种选择应该包括主动选择和被动选择两个方面。而且，它的认同不是一个孤立的事件，必须在一定的语言环境中才能完成。

语言认同是一种文化心理的趋同现象，它与文化心理的认同程度呈正向关系——语言身份的相似度越高，文化心理的认同度也就越高。当语言成为重现或追溯民族文化最直接的方式时，它就不再单单是一种交际的工具，而变成了文化的象征，具有了文化身份，使用一种语言，就是选择了一种文化，并以这种文化身份存在。这种共同的语言身份特征，将相同文化背景的族群链接在一起，使他们即使处在异乡也能得到社会的归属感和

---

① 库尔玛斯（Florian Coulmas，2005）认为语言身份的认同并不是自然给予的，而是一种人为选择的结果，这种选择受到了各种各样的个人或集体行为因素的制约。

心理的慰藉。

语言认同的语境可以分为两大类：社团语言环境和个人交际环境。社团语言环境，是指由特定目的及言语特色形成的社会群体环境，包括处在不同语言环境下的某个民族语言环境和同一语言内部地域方言和行业语言环境。从共性的社会语言交流的角度来研究语言的身份。社团语言注重该群体的共性身份，其成员通常会主动接受这种语言身份，从而与其他成员一起形成文化、心理的共鸣，确立其文化地位。

个人交际环境指人在日常生活中使用共同语交流的环境，个人交际注重语言的殊性身份，从而受到交际话题、言语基调（包括语气、情态、称呼）的影响。接下来我们将语言认同放在这两种语言交际环境中加以考察。

一　社团语境下的语言认同

我们这里讨论的社团语境（speech community）是指人类语言交际中的一个具体的交际系统，即同一语言系统内的语言社团、方言社团和行业社团。

（一）同一语言系统内的语言认同

长期在外工作、学习或生活过的人都有这样一种经历，当在工作、生活中突然间听到熟悉的家乡口音时，会情不自禁地感到欣喜，一种亲切感油然而生，这就是一种语言心理的认同。这种心理认同因语境不同而有程度差异：如果生活在远离家乡的地方，相邻言语社团的话音同样能引起共鸣。一个西安人长期生活在说广州话的环境中，即使遇到河南人、甘肃人、新疆人都可能相互称呼老乡；同样，一个福州人如果长期生活在沈阳而又没有满足他或她说母语的愿望，即便是偶然碰到广州人、厦门人也会感到亲切的。当然，如果能有与相同言语社团的人一起叙旧的机会，那他就不会首选与相邻语言社团的人交谈。中国各个高校差不多都有同乡会，同乡会有以省级为单位的，如山东同乡会、河北同乡会、山西同乡会等；有以县市级为单位的，如烟台同乡会、聊城同乡会、临沂同乡会、曲阜同乡会等。以什么为单位，不仅取决于会员的数量，而且取决于是否持同样的社团话语。相同言语社团的人总是有说不完的知心话。如果我们把同一个省区或大的行政区（在中国，行政区的划分，尤其是大行政区的划分，往往与话语社团的语言密不可分）的人称作"大同乡"，把小的行政区的人叫作"小同乡"，那么可以看出，在交际过程中，就交际者的心理期待值而言，说相同话语的"小同乡"的语言认同度比说相邻话语"大同乡"的语言认同度要高。也就是说一种语言内部的身份认同是有层级性的，语言身份与言语社团的大小成反向关系：同一语言内部言语社团越小，交际时人的文化心理认同感越强。

20 世纪 60 年代，甘伯兹（Gumperz, 1966）曾在挪威的一个小镇做过一项调查研究。发现那里的居民使用两种方言：Ranamal 和 Bokmal。前者是地方话，后者是挪威北部的标准语。对外地人来说，单从语言形式上很难区分这两种方言，但是当地人却很容易区分。通过研究和观察，甘伯兹认为当地人能区分这两种方言，与这个小镇的社会结构层次有关。这个小镇存在三种不同的交际网：当地出生的工人以亲属关系的网络连接在一起；从城市移民来的企业主的关系网络遍及挪威；中间层次的商人，处于这两个网络之间。甘伯兹将这些关系网络分为封闭网络和开放网络两种类型。他认为那里的工人处于封闭网络中，后两者处于开放网络中。[①] 封闭网络与本地话相联系，说本地话含有明显的社会意义，强调本地人之间的亲密关系，体现了本地人与外来人口的语言身份阻隔；开放网络则与标准语有联系，强调地域文化的共同性，体现了本地人与外来人口的语言身份认同。在开放网络中，其语言交际的社区范围大，参与的人数相对较多，而且复杂，这时认同度的形成只能靠共同语（标准语），认同程度相对也低；在开放网络中也存在很多个封闭网络，这些封闭网络言语交际社区范

---

① 参见徐大明、陶红印、谢天蔚《当代社会语言学》，中国社会科学出版社 2004 年版，第181 页。

围小，人群集中、单一，当处于开放网络之中时，他们很容易辨认出自己社团的语言风格，并积极融合进去，这时语言身份的认同度就高。

以上两个例子都是关于方言社团中的语言身份认同，如果我们进入这个方言体系，或者说一种使用共同语的社团中时，就会发现不同的行业社团也存在不同程度的语言身份的认同问题，即行业社团中的语言身份认同。

我们都知道文学作品创作中，现实主义流派大多提倡作家深入农村、工厂、基层体验生活，为的是写出地道的、具有浓郁生活气息的作品，于是出现了许多描写各行各业人群实际生活面貌的文学作品，如以赵树理为代表的"山药蛋派"，以孙犁为代表的"白洋淀派"，以刘呐鸥为代表的"新感觉派"等。不但文学作品如此，学术研究也一样，如民俗学、社会学的研究学者，为了深入研究某个行业的生活状况，往往装扮成他们的样子，学着说他们的话，以便取得他们的信任。这种情况都说明，在不同的社会阶层和行业之间存在着特定的为这个行业所认同的语言。行业语言是各个行业的、各个阶层的共同话题，这种语言的认同是社会行业分工、各种行会赖以生存的基石。从甘伯兹和拉波夫开始，人们就意识到这是一种语言社团的社会心理趋同现象。

由此可见，在同一种语言内部，言语社团的大小，会直接影响交际时语言身份认同度的高低。言语社团规模越小——言语表现形式的相似度和地域的集中程度越高，该言语社团的语言身份认同度也就越高。

（二）语言身份的主动认同和被动认同

语言身份不仅有保持共同文化纯洁性、凝结族群的功能，也有瓦解、阻隔和抵御异文化，保持该群体文化心理高度认同的作用。这时语言身份的认同就有了主动、被动之分，即主动的选择认同一种语言身份和被动地接受一种语言身份。

在二语习得中有一种有趣的现象——"外国人腔"（foreigner talk），指说本族语的人为了让学第二语言或外语的人听懂自己的说话，自觉或不自觉地改变自己的语言，以适应对方的需要。他们会放慢自己的语速，清楚地发音，简化用词和语法结构。（Ellis，1985；Hatch，1983；Larsen-Freeman，1985）① 在这里自觉或不自觉地改变自己的语言以适应对方的需要，其实是想从交际对方那里得到某种语言上的身份认同，是一种积极主动的语言身份认同。但在后来的研究中发现，这种"外国人腔"的使用与说话人交际的目标有关，如果说本族语的人希望对方听懂他说的话，或者说得到对方的心理认同，那么这就是一种语言身份的主动认同，说本族语的人会积极模仿并运用第二种语言；如果说本族语的人交际的目标是要强调自己与对方的不同，是一种文化语言的代表，那么它就会尽量不用"外国人腔"，而保留自己原来语言的原貌，在这种情况下，第二语言的身份认同就是被动的，而且本族语会对这种语言产生抵制作用。

1939 年 6 月，日本"对华中央机关"——兴亚院制定了《普及日语方策要领》，详细规定了在中国占领区普及日语教育的根本方针、要领、组织与事业等。把通过日语教育把握"兴亚"精髓作为"在政治、经济、文化所有领域完成兴亚大业"的"先决的""紧急的""恒久的""必需的"的事业。日本在沦陷区推行的日语教育政策，绝不仅仅是一种语言政策，而是融入了其称霸亚洲的政治企图和构想。② 但汉语的广泛运用在一定程度上打破了其构建"大东亚共荣圈"的梦想，日语的身份认同在中国是被动的，受到了汉语的抵制。

历史上在不同地区出现的"泛希腊化运动""泛日耳曼主义""泛斯拉夫主义""泛突厥主义"，以及近代殖民史上英、法等宗主国对殖民地的语言渗透等，从语言身份的角度可以看成强势文化语言身份对弱小文化语言身份的侵略和同化。

实际上，在特定的历史条件下，强势文化的语言和文字经常充当文化侵略的急先锋，而弱小文化则常常以本民族的语言文字作为抵御外来文化入侵的有力武器。比如中国历史上北魏时期鲜卑族统治北方时期，在其统治

---

① 参见徐大明、陶红印、谢天蔚《当代社会语言学》，中国社会科学出版社 2004 年版，第244 页。

② 参见驹入武《日中战争时期文部省与兴亚院的日语教育政策构想》，《东京大学教育学部纪要》第 29 卷，1989 年，第 182 页。

区内有民族气节的汉族士大夫则禁止儿女学习鲜卑语，坚持让子女学习正宗的汉语和文字，自觉运用民族语言文字抵御外来文化的入侵。笔者上中学的时候学过一篇课文，是一个叫都德的法国作者，题目叫《最后一课》，内容讲述的是一个中学法语老师的最后一堂法语课。课文从第一人称的角度讲述了一个对法国语文不感兴趣的小女孩，在她得知这是自己最后一次听本民族的语文课时，而此后则不得不使用德文授课时的心理感受。当老师讲完课文时，教室里鸦雀无声，师生们长时间沉浸在对自己民族语文的感情里不能自已。这实际上是语言身份认同或自觉运用语言身份认同抵制另一种语言身份的范例。

主动认同和被动认同是言语交际中共生共存的两个方面，受交际目的的影响而此消彼长。当交际双方处于平等的交际平面，以最优交际为目的时，本族语言身份的主动认同起主要作用，如"外国人腔"的出现；当交际双方处于不平等的交际平面，以文化渗透为目的时，本族语言的被动认同起主要作用，并且在一定程度上能起到抵制对方文化侵入的目的，如日本在华推行日语政策受阻的情况。

二 个人交际语境中的语言认同

个人交际语境是指发生在同一语言社团内的对话环境。这种环境里的语言身份受到双方交际话题和话语基调的影响，从而对交际双方的文化心理认同产生影响。

（一）交际话题对语言身份认同的影响

日常生活中我们总会遇到这样的情况：几个人总是喜欢聚在一起高谈阔论。他们不见则罢，只要见面总是谈个尽兴，不欢不散，常常相互引为知己。对这一现象，人们一般解释为意气相投，这固然也不错。但我们以为，这其实是一种语言身份的文化心理认同现象。这些只要见面就有说不完的话的人，如果将他们置于一种不能使用话语交流的情境中，他们不见得能够相互欣赏，也许就不再是知己朋友了。喜欢高谈阔论并在其中享受乐趣的人，他们之所以互相欣赏，那是因为他们彼此欣赏并高度认可对方的话语主题，换句话说就是他们有共同的话题。正是由于共同的话题使他们聚集在一起，逐渐形成了同一语言内部的殊性语言群体，并且拥有自己的话语风格。文人雅士喜好典雅，引经据典，老百姓说话喜好直白，喜欢直来直去。文人雅士也好，老百姓也好，他们之所以彼此有话可聊，是因为共同的话题确定了他们所使用的语言身份，而这种身份使他们在心理上有了归属感。

我们有时会经历这样一些事情：在一片嘈杂的语境中，当有人提到你的名字，或者你熟悉的字词时，你的注意力会立刻被吸引，进而仔细地聆听别人的谈话。在这一语境里，这个名字，或者那个熟悉的声音，就成了一种话题，吸引你让你在嘈杂的环境中尽快确立自己语言的身份，试图找到与你相关的语言群体，并很快地加入对话之中。可以看出，交际话题在语言身份的确立过程中相当重要，交际话题的交集越多，语言身份的认同度越高；反之，认同度就越低。

（二）话语基调对语言身份认同的影响

话语基调是功能语言学中的一个概念，它是指在话语分析中，对交际双方语气、情感和称呼等的研究。话语基调是语言身份的一个显性因子，它与话题共同决定一个人在普通交际过程中的语言身份。

我们都有过这样的经历：两个熟人因为种种原因很长时间没有互相联系了，突然有一天，其中的一个给对方打电话。打电话的人只说了一个字或者一句话，对方立刻就知道打电话的这个人是谁。相信很多人都有这样的经历。通电话的双方并没有见面，他们的交流只能使用话语，因此不可能有其他因素的干扰。这种原因只能归结于对方的话语基调使其语言身份显现，从而使受者能从心理上立刻认同对方的话语。虽然这两个人最近一段时间没有见面，但他们在此前已经有过比较深入的交流，使得他们对对方使用的殊性语言尤其是说话的语音语调相当熟悉，彼此认同。

话语基调的丰富程度，直接决定着语言身份认同程度的高低。例如，在舞台表演中，这种对话语基调的把握，能更好地表达情感，激起观众的语言认同感。角色的台词是揭示人物个性特征的重要手段，也是展现人物内心世界，传达人物思想情感，体现人物行为意志，反映人物的出身、地位、性别、年龄、性格及习惯等特征的工具。话语基调的合理把握和运用在语言上更快地激发起观众心理认同，保证剧情的顺利进行。周翰雯曾在《关于台词处理的几个问题》中指出："确定人物语言的基调，要符合人物的个性，因此要分析、了解人物所具有的个性特征。但不是单纯理性的去分析，作为演员更重要的还必须在自己的想象中'听'到人物的声音、言谈笑语，'看'到人物的形象、举止姿态。要用心去感受，使人物形象活跃起来，逐渐使自己产生于人物相融合的情感，这时才能够说出符合或接近特定人物思想情感的台词。"① 如何更好地将台词表达出来，其实就是如何更好地确定人物语言身份，利用话语基调激起演员与观众之间文化心理认同感的一个过程。音色明亮，语言速度节奏明快，底气十足，这些都是青年人的语言身份属性，观众自然认可。"气顺畅，精神爽；气音粗，人恼怒；呼长气，心哀伤；气抖颤，神慌乱；气轻托，深思索。"② 其中"气"是话语基调中的一个影响因子，而其表现出来的情感，则反映了语言的身份，是现实生活交际中对语言表达的一种认同。

三　语言认同与文化心理

通过上面的分析，我们可以看出语言认同在日常生活中随处可见。人的语言的身份一旦确立，其社会角色也就随之而确定。精神分析学家曾经创造性地把"identity"变成一个心理问题（在心理学中被很好地译成"自我认同"），这种关于自我认同的理论相信每个人都有对身份的自觉意识、对人格统一性的追求以及对某种人生或社会理想的趋同。这种趋同心理反

① 周翰雯：《关于台词处理的几个问题》，徐翔、廖向红、麻国钧主编《论声乐/台词/形体》（中央戏剧学院教师文库），中国戏剧出版社 2003 年版。

② 同上。

映在语言上就是对语言身份的认同，这种认同的不断加强也就是一个民族文化不断强大的过程。在与另一种文化接触的过程中，本族语的身份在与其他语言或方言的区别中不断被加强，通过这些差异建构自己的身份特征，而这些特征就构成了该语言的文化背景。语言的身份成了民族文化心理的一种载体，一种外在的体现。人们在使用这种语言时所体现出来的心理行为风貌，建构了一个民族的文化心理。而语言身份的认同其本质上是一种对本族文化或社会历史的趋同心理，因此语言身份的认同是构建民族文化心理的重要手段。

然而，一种民族文化心理反过来又会影响该民族对于本族语言身份的认同程度。因为任何一种文化都有开放与封闭的一面——既接受来自异文化的影响，又极力地维护自己文化的独特性，这种文化心理通过各种外部的方式得以实现，如政治的干预、经济的交流、媒体的宣传等。当这些外部因素足够强大时，对本民族语言身份的认同程度也会相应提高。如普通话的推广会使生活在海外的中国人有一种民族归属感，而普通话的推广本身是一种政府行为。再如，广东话（粤语）和东北话，前者通过强劲的经济交流不仅在中国，而且在世界上获得了一种方言身份的认同，而后者则通过媒介的传播，不断在中国扩大自己的语言身份的影响。可见民族文化心理的形成不是单一因素激发的过程，而是多种因素共同作用、共同努力的结果，并且始终处于一种动态的发展过程之中，语言身份的认同是民族文化心理形成的一个影响因素；反过来，民族文化心理也会影响语言生活的方方面面，当然也包括语言身份的心理认同。

一般来说，人们用文化概念来代表由于各种关系而联系在一起的人们的共同的价值观念、行为方式等。作为一个整体，文化是有结构的，或者说是分层次的。所以在大文化背景下就必然会存在小的文化社团。作为一个言语社团，人们通过共同的交际工具——语言联系到一起，彼此交流，彼此认同，从而形成一个小的文化圈，并拥有自己独特的社团文化身份，继而反映到语言上。通过对社团语境下语言身份的认同问题的分析，我们发现语言社团的文化相似度越高，社团内部语言身份的认同度就越高。

在个人交际的语言环境中，个人不再单单是一个自然的相对存在，而是一个活动的、开放的文化载体，交际一方的一举一动都反映了其文化背景，而当通过语言的形式将这种文化信息传达给对方，等待对方识别的时候，个人交际的话题以及使用的话语基调就成了识别语言身份的标识。交际双方对该语言身份的识别，也就是对交际方身份的认同，会随着交际话题的增多而提高，随着话语基调的丰富程度而加强。

由此可见，语言身份的认同不仅是一个心理问题，也是一个文化问题，同时也是文化心理形成的动力之一。

[本文原载《中国海洋大学学报》（社会科学版）2008 年第 6 期，署名黄亚平、刘晓宁，《新华文摘》2009 年第 3 期"论点摘编"收录此文。此次仍按原文收入本书，仅做了几处文字修正]

论汉字身份认同对中华民族文化复兴的重大意义

一　汉字身份认同的重要性

按照文化人类学的观点，人是文化的动物。文化是指人类群体所思、所言、所行与所为的一切，文化可以代代相传。区分不同的文化有两条标准，即语言差异和地理隔离（Ember，1963）。人生来就与一定的文化相伴随，生于其中，乐在其中。为了生存，人必须在某一文化中建立自己的身份认同，最大限度地满足个人的心理需求，获得物质生活的保障，得到社会人群的认同。在确定的文化中，个人必须不断地学习，并将学习的内容应用于文化实践。人生之初，首先需要学习的就是本族的语言和文字，这是确保其文化身份认同的根本，也正是语言和文字在人的身份认同中占有极为重要位置的原因。①

汉字不是每一个人必须具备的本领，至少在文化不够发达的地区和社团中，大量文盲的存在就是其明证。但是，汉字虽不一定能人人系统掌握，但渗透文字之中的精气神，却是生存在这个文化中的每个人都必然领会并得到认同的。以汉文化为例，生于其中的文盲不能识字断文，写信念

---

① 关于语言认同的讨论，参见黄亚平、刘晓宁《语言的认同性与文化心理》[《中国海洋大学学报》（社会科学版）2008 年第 6 期]，本文以汉字为例，专论汉字的身份认同。

书，但他们大多数还是能认识少许的汉字或者多少懂得这些字的含意，比如自己的名字。文盲不一定会写福禄寿喜之类的春联，但未必不认识倒贴在大门上的"福"字、贴在墙上的"寿"字。同理，文盲不一定知道"龙凤呈祥"的深意，但是对结婚喜宴上"龙凤呈祥"的图案却未必陌生。作者曾遇到过一个比较极端的例子，有一个以雕刻墓碑为生的石匠，他能雕刻出一手非常漂亮的汉字，甚至能用好几种字体，但自己却不识字。诸如此类的例子在民间还可以找出很多。据此看来，在汉字出现之后的"有文字社会"，即便是文盲，也未必不受汉字文化的影响，只是相对而言，文盲不能系统掌握基本汉字，不能自由书写而已。

文化人类学家把"语言"和"地理隔离"作为区分不同文化的标准，这对西方文化来说是合情合理的。但是，若置于使用古典文字的古老文明中，或者用来衡量使用"表意文字"体系的文明，这一区分标准则是有缺陷的。在历史上，楔形文字曾被用来记录多种性质不同的语言，如苏美尔语、阿卡德语、赫梯语和波斯语；古埃及文字也被用来记录古埃及语、科普特语等；古汉字被借用来记录汉语、日语、韩语、越南语。直至现代，汉字还被用作创制少数民族文字的基础，如哈尼文、傈僳文、苗文等都是在汉字基础之上变异仿造的汉字型文字。表意体系的文字有不同于表音文字的性质。表意文字体系具备一定的超方言性和超语言性，表意文字体系的文字并不仅仅局限于对口语的记录。如果说表音文字体系的文字能够顺利实现"我手写我口"的目标，那么，表意文字则是"言文分离"的，这是不争的事实。若想要建立涵盖能力更强的区分不同文化的标准，除了上述"语言"和"地理隔离"两项标准之外，还应该加上第三个标准：文字。或者至少将语言和文字并列算作一个标准，而不应该把"文字"排除在外，或者仅仅把文字置于语言之下。

汉字具备超方言、超语言的性质。对说汉语和使用汉字的人而言，尽管持不同方言者口头交流会有一点困难，入声字有无、清浊音区别与否、前后鼻音混淆、卷舌翘舌分不清、同音字较多等现象，可能影响交流过程，使得交流不那么顺畅。但是，只要他们想起自小学习的汉字，或者只要有写汉字的条件，立刻就会找到解决的办法。我们经常在打电话介绍一个陌生人的时候，或者在签合同、立字据、给人写信的时候需要特别说明某个人是姓"弓长"张呢，还是"立早"章一类的情况。这正是用汉字来辅助语言交流困难的非常典型的例子。在这里，汉字起到了很好的辅助交流作用，而不是阻碍了顺畅的交流。使用超方言和超语言的汉字实现顺畅交流的例子很多，而且不限于说汉语的汉族内部，甚至也不限于中华民族内部。"汉字文化圈"内的其他成员之间也能用汉字交流，笔者仍记得二十多年前的一次经历，那次在火车上遇见了几个参观完敦煌返回北京的日本青年，笔者不会说日语，他们也不会说汉语，但这并不妨碍我们一路上在笔记本上写汉字进行交流，我们甚至就用这种方式相互交流了一个多小时，虽然不能百分之百顺畅地交流思想，但还是能从对方会心的微笑中感受到交流的效果，以及这些汉字文化圈中域外青年对汉字和汉文化的认同。近来流行于日本网络上的所谓"伪中国语"现象，① 也是因为中、日两国之间有共同的汉字基础使然。因此，无论从区分方言的角度，还是从区分语言的角度，汉字都是有效的交流手段之一，汉字当然具备作为文化区分标准的资格，供持不同方言、不同语言的习得者学习和使用。

二　中华民族的汉字认同传统

自古以来，中华民族就是一个成分多元、文化多姿多彩的民族大家庭，多民族和谐共处，团结和睦，欣欣向荣，共同谱写了灿烂辉煌的中华文化。中华民族之所以屹立于世界民族之林，并非因为血统或地域，而纯是因为文化。梁启超说："中华民族自始本非一族，实由多民族混合而成。"② 章太炎说："中国云者，以中外别地域之远近也。中华云者，以华

① 所谓"伪中国语（字）"是指近年来日本网民利用表意汉字在网上交流思想、表情达意的一种语言现象。这些完全不懂中文的日本网友把日语中汉字的音符（片假名）去掉，只保留简练的书写形式。由于汉字词在日语中使用很久，说日语者基本掌握这些汉字词的含意，因此可以连蒙带猜地进行交流。这一语言现象的本质是把汉字作为表情符来对待，充分利用"看图识字"的原理，提升了文字使用的趣味，比较贴合年轻一代自由表达的愿望。

② 梁启超：《历史上中国民族之观察》。

夷别文化之高下也。即此以言，则中华之名词不仅非一地域之国名，亦且非一血统之种名，乃为一文化之族名。故《春秋》之义，无论同姓之鲁卫，异姓之齐宋，非种之楚越，中国可以退为夷狄，夷狄可以进为中国，专以礼教为标准，而无亲疏之别。其后经数千年，混杂数千百种人，而其称中华如故。以此推知，华之所以为华，以文化言，可决知也。"① 今天我们所说的"中华民族"，实际上是指包含 56 个民族在内的各民族共存共荣的民族大家庭。不仅如此，今天的中华民族还应包括世界各地的华人，而不受地域的限制。今天的"中华民族"应成为以中华文化为核心内涵的、新时期最具普适价值的称名，这个称名理应得到世界各民族的普遍认同。

在中华民族大家庭里，无论在历史上还是在现实中，汉民族事实上都是一个主体民族，我们这样说并不涉及平等看待各民族地位的问题。那么，我们又怎样看待汉民族的民族地位和汉民族与其他民族之间的关系呢？这首先需要厘清汉民族名称的来源："作为民族名称的'汉'，也是由地理名称逐渐发展演变起来的。'汉'本来是水名，引申为地名（汉中），再引申为诸侯王名（刘邦初封为汉王），再发展为王朝名，最后成为民族名。"② 汉民族称名的约定俗成是自然而然的事情，其中并没有过于复杂的因素。"汉"之所以能成为民族的统称而代替此前的"夏""诸夏""华""诸华""殷商""大邑商""大秦"等称名，乃是因为历史上汉王朝的国运强盛而长久的原因。有汉以来 400 年，在与周边民族广泛的文化碰撞和交流中，如通西域、伐匈奴、平西羌、征朝鲜、服西南夷、收闽粤和南粤的过程中，"汉"自然而然的成了周边民族人称呼中原汉人的称名，其军队被称为"汉兵"，使者被称为"汉使"，民众被称为"汉人"，约定俗成，成为习惯。此后，无论中原华夏后裔怎么改朝换代，周边民族都习以为常，称其子民为"汉人"，这就是汉族名称的来历。

从这里可以看出，汉民族称名的形成过程跟华夏民族或中华民族称名形成的过程如出一辙。汉民族自身的形成和发展壮大也是一个"滚雪球"似的

---

① 章太炎：《中华民国解》，《太炎文录初编》别录卷一。
② 詹鄞鑫：《华夏考》，中华书局 2006 年版。

不断融合多民族进而形成更大的民族体的进程，而非单一的血统的延续，明确这一点非常重要。众所周知，许多汉族的姓氏中都有来自少数民族的血统，如目前汉族人口最多的几大姓中的李姓、张姓、王姓、赵姓、刘姓等，情况莫不如此：他们中的一部分或者被皇帝赐予姓氏，或者由少数民族的姓氏改姓而来，或者是自觉融入汉姓，或者认祖归宗，恢复到先祖的本姓，等等。通过以上的途径，许多当初的外族，最终都成为汉族姓氏中的该姓氏的成员，构成姓氏谱牒的有机组成部分。即便今后谁真想动点歪脑筋，想要切割，想要分别，恐怕也已经无法做到了。《魏书·孝文帝纪》记载了北魏孝文帝为了自觉融入汉文化而采取的一些重大的改革措施，其中之一就是不允许鲜卑人姓自己原先的姓氏，而一律改为汉姓，以及鼓励鲜卑人说汉话、学习汉字、与汉人通婚等。北魏孝文帝的这一政策促使鲜卑族的主体从整体上融入汉族之中。从文化层面上将自己同化为汉族的一员，从而形成了更高层次的民族大融合，形成了新的包括原来的鲜卑人在内的范围更大的汉族，"雪球"越滚越大了。这样的例子在中国历史上屡见不鲜。因此，我们说汉民族的发展和壮大的进程实际上与中华民族的发展进程相似，"汉族"也不完全是血统和种族的概念，而在很大程度上是由文化建构起来的。

历史上，在建构中华民族的主体汉民族和汉文化的过程中，汉字发挥了中流砥柱的作用。正因为如此，汉字而不是汉语才真正具备了中华文明元符号的地位，中华文明的文化认同必须以汉字认同作为根本。

显然，汉字虽然记录汉语，但并不只限于记录汉语，跟印欧语相对而言，汉字具有巨大的文化功能，同时具备丰富多彩的审美意象。汉字作为华夏民族文化的元符号，是中华民族赖以生存的文化家园。凭借汉字，我们得以代代传承祖先遗留给我们的灿烂辉煌的文化，跨越数千年的时间鸿沟，理解我们民族自己的历史；凭借汉字，我们能够跨越汉语方言甚至民族语言的隔阂，无障碍地沟通和交流我们的思想和情感；同样也因为有了汉字这样的元符号，我们可以吟诗作文，题字作画，填词谱曲，可以创造出无穷无尽的意象和情境，并诗意的栖息其上，乐而忘返，不知老之将至。总而言之，因为汉字的功劳，我们这个民族大家庭才能保持长盛不衰，生生不息。所以我们只能以汉字作为民族文化认同的基础。

三 汉字身份认同对民族文化复兴的意义

（一）汉字身份认同可以克服政见、信仰分歧，实现民族文化复兴

无论在历史上，还是在当今社会，汉字都是具有最大公约数的中华文明的标记性元符号，都是能代表全球华人心声的精神家园和文化祖国。汉字是我们伟大的祖先留给中华儿女的宝贵财富，如何继承这一优秀的文化遗产，并在新时期发扬光大，并为中华民族复兴的伟大事业添砖加瓦，这是时代赋予全体华夏儿女的重大责任和义务。中华民族的祖先创造了汉字，并使它成为全体华人的文化家园，无论你身在何处，无论你持什么立场，汉字都是我们共同的文化祖国，这是无可否认的。跟世界上许多民族的情况相仿，华人社区存在政见分歧、信仰分歧，而实现"汉字认同"是治愈这些精神创伤的一剂良药。因为无论你姓资姓社，无论你信孔夫子，信菩萨，还是信基督，无论你在中国大陆，还是在世界各地，只要汉字还在，我们的灵魂就不灭，我们就有共同的文化基础，就有将我们联系在一起的文化血脉，就可以阻隔永久的分裂企图和"文化切割"的危害，促进民族团结，复兴民族文化。中华民族才可能作为一个整体立于世界民族之林，受到世人和国际社会的尊重。

（二）汉字汉语认同可以深化经济贸易活动，实现文化认同

经贸往来需要语言和文字先行，语言文字自身也是文化交流的重要内容。经济活动首先需要熟练使用语言文字。言文功底及运用是否得当，对经贸交流能起到一定的助推作用或消极作用。签订合同、法律诉讼、公务谈判等经贸往来，都在时时考验着每个人的文字功底。涉外经济活动中对外语的能力也要求很高，要想跟一个国家或民族长期做生意，必须尽可能掌握并熟练使用他们的语言文字。"一带一路"的建设和蓬勃发展，首先需要语言文字来"铺路搭桥"。对周边国家语言、文字和文化的学习和掌

握是对外经贸交往活动中最为紧迫的问题，需要花大力气加强。同时，针对"一带一路"沿线各国的汉语、汉字教学研究应该紧随其后，抓紧进行。语言和文字的研究和应用都需要自觉融入经济建设、文化强国的大潮之中，借助经济和文化交流的东风，实现深度的文化认同。

（三）汉字认同具备内化文化交流的潜力

通过语言和文字将政治、经济、贸易内凝为深度的文化交流，让其他文化体的成员因喜爱你的文化，乐意学习的你的语言和文字而产生与你交流的愿望，这就等于是把利益的交换和功利性的经济活动提升到精神文化的共同兴趣和爱好层面，从而为人类文明的沟通和交流做出更大的贡献。中华文明在历史上一直保持着"和而不同"的精神理念，数千年来，数不清的民族融入其中，共同建构了辉煌灿烂的中华文化，屹立于世界的东方。跨越文化差异，因共同的文化追求而形成更大范围的文化认同的例子并非少见。如东亚文化圈内的日本、韩国和越南，其本土语言文化与中国大陆都有差异，但都借用汉字记录自己的语言，汉字和古典汉语的经典对他们尤其是对上层的贵族集团而言，并不单单是一个符号系统那么简单，而是经过他们认真选择过的、全部的精神追求。日本、韩国的上层贵族因长期学习和模仿汉字和古典汉语，并因此对中国文化推崇备至，欣赏有加。俄罗斯文学作品中也曾描述过 18 世纪俄罗斯贵族以能使用法语为时尚，读过这些作品的人们不应该忘记那些上层人士对法语刻骨铭心的追捧。以上所举两个例子，在其文化交流起初阶段，都是由民间和民间组织自发先行的，等这种民间的文化交流达到一定程度时，才出现了成规模的政府层面的推动，这一文化传播路径，给我们很多的启发和思考。

（四）汉字认同可以引领当今的网络符号创意活动，促进媒介
　　　技术的革新

既然汉字具有超方言、超语言的文化功能，那么，在当今互联网彻底改变了信息传播方式的新媒体时代，汉字是否依然具有强大的生命力，可

以继续发挥其巨大影响？答案是肯定的。相对纸张和印刷时代而言，在互联网上使用图像性的"表意文字"将会随着技术的不断改进而变得越来越方便快捷，简单易行。当下，古汉字的数位技术已经相当成熟，几乎所有的古文字资料，都已经被做成 pdf. 格式的图片，或者被制作成各种可以方便应用的软件，其清晰度和逼真程度远超印刷时代的印刷品。受过长期的汉字和书法艺术熏陶的中国艺术家们，在不经意间，就迈进了西方前卫艺术之门，艺术家徐冰创作出《天书》《地书》一类的作品，谷文达创作出《阴园》《阳园》《中园》一类的作品，张洹创作出《家谱》一类的作品，这些作品都把表意的汉字作为绘画艺术创作中的核心要素来处理，对语言在中国文化中的地位和作用重新进行了反思，重构了文化传统和个人身份之间的联系。① 而在当前如火如荼的网络符号创意活动中，数量众多的中国网民，充分利用中国传统文化和汉字提供的先天便利，创作出大量"汉字式"的网络符号，极大地丰富了网络符号的天地。在中文互联网上出现了大量的"艺术汉字式"的创意图案，如"美丽的姑娘""长命百岁""狐狸""猫头鹰""唐僧""孙悟空""猪悟能""沙悟净"等，就是天才网友的杰作；而当下为广大新生代喜爱并每日都在频繁使用的 QQ 表情符，已经发展到了百万级的数量，以及无所不包的表情包，连许多中老年朋友也乐此不疲，流连忘返，时不时要秀一把网技，过一把瘾。还有所谓的"火星文""颜文字""奥运体育图标"，以及最近一段时间才开始在日本网络上流行的"伪中国语"等，也都是方兴未艾，日益翻新。而以上提到的这些网络符号，基本上都发祥于象形文字的大本营"汉字文化圈"的范围之内，这背后隐藏的道理，值得我们进一步深思。

综上所述，汉字及其身份认同对中华民族文化的复兴具有重大意义。

[本文尚未正式发表，现收入文集；另拟收入《中国文字学报》第七辑，商务印书馆 2016 年]

---

① 参见［美］柯蒂斯·卡特《艺术中的文字与图像》，《文史知识》2014 第 11 期。

试论汉字和书法艺术在中国传统艺术中的核心地位 *

汉字史的研究一般将汉字分为古汉字和今汉字两个阶段。从审美的角度看问题，可以说古汉字阶段建构了纷繁多样的汉字意象母题。今汉字阶段则表现为灵动的线条艺术。

一 古汉字之审美意象

（一）古汉字中的众多意象和意象母题

最具有意象性特征的古汉字应该是帝、凤（风）、东、南、西、北方位神一类的表示神祇的字，以及表示日、月、雷、电、雹、云、雨、雪等天象的字，表示先公、先王名的夒、亥、河、岳、土等字，以及在"大邑商"的眼中显得"怪异"的羌、龙、鬼、巴等方国的古文字。这一类的汉字均可直接呈现造字意象，但数量却相对不多。

古汉字中的大多数表意字实际上都具有不同程度的"意象性"。比如女、子、目、耳、自、口、止、示、土、山、火、水、木、羊、牛、豕、犬、虎、隹、鱼、龙等字，再如大、卩、射、牡、匕（牝）、长、身、弃、

---

* 本文写作思路受林语堂先生《吾国吾民》的影响，特别出注，以示敬意。

字、尸、莫（暮）等字，它们都不仅仅表示字形本身，而是表达了众多"意象"，这些意象并不是孤立的，而是依照事/物类均衡分布的。在上面的例子中，"女"表达的是各种各样的女人，"子"表达的是各种各样的小孩，"山"表达各类山，"水"表达各种水，"羊"表达各种羊，等等，不一而足。每一个字都代表一个事类，造字者"以类取象"，用一形而赅一类之物、之事，用功少而赅备广，事半而功倍。显然，用"以类取象"之法造成的象形字不同于图画：图画只有具体的含义，比如张三的图像只能代张三自己，并不能代指李四、王五，更不能代表所有的人。象形字则不然，它是按照事/物类来取象的，一个"人"字可代表所有的人，一个"女"字可代表所有的女人，这正是图画和象形文字的根本区别：图画仅表示事物的具体的形象，象形文字则代表了某一类的物或者事。

上面所举的例子中的后面一类与前面有所区别："大"字虽然是正面的大人形象，但表达的意思却是各种事物的大，而不是"大人"。卜辞中凡一切大物皆可用"大"来表示，如大雨、大风、大旱，大宗、大室、大邑等，可见"大"字虽取象于大人，却不单指大人，而比类连及他物。同理，"卩"字是侧面跪着的人形，但表示的意义也不是侧跪的人，而是命令、集会、节制等意思，同样是比类而及他事。唐兰先生把后一类字命名为"象意字"，并且认为："象意文字是图画文字的主要部分。在上古时期，还没有发生任何形声字之前，完全用图画文字时，除了少数象形文字，就完全是象意文字了。"① 为了称说的方便，我们姑且称这类字为"比类拟象"。

"以类取象"和"比类拟象"都是按照物类或者事类来取象造字，在这一点上，两者并没有根本的分别。而使用"类象"造字方式，却从根本上奠定了汉字之所以成为汉字的基本格局，且对以汉字及其书法艺术为核心的中国传统艺术的发展产生了深远的影响。

---

① 唐兰：《中国文字学》，上海古籍出版社 2001 年版，第 67 页。

（二）古汉字并置、叠加、组接与意象幻化

古汉字是有层级性的文字系统，将几个象形字并置、叠加、组接在一起，就能产生新字——会意字。会意字表现了汉字系统的层级性和静态平面结构之间的张力，呈现新的汉字意象。如涉、乳、監、盥、益等字。"涉"字中间是一个象形字"水"，水的两边各有一个象形字"止"，用两个或者两个以上的象形字组接的方法，构成了一个全新的字，这个新字的内涵大于两个象形字之和（$1+1>2$），表达了意象的张力，展现在人们眼前的是一幅活生生的具有动感的涉水过河的画面，而非仅仅表达了"过河"这样一个意思；再如"乳"字，这是一个代表母亲的象形字与另一个代表婴儿的象形字组接在一起，非常有趣的是，这个表示婴儿的"子"字头部的口是张开迎向母乳的，这个新的会意字活灵活现地向我们展示了一幅非常柔美的母亲哺乳婴儿的动态意象，而不仅仅是表示哺乳意义的一个文字；再如"監"字，左边是一个表示器皿的象形字（有些形体器皿中有表示水的短横），右边是头顶有一只居高临下的大眼睛的跪着的人形（見），左右两个象形字并置起来构成一个新字，表示人以水为鑑（照镜子），或者用作大镜子的水鑑，动词的用法和名词的用法统一于这个新字，这个新的会意字表达的也是一种动态的意象，这一意象显然能涵盖固定的词性（名词和动词）和狭隘的词义，并由此派生出很多新意来。"盥""益"等字的情况类似，不再赘述。

| 涉 | 乳 | 監 | 盥 | 益 |

还有部分因同一个象形字两两并置而产生的新会意字，如从、并、並、北、競、絲等字。从、北（背）、并三字都是由侧面的人形构成，只是"从"字中的两人一前一后，"北"（背）字中的两人背靠背，"并"字（从从，从一，合并之意）中的两人不但背靠背，而且腿部连在一起；"並""競"两字都由正面的人形并置构成，这两组同字并置构成的会意字，同样不仅仅表达词义，同时也表达了某种动态的意象。"林""絲"两字则表达了多种意象，类似于语词的复数。

从	并	並	北(背)	競	林	絲

组接在一起的两个象形字还可被人为地规定其中一个表义，另一个示音，如御、汝、祥、祀、鷄、裘、齿、聝等字。通过拟音、譬况的方式构成谐声字，体现汉字字形与声音之关联，从而造成一种深层意象。谐声字对两个象形字的组接，不但完成了形体和声音之间的无缝对接，而且利用人的通感构造出了新的和谐美。

古汉字的并置、叠加、组接显然对书法艺术产生了深远的影响，书法艺术中追求变化多姿、气韵灵动的审美情趣应该与早期古汉字构型上的并置、叠加、组接、拼合等手法分不开。而书法艺术的审美情趣和追求反过来渗透并影响了其他门类的中国传统艺术，这应该是不争的事实。

(三) 古汉字造字的"人本取向"

古汉字造字中始终贯穿着"以人体为根本"的造字取向,①《周易·系辞》所谓"近取诸身，远取诸物"正是对古汉字造字"人本取向"的最好概括。所谓"近取诸身"，即是从人的视觉、听觉、触觉、感觉出发造字，体现人化意象之美，创制出与人的五官、四肢、名称行为、动作、以及与人的生活环境密切相关的最常用的、最基本的汉字。所谓"远取诸物"是指与人的生活息息相关的自然之物，即人的视线所能及的物和事。

甲骨文以人体为根本造了许多表意字。描摹各类人及人体行为的字，如：人、大、女、卩、母、孕、毓、乳、夫、老、子等；描摹人的五官四肢的字，如：目、耳、口、自、首、止、足、又、肱等；描写人的行为动作的字，如：出、各、逐、共、春、争，以及企、望、聖、闻、曰、告、欠、臭等；描写人的社会生活的字，如：舞、鬥、占、祝、武、令、饗等。从上面列举的甲骨文基本字即可知，早在古文字阶段，汉字的以人体为根本即为其基本审美趋向。

甲骨文中不但有数量众多的与人相关的字，还善于把"诸身"的观念

---

① 姜亮夫于 1984 年首先提出古汉字的造字是"以人本为基础"的问题。

迁移到"诸物"之上，用人的眼光看待自然界中的动物、植物，甚至其他物，也就是说，人们更喜欢从"人本"的视角去表现自然界的一切事物。①

古汉字造字的"人本取向"为书法艺术的"人化意象"奠定了坚实的基础，"人本取向"是古汉字继"以类取象""比类拟象"的审美趋向之外对中国传统艺术的另一个重要贡献。以古汉字造字"人本取向"为基础，书法艺术中所谓的"人化意象"才有了坚实的土壤，才能够长成参天大树。而汉字的"人化意象"，不但左右了书法艺术，同时也影响了其后的古典文学的创作和文学批评观念。②

（四）古汉字的均衡对称美

均衡对称是自然美之一，但是将这种大自然赋予的美感运用于艺术创作之中却是人类的发明。古汉字的构形讲究均衡、对称之美，并且已经脱离了机械摹写而上升到艺术再现的层面。甲骨文单字构形就已经出现了追求均衡美、对称美的审美倾向，如：

雨　雹　丘　水　州　屮　木　森　果

这些例字的形体并非对其与所代表的事物的机械摹写，而是一种艺术创造。自然界的山很少看到这么对称的形状，丘也未必是双峰对峙，雨、水、川、州的形状因地形而异，屮、木、林、森、果也都是不规则的，但是，经过造字的过程，自然中的不规则形状在人对其进行的符号化过程中就变成了均衡对称的，这其中蕴含的审美情趣是非常值得玩味的，其本质是一种超越了机械模仿的艺术创造。同理，有关人的行为和动作的许多字，如：

---

① 参见姜亮夫《古文字学》，浙江人民出版社1984年版，第69—70页。
② 钱锺书先生（1937）首先提到了中国文学批评的"人化的趋向"。姚淦铭（1996）把"人化意象"引入书法创作和批评。我们非常认同姚氏的看法，并且尝试用"人化意象"贯穿上述几位先生所说的古汉字造字取向、书法艺术以及中国传统艺术的创作和批评。

| 背 | 化 | 舞 | 美 | 乡 | 承 | 征 | 韋 | 拱 | 秦 | 春 |

这些生活中的常见现象也被古汉字的创制者们艺术升华为均衡、对称的结体，成为先民们社会生活的艺术再现。

甲骨文在篇章层面也有追求均衡美的倾向，如著名的"甲骨三大版"（合10405，合6057，合137）就是这方面的杰出代表。但是，从总体上看，甲骨文仍然缺乏成熟的章法。相对而言，金文在这方面则有长足进步，如柞伯簋、毛公鼎、墙盘、散氏盘等作品，都体现出章法严谨整饬、风格雍容大度的风貌。小篆则为古文字章法布局之典范，如李斯的泰山刻石、峄山刻石、会稽刻石等作品，都显示出端严大气、法度森森之气象。

从总体上来说，古汉字虽然已经有相当长时间的用笔实践以及对章法布局的探索，但实际上还没有真正完成中国传统艺术之核心的"书法艺术"的建构。真正的书法艺术还有待笔画的彻底解放和诗歌意象兴起的风尚，尚有待"天人合一"的观念盛行并武装了文人思想的那个时代，这显然只能在"隶变"完成之后。

二 书法艺术之审美

（一）"隶变"是书法艺术成立的前提条件

古汉字阶段的终结，隶书的出现，解散了小篆等古文字中具有图画性的圆笔和方笔对用笔的束缚，将古文字中的曲笔、短笔改为点，左行线、断线、连线改为撇，右行线改为捺，提笔、收笔、连笔改为钩，沿用并改造了古文字的横画和竖画；将古文字中的曲笔拉直、连笔、拆笔改为横和竖，奠定了今汉字阶段的基本笔画，为书法艺术的建立创造了基本条件。[①]

---

① 参见赵平安《隶变研究》，河北大学出版社2009年版，第59—63页。

古汉字的圆笔和方笔变为隶书的波磔，描摹轮廓的图画变为线条艺术，点、横、竖、撇、捺、钩等基本笔画的形成，提笔、折笔的初步诞生，为隶书及其后的各种书体对汉字笔画的进一步改造和创新留下了足够的空间，真正开启了作为线条艺术的书法走向繁荣的大门。可以说，古汉字的"隶变"成就了书法艺术，没有"隶变"对线条的释放，就不会诞生作为艺术门类的中国书法艺术。

（二）书法艺术表现人与自然的和谐美

中国传统书法艺术中盛行一种观念，即将书法与人相提并论，把书的美丑与人的品位相互联系。这一审美观念虽沿袭古汉字中的"人本取向"，但更多的则是秦汉以来人对自然山水的"重新"发现以及寄情山水的审美情趣的弘扬，这一审美情趣在艺术史上表现为泛化的人与自然和谐的审美理念和讲究气韵灵动的艺术追求。

汉魏以来的书法家，常常以人的风貌情态比喻书的善否。王羲之就这样比喻用笔的失误："倘一点失所，若美人之病一目，一画失节，若壮士之折一肱。"书法评论家不仅拿书法的善否与人的美丑相比，而且还拿书法中的用笔之法与自然界的山川林木、惊雷闪电、飞禽走兽、鸟兽鱼龙等自然物象相互比较，甚至拿书法的谋篇布局与将军排兵列阵相提并论。王羲之就以自然物象喻书法之笔势：点如高峰坠石，横如列阵排云，竖如万岁枯藤，折如钢钩劲健，撇要藏锋而为，捺要一波三折，钩要千钧劲射。（详参王羲之《笔势论·启心章》）这些比喻将人生存其中的周围环境纳入审美范畴，反映了汉魏士人的觉醒，以及人与自然和谐相处的强烈愿望。相对古汉字阶段的"人本取向"而言，对自然的"重新"发现应该说是这个时期对中国传统艺术的最大贡献。

以书法为代表的中国艺术，自发轫阶段就表现出人对自然的炽热情感，以及人与自然和谐相处而非征服自然的强烈愿望。在中国古典艺术中，自然与人的和谐共处是不变的宗旨，得到传统文化最高认同的艺术作品，也往往是人与自然合二为一，因而具备了充分的艺术灵性的东西。

中国艺术讲究人与自然的和谐，但并非主张静态的和谐，而是人的感情与自然景物之间的动态的平衡和协调互动，作为表现这一动态和谐的最根本艺术形态——书法艺术充分发挥了其动态平衡的特长，并逐渐成长为其他门类艺术的根基。林语堂说："谈论中国艺术而不懂书法及其艺术的灵感是不可能的。"[①] 我们以为，书法之所以重要，还在于书法艺术是视觉表达方式的一种，而视觉表达艺术永远都是形式大于内容的艺术。一幅作品中，书家对线条美和结构美的追求远甚于对表达内容的需要。在中国文化的语境中，欣赏一幅书法作品，首先关注的是形式上的美感而非内容。因此，中国书法的创作和欣赏在本质上是一种欣赏者和创作者之间跨越时空的精神交流，在这种高级的精神活动中，既传达了彼此对优美的线条艺术的美的感受，又表现了难以言传的精神境界。而通过这样的交流，一代又一代的文人墨客们不但将自己编织其中，成为生生不息的"传统流"之一分子，从而既保持了自己的传统文化，又实现了自身的价值。王羲之《兰亭集序》、颜真卿《祭侄稿》、苏轼《黄州寒食帖》、张芝《冠军帖》、陆机《平复帖》、张旭《古诗四帖》、怀素《自叙帖》、现代书法大家毛泽东《沁园春·雪》等行、草作品，以及欧、颜、柳、赵等大家的楷书作品，都是中国书法艺术中充分表现了人与自然的和谐美，以至于达到了气韵灵动的最高典范的作品。

（三）书法规范中的审美追求

从篇章的角度看，所谓"气韵灵动"，也就是讲究章法的艺术，篇章范围之内，字与字之间，行与行之间，书写与空白之间，正文与落款、印章、题跋之间，以至墨色浓淡之间都需要把握好尺度，做到各个要素相互配合、互相协调。

1. 用笔、笔力和笔势

"用笔"是指书法家创作书法作品时所遵循的方法。"笔力"是指书家用笔的力量，"笔势"则是指书家运笔的风格和气势。笔力和笔势都是书家在长期的用笔实践中总结出来的经验之谈，绝非一日之功。王羲之《笔

---

① 林语堂：《论翻译》，江苏人民出版社 2014 年版，第 257 页。

势论·观彩章》总结了书法的用笔，有所谓起笔、行笔、收笔、接笔、带笔、翻笔等；而且还针对不同的笔画规定了具体的用笔之法，见《说点》《处戈》《健壮》（各类折笔）、《教悟》（横、竖搭配）、《开要》（掠画和磔画，即撇和捺）各章。后人将用笔的方法简括为所谓"永字八法"。《书法三昧》说："凡学必有要，若网在纲，有条而不紊。'永'字者，众字之纲领也，识乎此，则千万字是矣。""永字八法"的要点在于追求用笔中的动态平衡，而不是机械地构成规范的笔画。这一对笔画的要求与下面将要谈到的"结体"（单字的间架结构）规范，甚至与上面谈过的"气韵灵动"一脉相承。

2. 结体

书法家用"结体"的概念代指汉字的结构框架。"欲书先定间架，然后纵横跌宕，惟变所适也。"（明董其昌《画禅师随笔》）追求"动态均衡"是汉字结体或间架结构的灵魂。但书法中的"结体"并不是指几何上的平整规范，而是笔画、笔势变化中的相互协调。这是一种充满张力的美，与静止的仅仅匀称的美有很大的区别。王羲之说："若上下方整，前后齐平，便不是书，但得其点画耳。"

每个汉字的笔画多少不等，偏旁大小不一，用笔需要因字而定，所以，书写中保持每个汉字的均衡和端正是不易做到的，人们常说，某某人字写得歪歪扭扭，就是指字的"均衡"把握不好，或者笔画位置安放不当，或者笔画间相互呼应掌握不好，等等。要做到这一点，必须首先掌握字的重心的安置，重心端正了，字才能安放稳当；偏离重心，字就会失去平衡。为了练习书法者便于掌握重心，相传唐代书法家欧阳询发明了"九宫格"，后人又进一步改进，发明了"田字格""米字格"等，供初学书者练习。此外，书法家们还在长期的书写实践中总结出了汉字间架结构的多种模式，如欧阳询《结字三十六法》，明代李淳《大字结构八十四法》，清代黄自元的《间架结构摘要九十二法》等，归纳总结汉字结体的方法，并附有典型例字，对后世学习书法的人提供了很大的方便。我们试举几例说明。

① 横平竖直例：要求横画平稳但非水平，直画挺拔但非垂直，要点是

保持中轴线布局。如：

②左右对应例：要求左右对称，但并非左右两字大小、高低一致，要点是左右协调互补。如：

③方框端正例：要求重心安稳，要点在于保持重心。如：

④笔断意连例：要求相互呼应，要点在于保持笔断意连。如：

三 书法、绘画、诗歌、园林艺术之相互激荡

书法是中国传统艺术的核心和枢纽。书法赋予中国画以技巧，诗歌赋予中国画以神韵，建筑（以园林艺术为代表）则将诗、书、画之意境集于一身。因此，诗、书、画、园林及其雕塑是中国传统艺术中关系最密切的艺术门类。

（一）书法与文人画

"书画同源"的说法古已有之，但常常被误解，以为是指文字和图画来源相同，甚至指认文字源于图画。这其实是不对的。"书画同源"实际上是指书法和中国画，尤其是"文人画"，无论在用笔上，还是在立意上都是相通的。与西洋画的"叙事性"相对而言，中国的"文人画"多数是"抒情性"的艺术。文人画的气韵和技巧与书法、与诗密切关联。文人画的用笔、章法和布局源于书法。在中国传统艺术史上，经常出现书家即画家，画家兼诗人的现象，如王维、赵孟頫、董其昌、吴昌硕等人。

　　书法对中国画，尤其是"文人画"影响至深。例如，传统中国画经常使用的"皴法"就是以书法中的笔法入画，来表现山石、峰峦和树身表皮的脉络纹理；"文人画"的着色也主要是来自书法技艺中的对墨的浓淡的应用。元黄公望《富春山居图》（残卷）就充分体现了"以书入画"的审美意趣。再如，所谓"飞白"，本是一种书体，据说出自汉朝大书法家蔡邕，却被移入中国画中，用于创作山势、怪石、竹枝等。再如，书法中的"布白"（又称留白），本是书法家处理篇章空间的常用技术。中国传统书法艺术中非常看重"布白"的作用，恰当的空白布置为书法要素之一。"布白"这一技法在中国画中也同样受到重视，以至于我们很少见在中国画中把整幅画面全部占满而不留余地的作品。书画中的"布白"艺术是对中国传统观念的忠实再现，这种创作方法实际上是把"空白"作为载体以渲染美的意境，表现了一种简单、闲适的文人、士大夫的审美情趣。明代王铎的草书是书法"布白"艺术的精品，宋代马远的《寒江独钓图》则是文人画"布白"艺术运用到极致的典范。再如所谓"笔意"或"写意"的概念，它本是艺术家心中的概念。中国画的创作与西洋画不同，作中国画重在写出胸中的概念，笔墨尚未落纸之先，艺术家胸中已有一框架，然后着手下笔，一路画来，经由某些笔致写出此概念，即所谓"成竹在胸"。而"笔意"或"写意"的概念，主要也是来自古汉字和书法艺术的意象，以及文学诗歌的意境，并非全出于艺术家对自然的观察。

　　书画艺术家对意境的把握主要来自长期的文学熏陶，这再一次把汉字和书法、中国画和文学（主要是诗歌）关联起来，成为相互影响的姊妹艺术。此外，古典文学中具有深远影响的"用典"手法（尤以诗歌为代表），也给文人画的创作制造出张力无限的意象。中国文人对梅兰竹菊的喜爱，对杨柳依依的不舍，对夏荷清香的描述，往往都有佳作名篇在先，因此，文人画的画意或意象气韵也并非总是源于自然，却常常是一种文学的意境。这种文学意境，即是前面所说的"笔意"或"写意"的另一种说法。

　　对于在"书画同源"的观念中成长起来的现当代中国艺术家来说，西方现、当代艺术中将文字融入图像，或者与之相反，将图像融入文字的实践，并没有什么新奇之处。相反，在当下西洋艺术充斥中国艺坛并形成所谓"新传统"的背景之下，中国传统水墨画艺术的复兴，对用笔和笔力的追求，却再次扮演了前卫的角色。在这里，复古就是解放。文字与图像之间的互动，就是前卫艺术家们的追求。徐冰《天书》《地书》，谷文达《中园》《阴园》《阳园》，张洹《家谱》等作品都是把文字作为绘画艺术创作中的核心要素来处理，反思语言对于形成和解释文化中国的意义，重构文化传统和个人身份之间的联系。[①]

（二）书法与诗歌

书法与诗歌的关系相对前面所述的书法与绘画的关系而言相对要远一些。因为书法是汉字的艺术，是一种视觉的表达方式，中国画也是以汉字和书法为基础的视觉艺术，但诗歌却是语言的艺术，毕竟语言和文字是两种符号系统，两者既有联系又有区别。只是我们在这里千万不要忘记汉字的表意性质：相对西方表音文字而言，表意的汉字不仅记录而且表现了语言的意义，同时也通过字形呈现出自身具备的"意象"，而这种"意象"显然是超语言的视觉形象。

正是表意汉字的意象性质促使汉语的文学，尤其是诗歌与文字形体呈现的意象整体而不是意义发生了间接的联系。台湾作家余光中有一段文字很好地概括了"汉字意象美"与文学的关系。他说："杏花。春雨。江南。六个方块汉字，或许那片土地就在那里面。无论赤县也好神州也好中国也好，变来变去，只要仓颉的灵魂不灭美的中文不老，那形象，那磁石一般的向心力当必然长在。因为一个方块汉字是一个天地。太初有字，于是汉族的心灵他祖先的回忆和希望便有了寄托。譬如凭空写一个'雨'字，点点滴滴，滂滂沱沱，淅沥淅沥淅沥，一切云清雨意，就宛然其中了。岂是什么 rain 也好 pluie 也好所能满足？"（余光中《听听那冷雨》）这段话可以说是对汉字意象性与文学意境相互关联的最好说明。

虽然说汉字/书法对诗歌的影响是内在的，深入骨髓的，但其影响方式却是潜在的，逐渐涵化和逐步渗透的。与西方人不同，汉人欣赏诗歌的

---

① 参见［美］柯蒂斯·卡特《艺术中的文字与图像》，《文史知识》2014 年第 11 期。

审美活动，首先关注的是诗行中单个汉字（含双音节字）表达的意象，而这一意象是通过汉字的形式发生作用的，即汉人读诗或欣赏作品更习惯于"咬文嚼字"或"说文解字"。也就是说，在汉人阅读和欣赏诗歌的过程中，汉字字形表达的意象是被读者首先观察到，并作为联想的基础作用于全诗的审美过程的。我们仅举一例来说明。如李白的《静夜思》：

床前明月光，疑是地上霜。
举头望明月，低头思故乡。

这是一首在汉字文化圈内家喻户晓的名作。为什么简单的四句话二十个字，非常简洁明了的意思，却产生了这么大的影响呢？其奥妙有二：其一，这首诗充分发挥了人们熟知的文字"明月""故乡"所蕴含的意象而非仅仅是文字表达的意思，因而触动了人们乡愁的开关；其二，这首诗的有足够的"前理解"背景。在中国传统文化中，皎洁的明月总会引起人们对家乡的思念，自然界的风霜雪雨则会引发人们心灵的孤寂，将"明月"的意象与冰冷的"霜雪"意象叠加在一起，一下子就触动了人们的"思乡"情绪，强化了读者的"心灵孤寂"，在人们的内心引发了连锁反应和无限联想，因而产生了强烈的精神共鸣，这首诗也因此成为千古名句。试想一下，如果我们把这首诗讲给母语是英语的人，那会怎样？当然他们也会觉得不错，但是，当他们明白这首诗的意思后，接着就问，看见明月很好，但是为什么要想家呢？这并不是一个随口一说的玩笑，而是笔者教英国学生时出现的真实情况。这个例子充分说明，文学意象的理解在很大程度上依赖本民族的文化语境。同理，台湾诗人余光中的《乡愁》，也是因为触动了海峡两岸同胞的思乡之情而被广为传唱，成为现代名作。

（三）诗中有画，画中有诗

按说诗与画的关系犹如文字和诗歌的关系一样相对疏远才对，但实际情况却不是这样，原因如前分析。唐代大诗人、大书法家兼大画家王维创作出许多极富画意的名诗佳句，如《相思》："红豆生南国，春来发几枝？

愿君多采撷，此物最相思。"用红豆象征男女相思意象；《渭城曲》："渭城朝雨浥轻尘，客舍青青柳色新。劝君更尽一杯酒，西出阳关无故人。"描写惜别朋友远行的意象；《鹿柴》："空山不见人，但闻人语响。返景入深林，复照青苔上。"描写空灵清冷的意象。此外，像《送梓州李使君》之"万壑树参天，千山响杜鹃""山中一夜雨，树杪百重泉"；《过香积寺》之"不知香积寺，数里入云峰。古木无人径，深山何处钟"；《送严秀才还蜀》之"山临青塞断，江向白云平"；《辋川闲居赠裴秀才迪》之"渡头余落日，墟里上孤烟"等名句，都描写了诗人心目中的多种多样的山水田园意象，而这些意象也成为后世文人画的意象母题，经过历代文人画画家反复揣摩和一次又一次的"重新"发现，创作出数不胜数的中国画，此类意象也成为长盛不衰的文人画范式和永恒主题。王维的诗作被宋代的大诗人、大书家兼大画家苏轼《东坡题跋·书摩诘〈蓝关烟雨图〉》评价为："味摩诘之诗，诗中有画；观摩诘之画，画中有诗。"而苏轼评价的重点实际上是要强调王维诗中的诸多意象可以精炼入画，画的意象也可铺陈为诗，甚至发而为文、为音乐，等等，不一而足。艺术形式虽不同，但意象和境界是一致的，而且在各门类的艺术中通用无碍。若以此说观后世文人画之大概，应亦如此。

（四）书法与园林、古建筑艺术

园林和中国古建筑是立体的综合性艺术，建筑者在其中荟萃了书法、绘画、诗歌、雕塑、工艺技术等各艺术门类的智慧，希冀营造出符合共同审美情趣的产品。我们在这里仅讨论汉字书法艺术对以园林为代表的中国古建筑的深层次影响而不及其他。

汉字书法艺术对中国古建筑，尤其是园林艺术的影响可分为理念上的影响和结构布局上的影响两方面。

1. 书法对园林古建筑造园理念的影响

如前所述，书法是意象表达的艺术，书法中对线条的运用不仅追求技术上的熟练，更重要的是追求气韵的灵动，以表达某种美的意象，从而实现人与山川万物息息相通的审美理念。在书法史上，凡能呈现出人与自然气息相通的作品均能称为上乘之作。王羲之《兰亭集序》、颜真卿《祭侄稿》、苏轼《黄州寒食帖》、张芝《冠军贴》、张旭《古诗四帖》、怀素《自叙帖》、陆机《平复帖》等古典行、草名作，都是书法史上真正达到了气韵灵动、情境交融的艺术精品。而欧阳询《九成宫礼泉铭》，颜真卿《多宝塔碑》《颜勤礼碑》《麻姑仙坛记》，柳公权《玄秘塔碑》《神策军碑》《金刚经碑》，赵孟頫《旦巴碑》等楷书名作，则又是另一番景象。此类名作大抵承继金文、小篆的风格，注重疏密搭配、均衡对称，讲究层次分明，开合有度，显出端严大气之美，体现正人君子风度。在小篆俗体字基础上形成的隶书，则追求笔画分明、疏朗开阔的风格，展示典雅从容的气势；而其后的魏碑，又是另一路恣肆雄强、钢筋铁骨的气魄。可以说，在书法史上，每一种书体的出现，都伴随着全新的风格，展现出不同的审美意象。不同的书法风格之后，潜藏的是书法家和书体对意象的取舍和兴趣旨归。书法史上风格多变的众多名作，皆因各有其审美意象，方显多姿多彩。也正是因为书法艺术抓住了中国古典艺术表现的本质，即意象和气韵，反映出中国人对人与人、物与物、物与人之间和谐有序的生存状态的向往，因此成为众多艺术的基础和中枢，自然而然地成就了中国古建筑艺术的灵魂。林语堂说："中国建筑物的任何一种形式，不问其为牌楼，为庭园台榭，为庙宇，没有一种形式，它的和谐的意味与轮廓不是直接摄取自书法的某种形态。"① 齐冲天说："这样，文字和建筑艺术就有许多相似之点了，例如它们都讲积累、排列、覆盖、承载、讲整齐划一，参差错综，讲小巧玲珑，或巍峨拔起等。文字的审美，具有造型艺术的许多特征。"②

2. 书法对中国古建筑结构的影响

书法艺术中对结体和章法的追求，对中国古建筑，尤其是园林的建设起到了示范和模板的作用。林语堂将汉字的结体与古建筑中的"轴线原则""对称结构"相提并论，他指出，某些汉字，如"中""東""東"

---

① 林语堂：《吾国吾民》，江苏人民出版社 2014 年版，第 257 页。
② 齐冲天：《书法文字学》，北京语言大学出版社 1997 年版，第 359 页。

"柬""乘"等字在书写中注重轴线和对称美，追求动态均衡，呈现层次与和谐，这启发了中国传统建筑，如西安、北京古城的设计，体现出稳重实在、庄严肃穆之美。其实，遵守这一建筑原理的中国古建筑比比皆是，大到北京故宫、承德山庄，小到各地的府衙、庄园，乃至民居、四合院，都是恪守这一源于书法结构的建筑格局。

林语堂还把书法中的"间架结构"与中国建筑"框架外置"联系起来，认为："在中国建筑中，全部框架工程有意地显露在外表。这是导源于书法上的一大原理，便是人人都知道的'间架'。"①裸露的骨架，犹如欧、颜、柳等楷书大家的作品，给人一种端严大气的美感，如同一个正气凛然、不容侵犯的君子。书法的间架结构除了要求骨架要正之外，还需要笔画的穿插配合，迎来送往，高低相让，左右相对，甚至还要注意笔断意连。这能避免过分追求骨架给书法带来的呆板之气，让书法中的汉字保持一种灵动的气息，实现动态均衡的效果。

书法的间架结构原理自然而然的被引入中国古建筑之中，主要体现在建筑屋面和梁柱之间的配合，以及古建筑对梁柱和屋面的装饰和美化方面。比如山西榆次明代正德年间的古建筑"玄鉴楼"（古城隍庙主建筑），就完美地体现了梁柱与屋面、正面斜顶与侧面坡顶（歇山面）、歇山面与正面屋顶延伸的侧斜面的流畅过渡；而屋顶之上正脊的装饰（中间的宝刹、两边的吻兽）打破了长长的正脊带来的视觉单调，正脊两侧上装饰脊兽，既增加了屋面的动感，又表达了祥瑞的意愿，可谓点睛之笔。再如甘肃秦安元代建筑"兴国寺"般若殿内部的屋顶与梁柱之间的设计，就颇能代表古建筑既重视屋顶坡面，又刻意保留多级梁柱的骨架式设计理念。大概设计师是要着力表现房屋的"架势"，因此不惜工本材料，着意构筑层叠卯套的木架构，并把它有意展现在人们的眼前，让人一抬头便能体会那种层层叠叠的威严和气魄。

最能契合古人的审美意境，集书法、绘画、雕塑、诗歌、文学、工艺美术等诸多艺术门类的精华的是造园艺术。每一个园林设计师都竭尽所

---

① 林语堂：《吾国吾民》，江苏人民出版社 2014 年版，第 277 页。

能，希望将园林设计得尽善尽美。造园艺术的灵魂是追求气韵灵动、布局合理、结构妥帖，这一设计理念同样导源于书法艺术。园林建设追求意境营造，这一追求离不开诗、画意象，曲水、假山、怪石穿插于亭台楼阁之间，带来灵动之气，末了，还要特别重视题匾，文字仍为压轴之戏，点睛之笔。《红楼梦》中大观园建好之后，给各园取名题匾，贾宝玉一展过人的艺术才华，难得博其父夸奖一回。所以说，园林是综合的、最能体现书法、绘画、雕塑、文学工艺诸多功底的综合艺术形式。

总而言之，在中国传统艺术中，书法使用灵动的线条表现了人的意象和感受，诗歌和文学将文章人化或生命化，"文人画"不重形似而重神似，园林建筑被塑造为人诗意栖居其中的场所，等等，这些艺术都充分表现了"人化意象"，追求"天人合一"却又落脚于人，这一审美情趣与西方截然不同。中国传统艺术关心的不是客体，而是人的审美意象，重视的不是物我两分，而是物我合一或者物我两忘。这样的审美追求，从根本上来讲，是来自汉字的传统，汉字造字的人化意象，以及汉字书法艺术对气韵灵动的追求。正是从这个意义上讲，汉字和书法艺术是中国传统艺术的灵魂和核心，在众多门类的中国传统艺术中居于核心地位。

本文参考文献：

［1］沈建华、曹锦炎：《甲骨文字形表》，上海辞书出版社 2008 年版。

［2］于省吾主编：《甲骨文字诂林》（全四册），中华书局 1996 年版。

［3］赵诚编著：《甲骨文简明词典——卜辞分类读本》，中华书局 1988 年版。

［4］启功：《古代字体论稿》，文物出版社 1964 年版。

［5］诸宗元：《中国书画浅说》，中华书局 2015 年版。

［6］陈从周：《说园》，同济大学出版社 1984 年版。

［本文原载《中国海洋大学学报》（社会科学版）2016 年第 3 期，收入本文集时仅做了几处小的修改］

汉字的性质及其有关汉字形成的几点假说

汉字的起源，事关华夏文明的形成，因而是一个十分重大而又敏感的问题。由于考古材料的缺乏，目前要圆满地解决这个问题尚不到时机，但是，对其做出一些预测，提出一些思路，还是可能的。

一 问题的提出

汉字属于"自源型"文字，这类文字大多形成于5000年以前，如苏美尔楔形字、古埃及圣书字等。唯独汉字的历史较短，只有3000年左右，而与"借源型"文字，如腓尼基字母、希腊字母相当，岂非咄咄怪事？此其一。用现代西方语言学理论的观点来看，只有符合"音义合体"的符号体系才属于文字，而"形义合体"的汉字只有到了"表示固定的读音"的地步才算得上是文字，否则就只能称"图画"或"文字画"。问题在于，西方的语言学理论建立在对以"腓尼基字母""希腊字母"为基础的各国文字，如英文、德文、法文等文字的研究之上，这些文字以及他们的鼻祖（腓尼基字母、希腊字母），本身都是走"借源"之路。他们一开始就是借用"自源型"文字作表音符号而构成一种新的"音义合体"系统；而"自源型"文字初始就是"以形表义"的，走的是"形义合体"的道路。既然如此，我们为什么非要用"借源型"文字的理论来衡量形义合体的汉字，此其二。"六书"理论是中国传统语言文字学分析汉字形体结构的理论，总体来说，它是分析汉字形体结构的有效理论，但它本身却有很多缺陷。首先是名称问题，称"象事""象声""象意"呢，还是"指事""会意""形声"呢？并不仅仅是用字的不同，而是对"汉字的起源"认识不同。前者的潜意识深处是以图画为文字源头的，故以"象"字为名，后者则要复杂得多，是"多源论"。其次是"六书"的排序问题，到底是"象形"在前，还是"指事"在前？实质问题是在造字过程中先用图画描摹的方法造字呢，还是先用相对抽象的方法概括成字的问题；而将"假借"列于"六书"之末，那更是认定谐声方法参与造字最晚，因而最终不得不归于所谓"用字之法"的必然结果，此其三。对以上这些问题的认识，在很大程度上左右了对汉字性质的探讨，蒙蔽了我们的思维视野。

二 考虑问题的角度

对汉字起源、形成问题的讨论一定要有人类学的眼光，仅用纯文字学的理论是不够的。也许初创时期的汉字根本不是记录语言的符号，而是与语言、音乐、舞蹈、绘画等原始艺术平行的符号体系之一。文字既然不是记录语言的符号，也就没有整合音义的功能，一个字就像一幅图画，意义是由欣赏它的人们赋予的。起初，对意义的理解也许会有多种，但我们不用担心多样的理解会导致意义的漫衍无边，因为大脑的认知结构会自然修正它的偏离。直到有一天，该符号被某些团体或部落持续赋予相对固定的含义，于是它便成了图画性的文字。因为是图画性的，所以常常被当作崇拜的对象，有着图腾记号一般的功能；又由于有约定俗成的意义，所以包含文字符号的性质，存在变为纯文字符号的可能性。这种既有图画味又有文字性的符号体系，正是以汉字为代表的形义文字有别于以希腊文字为代表的音义文字的根本所在。因此，讨论形义文字的起源、形成及其性质，就不能只用建立在音义文字研究基础之上的普通语言学理论，而不顾汉字的实际。

对汉字起源、形成问题的讨论，势必涉及它的创造者以及他们的思维结构。关于这个问题，文字学界流行着一种观点，即认定文字是由劳动人民创造的。这种提法其实是很含混的，如果把巫、史、师一类人（原始社会的知识分子）看作劳动人民的一部分，那我们没有异议；如果把从事繁重体力劳动的人群当作创造文字的主力军，那我们可不敢苟同。理由有三：其一，前面我们说过，文字初创之时，并不是供社会人群交际的工具，相反，却是圣王、巫师们交通天神的工具。这么神圣的东西，哪里会轮到劳力者去做呢？其二，即便圣王允许，被繁重的体力劳动所逼迫，糊口尚且困难的百姓，哪有时间和精力去从事如此殚精竭虑的工作呢？其三，文字的创制，需要很高的智商，决非平庸之才所能为，这一点，只要反观纳西文字的创制过程，就不难得出正确的结论。这样的人物，一定是当时的文化精英。历史传说中造字的仓颉，应该是他们中的杰出代表。

对汉字的起源、形成问题的讨论还要跟原始文化的发展阶段相联系。只有华夏文明发展到了相当的程度，有了明确的社会分工，有艺术性的产品来表达个人、社会的审美情趣和宗教情感，才有可能出现像文字一类的特殊符号，来满足社会人群，尤其是部落酋长、巫史们利用文字与天神沟通的愿望。这样的时期，从人类历史发展的长河去观照，大概只能出现在距今10000年至5000年，即考古学所谓仰韶文化前后，历史传说中的黄帝时期前后。

如果我们的这一推测有它的合理性，那么，我们以前将汉字起源、形成问题局限于"音义合体"框架内的认识，就有重新加以讨论的必要了。

三　有关汉字起源问题的三个阶段假说

第一个阶段：大约距今10000年至5000年之间，是汉字符号体系形成的初期。汉字作为一种符号，很可能是与汉语平行的，类似于绘画、刻符、雕塑、图腾等原始艺术形式的符咒性符号体系。起初，这样的符号往往是单个表形的，还不能按照词序连成句子或者语段书写，虽然人们赋予每个符号以一定的标示意义，但意义并不那么固定，也没有固定不变的读音和书写规范。因此，它还不是人们的主要交际工具，也不是用来记录语言的符号。这样的符号，从目前考古发掘的事实来看，最早的应该是属于裴李岗文化的河南舞阳贾湖遗址中出土的一些零星符号。最有代表性的应该是仰韶文化遗址中出土的大量刻于陶器口沿上的符号。

第二个阶段：大约距今 5000 年至 3000 年之间，即从历史传说中的黄帝时期开始，至夏王朝前夕，大致相当于考古学上的仰韶文化晚期至大汶口文化、良渚文化时期。在这个时期，汉字作为一种系统的文字体系逐步成熟，并向着记录语言的符号体系的方向过渡，汉语和汉字的关系逐渐密切起来，但由于上一阶段的影响，此时的汉字体系虽然具备了文字符号体系的基本性质，但还在一定程度上保留着较大的原始符号的功能，不仅仅是语言符号，更重要的还是文化心理的符号，因此，它一方面有语言的交际功能，同时又有超语言的作用，在一定程度上扮演着人神交通的角色，因而受到少数酋长、巫师的控制。

第三阶段：从夏以前的尧舜时代开始至今。汉字由原初的符号体系演变成记录语言的符号，因而和汉语发生了十分密切的关系。在这个阶段，汉字沦为汉语的仆从，成了语言的记录者，并且有了固定不变的方块结构，形成了相对规则的书写次序和规律，其后并形成了用以分析其形体构造的理论——六书。这个阶段的典型代表是商周甲骨文和金文。若加以区分，本阶段还可以分成"古汉字"和"今字"两个时期，"隶变"是它们的分水岭，也是汉字在第三阶段中发生的最为重大的内部改革，并由此奠定了今天汉字的基本面貌。

有了以上三个阶段的假说，我们就可以更好地理解现成各种有关汉字形成、起源的理论和说法，并进一步讨论汉字的性质了。

四　汉字的性质

汉字是一种特殊的符号体系，考虑到它的形成历史的久远和成型之后的重大变迁，汉字应该是有多个层级的符号体系，与印欧语系的文字符号相比，汉字符号体系不是线性的，而是立体的，它总是以有限的单位空间容纳大量的信息为主要表征的。因而形成了一个汉字就是一个词的历史形态，这是汉字符号的根本性质所在。

由于汉字符号体系是特殊的层级体系，它与汉语的天然联系就不像印欧系语言中文字符号和语言的联系那么紧密，而是具有一定空间的。换句话说，汉字不仅仅是记录语言的符号，还是承载华夏文明的媒体，不但能标示语言，而且具备一定的制约语言的机制。这就是汉字的形义之间总是存在着千丝万缕联系的深层次原因。

既然汉字是复杂的层级体系，我们在讨论汉字性质的时候就不能用一成不变的眼光看待遇到的问题，而应该开拓新的视野。这样一来，我们就不但能够对第一、第二阶段的汉字符号体系有一个正确的认识，不再局限于"是否记录语言"的旧框框之中，而能在理论上有一个大的突破。而且，能够对第三阶段汉字研究中的许多问题给出比较圆满的解释。

[本文原载《青岛海洋大学学报》（社会科学版）2000 年第 1 期；又载于《汉字文化》2000 年第 1 期。今仍按原文收入本文集，仅做了几处文字更正]

象形字的几个问题

一　什么是象形字

有关象形字的概念，中外学者都有论述。

国外文字学家谈到象形字，最常使用的词是 hieroglyph（英），该词来源于希腊语词的 "'ιερογλυφείν"，原本用来表示神秘的、难认的古埃及文字，意思是 "刻在石头上的圣字"。该词在欧洲各主要语言中大同小异。与专指古埃及文字的象形字概念相对，现在的 "象形文字" 和 "象形文字体系" 的概念具有更加丰富的含意，它不但包括古埃及文字，而且还指汉字、克里特文字、赫梯文字等。

在文字类型的研究方面，无论传统的 "三分法" 体系——图画文字、表意文字、表音文字，还是俄国学者伊斯特林提出的 "五分法" 体系——句意字、表词字、词素字、音节字、语音字，最初的文字类型都是所谓的 "图画文字"（pictograph or picture-writing），这个语词是由拉丁语词 "pictus"（图画的）和希腊语词 "γραφω"（写）组合而成的，指的是历史上最原始、最古老的文字类型。

从 "三分法" 的观点来看，图画文字具有如下特点：其一，文字不直接表示语言而直接表达思维内容；其二，这种文字的表达手段是画图画；其三，这种文字不反映语言形式。可以说 "三分法" 更多倾向于从文字、语言、图画三者的关系中区分文字类型：其中的第一、第三条就是从语言角度入手的，而第二条则是从文字与图画的关系出发来设定的。伊斯特林对前两种观点持否定态度，但基本认可后一种观点。① 他提出的"五分法"认为图画文字（他用的术语是"句意字"）表达整个信息，但字形上几乎不分解为单词。相对"三分法"而言，"五分法"更彻底地贯彻了唯一的语言的标准。图画文字之后的文字类型是表意文字（又名象形文字），它与前一个类型存在千丝万缕的联系。不论"三分法"的标准还是"五分法"的标准，表意文字都与我们讨论的上一个层面的情形相同，即"三分法"仍倾向于从文字、语言、图画三者的关系中区分文字类型，而"五分法"依然只有一个语言的标准。

由此可见，国外文字学研究对文字类型的区分在很大程度上是与文字的表意程度（象形）密切相关的，表意程度越高的文字在文字类型上越靠前。而他们提出的文字类型的区分标准可分为两种情况：一种是从文字、语言、图画三者的关系中确定文字的类型，在三者中，语言是主要的因素，图画则主要用来辅助语言，是区分文字早晚的重要标志；另一种情况是仅仅以语言作为区分文字类型的唯一标尺。前一种情况主要代表了 20 世纪 60 年代以来的国外文字学界对文字类型标准的主要看法，后一种情况则代表了 20 世纪 90 年代以来国外文字学界对这个问题的新的主流的观点。②

中国是文字研究的大国，文字研究的历史可以追溯到公元前。公认的文字学大师——许慎给象形字的定义是："象形者，画成其物，随体诘诎，日、月是也。"这一定义大概是世界上最早对象形字概念的界定。翻译成今天的

---

① 参见［俄］伊斯特林《文字的产生和发展》，左少兴译，北京大学出版社 2002 年第 2 版，第 25 页。

② 从文字与图画和语言的关系来给文字分类，即"三分法"的代表人物是美国学者格尔伯，其代表作《文字研究》将人类文字分为图画文字、表意（词符）文字、表音文字 3 个既有内在联系又各自独立的发展阶段；仅从文字和语言的关系来给文字分类，即"五分法"的代表人物是俄国学者伊斯特林，其代表作《文字的产生和发展》指出了格尔伯以来的"三分"模式的不足，并以语言为唯一尺度，将世界文字分成 5 个阶段，即句意字、表词字、词素字、音节字、语音字。

话就是，象形字是用笔画描摹物体，随物体轮廓弯曲而造成的文字。依据段玉裁的说法，象形字可以分为两类：独体象形字和合体象形字，前者如"日""月""水""火"等字，后者如"眉""箕""衰""畴""溝"等字。①

许慎的象形字定义主要着眼于文字与图画的关系，而且比较倾向于象形字与图画的共同之处。受其影响，许慎以后的学者谈论象形字，大多是从文字和图画的关系来看待这一问题的。虽说如此，中国学者对象形字和图画关系的论述还存在着是强调两者的共同点抑或是强调它们之间的差异的区别。

郑樵论述六书与图画关系，指出："书与画同出，画取形，书取象，画取多，书取少。凡象形者，皆可画也，不可画则无其书矣。然书穷能变，故画虽取多而得算常少，书虽取少而得算常多。"② 这段话的意思是，画是对"形"（轮廓）的具体描摹，而象形字是对"形"（轮廓）的抽象，"象"不同于"形"，"象"经过主观抽象化的过程，高于"形"；图画形体繁复，而象形则比较简约；凡是象形字都能用图画的办法摹写，不能用画图的办法描摹者则不属于象形字。郑樵的论述继承了许慎以来的注重象形字与图画关系的传统，与许慎相比，郑氏的观点显然更强调象形字与图画之间的差异而不是共同点，这是郑樵对许慎象形字定义的进一步发展。

现代学者对象形字的研究大体上主要有三种倾向③，其中较多继承了许慎观点者，多强调象形字和图画的相同之处，主张象形是对于客观世界具体可象之物的形象化描绘，或者说象形字是用画图画的办法造的字，如唐兰、刘又辛、王凤阳、王宁等人；比较赞同郑樵观点的学者较多强调象形字和图画的差异之处，如姚孝遂、刘本臣等人；此外，另有一些比较注

---

① 参见（清）段玉裁《说文解字注》，上海古籍出版社1981年版，第755页。

② （宋）郑樵：《通志·二十略·六书略》，上海古籍出版社1990年影印世界书局1936年版，第112页。

③ 此处对象形字研究情况的归纳参照了田玲的硕士学位论文《甲骨文纳西东巴文象形字比较研究》。

意吸收国外文字学研究成果的学者，在象形字问题上主要强调文字与语言的关系而不是与图画的关系，如周有光、裘锡圭、王元鹿等人。从文字、图画、语言三者的关系来看，以上三种倾向实际上可分为两派：一是继承了许慎、郑樵观点的传统派，其内部又分为强调图文相似的和强调图文差异的情况；二是吸收了西方语言学传统的新传统派，较多强调文字与语言的关系而非图文关系。

强调象形字和图画的相同之处，容易引出"文字起源于图画"的推论，其不足在于它相对缩小了象形字的范围；突出象形字与图画的区别，比较有利于字画界域的区分，间接地促进了文字和语言关系的研究，其不足在于对文字起源阶段的复杂情况估计不足；吸收了国外语言学理论观点的象形字研究，自觉将文字纳入语言的框架之中的，能够比较好地说明成熟文字阶段的文字和语言的关系，不足之处在于它脱离了中国传统"字画同源"的束缚，却又陷入了"语言中心主义"的框框。

通过以上的简单回顾，可知象形字的定义是一个十分复杂的问题，不是三言两语就能说明白的。那么应该如何确定象形字呢？我们认为应该有以下三条标准。

第一，在文字、图画、语言的三角关系中，象形字首先与图画密切相关。

第二，象形字与图画是必须区分的而且能够区分的。这是因为，象形字的形状虽然与物体形状类似，但象形字毕竟不是照片，可以毫发无损地再现物体，象形字是已经经过较高抽象的方式过滤了的符号；象形字是可以读出来的，图画则没法读出声音；象形字表达的意思是确定的，经过了约定俗成，图画表达的意义是不确定的，没有经过约定俗成。

第三，成熟阶段的文字（包括象形字）是记录语言的，因此文字体系越成熟，文字和语言的关系就越密切，象形字的数量越少；反之亦然。

以上三条标准中的前两条主要是针对文字和图画的区分，因此比较适合早期文字阶段的情况；第三条主要是对文字和语言的区分，比较适合成熟文字系统的情况。象形字的问题横跨早期文字与成熟文字体系两个阶段，但早期主要是文字与图画的关系问题，成熟文字体系阶段主要是文字与语言的关系问题，应该分别对待。

从总体上来讲，象形字无论从形体、意义、声音来看，都脱不开与图画和语言的三角关系，因此，对象形字概念的界定必须正确把握文字、图画、语言三者的关系，这才是最根本的原则。

二　象形字都是对实物的忠实摹写吗

象形字都是对实物的忠实摹写吗？答案是不尽然。有许多象形字的确是对实物的忠实摹写，而且所占的比例还比较大。但是，也有一部分象形字却不一定是对实物的忠实摹写，而是对意象的表达。为了说明问题，我们这里借用两个绘画术语"写实（真）"和"写意"来讨论象形字的构形表达问题。"写实（真）"在绘画里是指如实的摹画人物的肖像，其同义词还有"写生"和"写照"，都是指用线条描摹事物，核心是画与物的相似。"写意"在中国画里是一种不求工细形似，只求以精练之笔勾勒景物的神态，抒发作者情趣的画法，关键在表达心意。

在一种文字系统内部，就象形字的不同表达手法而言，可能既存在对实物的忠实模仿，即我们所谓的写实，又包括对意象的表达，即我们所说的写意。此外还存在只有写意或只有写实象形字的文字系统。

周有光先生运用六书的观点比较分析了世界各地几种有代表性的古文字，这里仅列举他所列的丁头字、圣书字象形字与汉古文字象形字并加以简单比较。①

从图一所列 10 字的比较来看，丁头字的图形体比古汉字写实性略强。从图二所列 24 字与古汉字的对照来看，圣书字碑铭体的写实性明显要强于古汉字。

---

① 参见周有光《六书有普遍适应性》，《中国社会科学》1996 年第 5 期。

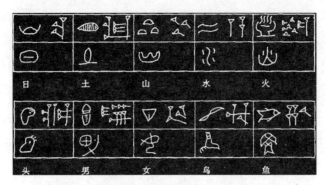

图一　丁头字象形字与古汉字象形字比较

说明：上排丁头字前面为图形体，后面丁头体，下排古汉字。

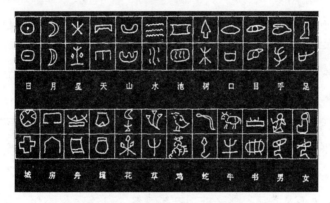

图二　圣书字象形字与古汉字象形字比较

说明：上排圣书字碑铭体，下排古汉字。

　　国外文字学界对西亚文字与古埃及文字的关系多有论述，多数学者倾向于他们之间相互影响。弗斯科尔指出："埃及文字出现的时期同时也是埃及与美索不达米亚联系频繁的时期，埃及文字的产生肯定受到了苏美尔和埃兰的影响。"[①]

　　纳西东巴文字中的象形字学界已有一些研究成果，包括一部分比较研究的成果。据田玲统计，在东巴文 597 个象形字中，写意性象形字有 163 个，所占比例为 27.31%，写实性象形字有 417 个，所占比例为 72.69%；而在甲骨文的 249 个象形字中，写意性象形字有 78 个，所占比例为 31.33%，写实性 171 个，

————————

①　参见［英］亨利·乔治·弗斯科尔《埃及文字的起源》（未刊稿），陈永生译。

所占比例为 68.67%。① 从田玲得出的这个数据看，甲骨文象形字和东巴文象形字都以写实性为主，约占象形字总数的 2/3；以写意性为辅，约占 1/3。

王霄冰的《玛雅文字之谜》列出了玛雅文字 144 个常用意符，② 如果加以分析，会发现 144 个常用意符中含同一个意义的异写形式，即异体字有 52 个，去掉异体字后实际上常用意符的数量只有 92 个；而在这些常用意符中还包括 16 个指事字（主要是数目字），减去这 16 个指事字，实际余下 76 个意符。如果我们依照周有光先生的意见，把这些意符笼统看成玛雅文字的象形字，并根据文字和实物的对应程度对此加以统计分析发现，其中写实性的象形字 37 个，写意性象形字 39 个，所占比例差不多各占一半。更有意思的是，在我们统计的 52 个异体字中，除去 16 个数目字以外的 36 个异体字大部分都是既有写实性的象形字，又有写意性的象形字，所占比例也正好各占一半。玛雅文字常用意符象形字的情况说明：在玛雅文字象形字中，写实性表达和写意性表达在该文字系统中也是同时起作用的。

以上四种主要文字的象形字相互比较起来，虽然存在着程度上的差异，比如丁头字、圣书字、东巴文象形字都比古汉字象形字写实性强，玛雅文象形字比甲骨文象形字写实性弱。但就某文字系统的内部来看，以上 4 种主要文字体系若从象形字的角度来观察，都属于写实和写意共存的类型，尽管程度各有差别。

某些文字系统有写意性象形字占多数或几乎纯写意的情况，比如王元鹿所举的中国哈尼族的象形文字。图三所列文字即使仔细辨认也很难看出与实物的对应关系，单纯从形体和实物的关系来看，说它不是象形字似乎更合乎实际。但王先生还是"宁肯把这种早期文字视为象形字"③。我们认为，哈尼族的象形文字属于象形字中纯写意的类型，如图三所示。

由于人类群体的生存环境、文化背景、认知方式都存在着一定的差异，他们使用的表达心智的方式也不完全相同。就象形字而言，不同文字

① 有关东巴文和甲骨文象形字及其写实性象形字和写意性象形字的数据和比例是研究生田玲为笔者提供的，特致谢意。
② 参见王霄冰《玛雅文字之谜》，上海古籍出版社 2006 年版，第 188—196 页。
③ 王元鹿：《比较文字学》，广西教育出版社 2001 年版，第 35 页。

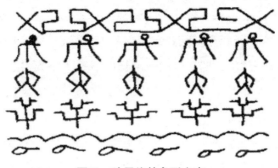

图三　哈尼族的象形文字

系统之间的象形字的形体存在相当的差异，如古埃及的象形字与古汉字的象形字不尽相同，玛雅文字的象形字与古汉字差异更大，即使是公认存在一定联系的丁头字和古埃及文字的象形字也是各不相同的。即便在同一个文字系统内部，虽然名称都叫象形字，但其表达方式依然存在写实和写意的区别，比如前面列举的甲骨文、东巴文和玛雅文字，各自内部都存在写实性的象形字和写意性的象形字。所谓象形字并不是铁板一块，其内部蕴涵着一定的表达方式的差异。

象形字这种比较早期的文字形式的出现不仅仅与文字发展阶段相联系，而且与文字制度对文字系统的需求不同导致的文字功能或文化记忆方式——文化制度差异引起的文字性质有关。写实和写意的差别不仅仅是文字发展阶段的不同造成的，在更大程度上这种差异是由不同的文化记忆方式决定的。大体上说来，与商业贸易文化密切相关的文字多具有写实性，如丁头字。而与祭祀礼仪相关的多具有写意性，如古汉字、玛雅文字。

三　象形字是从图画演变而来的，象形字必然经历从具象到抽象的演变历程吗

象形字是从图画演变而来的，图画大都是具象的，所以文字跟图画一样也经历了从具象到抽象的过程。这个假设的第一句话基本上是正确的，但第二、第三句话却不尽然。

首先，图画无论早晚都有具象的和抽象的，具象和抽象之间未必是纯

粹的时间意义上的演进。试想如果图画都是具象的，该如何解释史前阶段存在的大量的非写实的彩陶纹饰和图案呢？如果认定早的符号系统一定比后起的符号系统更具象，那又该如何解释最早的"图画文字"中存在着纯粹抽象的符号，而在后起的象形文字（表意文字）系统中却又存在着大量具象描摹的文字现象呢？

最早的文字阶段——图画文字阶段中曾经存在过只有纯指事符号而没有象形符号的文字系统，比如尼日利亚的恩西比迪（Nsibidi）部落的文字和尤卡吉尔文字。为节省篇幅此处仅举 Nsibidi 部落文字的例子（如图四所示）。①

图四　尼日利亚恩西比迪（Nsibidi）部落文字

说明：非洲尼日利亚恩西比迪部落官司审理案件（今按：原图画文字共六段，这是第一段）：（1）已婚的爱人；（2）已婚的爱人和一个枕头；（3）已婚的爱人和垫在头和脚上的枕头（表示财富的符号）；（4）已婚的爱人和一个枕头；（5）和（6）丈夫和妻子间的争吵（两人中隔着一个枕头）；（7）丈夫和妻子激烈争吵；（8）一个引起丈夫和妻子不和的第三者；（9）一个有六个孩子的女人和一个丈夫及一个枕头；（10）一个有两个妻子的男人及他们的孩子住在树顶上的屋子里；（11）一间屋子里有三个女人和一个男人；（12）一间屋子里两个女人及她们的孩子们和她们的丈夫；（13）一个带孩子的妇女；（14）同样的；（15）屋子的两边各有一个妇女，其中有一个怀孕的妇女；（16）住在同一间屋子里的两个妇女每次见面都要争吵；（17）一个男人引诱有夫之妇并提出与她同居；（18）三个男人追求同一个已婚妇女；（19）一个男人与离家出走的妇女同居；（20）一个妇女来到河边浅滩处洗澡，她的丈夫悄悄地注视着她；（21）火。

---

① David Diringer, *The Alphabet, A Key To The History Of Mankind*, Cambridge, 1948, p. 150.

恩西比迪和尤卡吉尔两种早期文字系统中没有象形符号。尽管这种类型的文字相对少见，但仍然能够说明人类早期造字的方式并非简单地从具象演变成抽象，而是从一开始就既存在具象又存在抽象。

其次，象形字虽然来源于图画，但并不意味着象形字和图画的发展趋势必然一致。

美国学者白瑟拉托在研究了广泛收藏于西亚各大博物馆的"符号块"和苏美尔文字的关系后指出："任何关于文字起源的猜想都假设文字有一个从具体到抽象的发展过程：文字的最初阶段是图画字，随着时间的发展，又或许是因为抄写员的不认真，文字变得越来越有表意性。乌鲁克黏土板上的文字却与这一观点相矛盾。"[①] 她发现，乌鲁克泥板上的象形文字几乎都是根据这些符号块再造出来的。象形文字与二维平面符号完全相同的至少有 33 对，可能相同的多于两倍。根据她的分析，最早的美索不达米亚文字并不是像许多人假设的那样是纯粹发明的结果。相反，它们似乎是西亚公元前 4 世纪对固有的新石器时代早期记录系统的新应用，如图五所示。

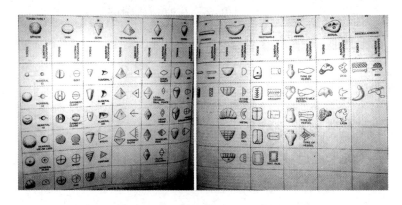

图五　与苏美尔文字相对应的西亚符号块文字

说明：52 个符号块，代表了 12 个大类别，与最早的苏美尔楔形文字相对应。大多数文字不能读出来。如果知道了符号的意思，也就可以在英文中找到相应的单词了。与各种球体和圆锥体符号块相对应的苏美尔数字符号实际上就是黏土板表现的压痕。有两个例子（球体）中刻有线条；另一个（圆锥体）有圆孔标记。

---

① ［美］丹尼斯·斯曼特-白瑟拉托：《最早的文字》（未刊稿），王乐洋译。

图五所示材料表明，文字产生并非完全是新起的创造，而是对其他符号方式的模仿和借用。王元鹿认为不论哪种现存的古文字，实际上都存在着比它更早的符号来源物。王氏把这一来源物称作"文字渊源物"①。比如，楔形文字渊源于古苏美尔泥板，古埃及圣书字渊源于古埃及铭文，玛雅文字来源于奥尔梅克石碑，东巴文渊源于东巴课标画，甲骨金文与史前陶器存在一定关系，大汶口陶符、台西符号与甲骨文相似，等等。这种对先前存在的符号的模仿和借用笔者称为"二次约定"，而笔者所说的"二次约定"除了历时层面符号的情况，还包括共时层面的符号的模仿和借用。②

作为高级的智慧生物，人类创造符号的能力几乎是与生俱来的。创造符号的途径也是多种多样的。威廉·斯曼里讨论了19—20世纪几个本族创制文字的例子，③比如尼雅王创制的班玛姆文字，塞阔亚创制的切罗基文字，尚卢杨创制的孟语字母。这些新创制的文字系统无论在结构上还是在文字符号的选取上都不同于创制者先前了解的文字系统。即使一些字符取自其他不同的文字系统，其价值也与其在原系统中的价值无关。这从另一个方面说明文字创制的过程及其创制的手法并非我们以前想象的那么纯一，似乎只能从图画逐渐演进到文字，从具象到抽象。实际上，文字有可能是个人创制的，有可能是集体创制的，有可能是集体创制后经过个人整理的，也有可能是由个人创制再由个人整理推广的。而文字创制的手法也绝不仅仅是从图画到文字，从具象到抽象这么简单，在文字史上，一开始就采用抽象手法创制的文字除了我们前面举的 Nsibidi 部落文字、西亚符号块等几个例子，应该还有类似的现象。

所以把文字的创制简单地归结为对图画的抽象，认为象形字是从图画演变而来的，所以文字跟图画一样也必然经历从具象到抽象的过程的认识是不对的。我们只能说部分文字来源于图画，尤其是象形字与图画的关系更为密切，即便如此，我们也不能否认部分文字来源于图画以外

---

① 王元鹿：《比较文字学》，广西教育出版社2001年版。

② 参见黄亚平《论"二次约定"》，《语言研究》2007年第1期。本书亦收录此文。

③ 参见［英］威廉·A. 斯曼里《文字系统的本族创制》（未刊稿），陈永生译。

的抽象符号，甚至史前的其他符号；图画从一开始就既有具象的又有抽象的，文字，尤其是象形字，为什么不能从一开始就既有具象的又有抽象的呢？

［本文原载《中国海洋大学学报》（社会科学版）2010 年第 5 期，今仍按原文收入本书，仅做了几处文字更正］

试论"假借表达"与"假借字"的区别

关于"六书"中的"假借"概念，学术界始终存在着并不一致的看法。概言之，可以分成宽、严两派。

定义宽泛者不但把"造字假借"和"用字假借"统称为假借，而且把词义的衍生、孳乳也看成假借。郑樵《通志·六书略》不但把部分专有名词（如十天干、十二地支、宫商角徵羽等）的构成、语气词的构成等统统看成假借，而且认为方言词融合成共同语也有假借的参与，就连词义引申也要算到假借的头上。段玉裁《说文解字注》的假借概念也是十分宽泛的，大体上可以归结为三条：造字之借、引申之借、用字之借。① 显然宽派的"假借"概念是横跨了"字"与"词"两个方面，而支撑着这种看法的文化背景应该是字词不分的观念。

定义谨严者已经多少意识到"词"与"字"之间的差别，因此他们首先把上述郑樵所谓的"词义引申"从假借中分离出来，朱俊声《说文通训定声》改正许慎"假借"的用例，使用"朋来"二字作假借的实例，正是他试图区分"词义引申"和"假借"的结果；严派不但在事实上区分了字的"假借"和词义的引申，而且试图进一步在字的范畴内区分"造字条例"和"用字条例"，这就是戴震提出的"四体二用说"②。"四体二用说"将许慎以来的"六书"条例明确纳入文字层面，同时又暴露了"六书"条

---

① 参见殷焕先《汉字三论》，齐鲁书社 1981 年版，第 27—35 页。

② 参见戴震《答江慎修先生论小学书》。

例在文字构造和文字使用方面的差别，这是它的最大贡献。作为这种观点的自然推论，有的文字学家进一步主张分别"造字假借"与"用字假借"（又叫"通假"）。但是，"四体二用说"的立论本身是有缺陷的。那是因为它一方面把"六书"看成汉字构造的理论原则，把"六书"理论限定在文字的范畴之中。另一方面，却又自己突破了"文字"这个大前提，把"所以用文字"的"假借"，即文字的使用也归于文字层面，而不知所谓的"文字使用"问题，实质上是属于语言范畴中的词义的继承、发展和演变。此外，由于"四体二用"的说法把自己的理论视野仅仅局限在成熟的文字体系之中，看不到史前单体文字和有史文字体系之间在符号上的承继关系，① 忽略了对文字形成过程的讨论，因而在一定程度上也限制了对"六书"理论的深入研究和全面认识，这应该说是"四体二用说"的一大缺憾。笔者以为，"六书"理论虽然形成于先秦两汉时期，但作为一种自觉地指导文字学研究的理论体系，作为一种曾经在中国文字学史上发挥过重大作用，而且至今依然发挥着重要作用的基本理论，它的形成和完善显然不是一蹴而就的，而是一个漫长的过程。我们是否可以说，在早期的"六书"理论中也许包含针对汉字构造的基本结构精神，而不仅仅是一种具体的造字规程或者造字条例。

在语言文字的范畴之内，字形、字音、字义三个方面都可以运用"借"的手法。因此就有造字之借，有词义衍生、孳乳之借，有用字之借。所谓"造字之借"是指词与物的约定俗成，所谓"引申之借"是指语词意义的发展演变，所谓"用字之借"是指借音表词（符号与意义的重新约定）。② 语言文字的形、音、义三者所针对的具体对象虽有不同，但都是"借"它者表达自己，其实质并没有改变。由此可见，支撑假借概念的核心质素是"借用"。借用的对象可以很多很广，假借的精神实质却是一致的，所以假借的核心只是一种借助它者表达自己的表达手法。如果像"四

---

① 参见黄亚平《汉字符号学》（上海古籍出版社 2001 年版）上编中对史前文字和有史文字体系关系的讨论。

② 《荀子·正名篇》谈到"散名"的概念，笔者以为，其中一部分"散名"的重新约定和后王对"散名"的重新认定在本质上也是"借音表词"的一种方式。

体二用说"那样仅仅把"六书"局限在文字层面,那反而是行不通的。因为即便是作为文字类型之一的"假借字",其实也并不仅仅是字形的借用,它当然还包括声音的借用、意义的借用等种种形式。反过来说,既然"假借字"也不能仅仅包容于文字层面,那"六书"之一的"假借"显然也就不能仅仅局限于文字学层面的讨论而不顾及语言中语词及其词义的借用和引申了。

照我们的观点来看,前人对假借的看法和产生的分歧主要是因为各人立论的角度不同所致,也就是没有分清作为表达手段的"假借造字"和文字体系中的"假借字"这两个不同的概念。郑、段之所以给假借以如此宽泛的定义,那是因为他们把假借看成"造字之初"的一种构字手段,也就是我们所说的表达手法。从语言学的角度看,这种看法尽管不够严谨,但它的确看到了"假借"作为表达手段在汉字体系形成之初所扮演的重要角色。从这个角度立论,所谓"假借"就是用语言学的眼光看问题,利用语音的类似构成类推,解决语言中的词与物的重新约定,即对已有的史前意象符号重新加以确认,使其具有完整记录语言的功能。所以,作为表达手法概念的"假借表达"的实质是语言与史前意象图符的"二次约定"。

"假借表达"使语言中的声音因素开始大踏步进入文字符号之中。由于记录语言的需要,"假借表达"在汉字体系形成之初使用范围非常之广。笼统地说,大凡史前已有的种种意象图符都可以借过来作记音之用,并重新赋予它们以新的呈现词语的意义。正因为如此,应用"假借表达"造成的假借字在早期成体系的汉字中所占的比重是比较大的。以甲骨文为例,甲骨文中大部分专有名词(如干支用字、人名、地名用字),几乎全部虚词都是假借字。甲骨文中假借字所占的比例,据姚孝遂对罗振玉《殷墟书契菁华》所列甲骨文的统计,达74%。① 而在甲骨文的常用字中,假借字竟然占到全部常用字的90%以上。②

以朱俊声为代表的语言文字学家主张将"假借"概念与"词义引申"

---

① 参见《古文字研究》第4辑,第14页。
② 参见殷焕先《汉字三论》,齐鲁书社1981年版,第32页。

分开，那是因为他们从已有的文字体系的构成出发研究不同的文字构造原则或结构类型，得出假借也应该是"六书"中的造字原则（或结构类型）的结论。裘锡圭先生的观点正代表了把"六书"假借看成"假借字"的观点，他说："假借字不但在构造上有自己的特性，而且数量很大，作用很重要。在建立关于汉字构造的理论的时候，必须把假借字看作一种基本类型，不然就不能真正反映出汉字的本质。"① 裘先生的话无疑是正确的。但裘先生谈论的显然只是"六书"分类中的"假借字"而不是作为表达手法之一的"假借"。

我们以为除了把"假借字"看成"建立汉字构造理论"的基础之外，还应该加上对"假借表达手法"的研究，尤其是对文字初创时期的表达方式的研究，这种研究很有可能给我们带来许多意想不到的收获。就笔者目前的浅见而言，"假借"不但是"造字法"之一，而且更是一种表达方式。它既是汉字体系形成过程中最为重要的一个环节，又是记录语言的汉字体系形成的标志。所以我们不妨把假借看成一种横跨语言文字甚至文化范畴的表达原则，"假借字"则是这种原则在语言文字中的具体体现。两者既有联系又有区别，并不是一回事。

语言和文字作为人类最重要的表达思想的工具，在人类文明的早期是长期和平共处、共存共荣的，它们同是人类创造的孪生兄弟，是人与动物相区别的重要标志。由于人类心智表达的双重性（一方面，心智表达总是具有综合的性质；另一方面，又必须借助感觉器官来表达，而感觉器官是有分工的）统一，语言的表达和文字的表达总有一些地方会自然重合，两者很自然地发生共鸣或者互相借用。因此，当"假借表达"手法成功地运用到大量的文字个体中，并经过漫长的孕育之后，必然促使成熟的文字体系出现。当然，"假借表达"在满足文明早期文字记录语言的需要的同时，也使原本平起平坐的语言和文字两兄弟变成主仆关系。从此以后，语言成为至高无上的主人，文字成为记录、书写表达它的工具或载体。在漫长的发展过程中，在文字形成以"写形表达"为主的综合表达的同时，语言也

---

① 参见裘锡圭《文字学概要》，商务印书馆 1988 年版，第 106 页。

在长期的运用中发展了它以"写音表达"为主的综合表达，两种符号系统由于表达手段具有一定的类似而自然发生联想，语言渗透了文字，文字透射出语言。在这一过程中，语音首先与文字联姻，并被用来述说文字。于是文字的神性功能也投射于语音，语音的交际功能进入文字，文字和语言结成亲家，它们同时具备了双方的能力，服务于共同的文化统一体。①

文字对语言的忠实记录必然体现为书面语言系统中的单个词。众所周知，语言中词的数量非常巨大，而已有的史前文字书写符号的数量与之相比则十分有限，不对已有的书写符号进行改造，使之孳乳繁多，文字符号就不能胜任记录语言的工作。而史前已经广为使用的"形借"手段虽然产生了一些合体的文字图符，但数量有限，远远不能满足记录语言的需要。语言中相对意义较虚的语气词、叹词、连词以及副词、形容词、代词等无法用"象表达"来表示，抽象的名词用"象表达"不容易说得清楚，译音词、象声词只能用"借音"的办法表示，复音词也必须借用"声音"的手段才得以完成。解决以上的种种问题只好采用"音借"的办法记词，这就是一般常说的"假借"，其实质不过是"借音表词"的表达手法而已。

"借音表词"的办法等于人为扩大了文字符号的表意功能，使一符兼有多义，它基本解决了图符少、词义多的矛盾。因此，使用音借手段的假借表达，在汉字体系形成的初期具有非常重要的地位，它是汉字体系形成的开端和重要标志。殷焕先指出："汉字，作为'甲骨文字体系'的文字，当其记录语言开始之日，即其'假借'之法产生之时。"② 孙常叙也说："象声写词法犹如一把开山巨斧，它凿破混沌，使蕴毓在图画文字中的写词因素蜕化出来，质变成为词的书写形式——用以写话记言的文字。"③

当然"假借手法"在完成了记词（造字）任务的同时，也给文字队伍的纯洁带来了极大的冲击。它使文字的数量膨胀，书写的负担加重，在语言中留下了大量的"一字多义"现象，给语言交际，尤其是书面语言交际

---

① 参见黄亚平《汉字符号学》，上海古籍出版社 2001 年版，第 50 页。
② 殷焕先：《汉字三论》，齐鲁书社 1981 年版，第 26 页。
③ 孙先生所谓"象声写词法"包括假借和形声，可参《孙常叙古文字论集》，东北师范大学出版社 1998 年版，第 494 页。

造成了障碍。为了解决这个问题，人们只好采用在现有的"假借字"上附加义符偏旁或干脆把原来的"假借字"降格为声符的办法，形成所谓的"分别字"。分别字的出现抵消了"假借表达"节省造字的功能，促进了汉字的孳乳，间接增加了半表音半表义的形声字的数量，[①] 更重要的是，它为形声字的大量出现创造了条件，同时也就为以形声字为主的文字阶段奠定了坚实的基础。

形声是语言中的声音因素介入文字体系以后的必然结果，是成熟的汉字体系发展的理想境界。形声文字的构成借助了"假借"的手段，假借为形声之因，形声为假借之果。假借和形声共同构成了记录语言的文字体系的核心，促成了从表达心智的史前文字向记录语言的文字体系的过渡，因此，从这个意义上，我们也把假借和形声统称为"象声"。

"假借表达"不但在文字初创时期起过重要的作用，就是在文字体系已经完全成熟和规范的时代也依然起着相对重要的作用。我们都知道，在历史上，每当两种或两种以上的文化体在一定的条件下发生碰撞和交流的情况下，这两种或两种以上的文化体总会不同程度地受到对方的影响，而这种影响总会在对方的语言文字中留下许多痕迹。各种文化体中普遍存在着许多各种类型的音译外来词，以汉文化体为例，比如借汉字"沙""发"表示英语的"sofa"，借"坦""克"表示英语的"tank"，借"麦""克""风"表示英语的"microphone"等纯粹的借音表义词；先音译外语词，然后加上类属的音译词，如用"卡 + 片"译英语的"card"，用"吉普 + 车"译"jeep"，用"芭蕾 + 舞"译"ballet"等；部分音译部分意译的音译词，如用"冰 + 淇淋"译"ice-cream"，用"爱克斯 + 光"译"x-ray"等；译体与被译词音义双关的词，如"维他命"（vitamin）、"幽默"（homour）等。两个以上的文化体之间的文化交流和沟通还可以带动双向甚至多向的"借音表词"手法，并在各自的文化体当中构成来源相对复杂的外来词。比如日语从古代就已经引入的汉语词"社会""革命""抽象""积极"等词，尽管已经有了日语读音，但在近代又被逆向引入汉语，而且按现代汉语普

---

① 参见蒋善国先生《汉字学》，上海教育出版社 1987 年版，第 157 页。

通话的读音来读，成为双向互借的外来词；① 再比如日语中的"经济"一词借自古汉语（原意是"经世济民"），日语的读音为"keizai"。在与英语接触之前，日语中的"经济"一词并没有后起的"经济"的意思。在同英语的接触过程中，日语借用了已经本土化了的汉语词"经济"表达英语"economics"一词的意思。而当它被再次引入现代汉语之后读音虽然变为"jīng jì"，但表示的意思却仍然是英语的"economics"。可见，这部分日语词汇渗透到汉语中的过程至少与双向互借的外来词一样，都是利用语言中已有的旧形体单位记录新的语言意义。由此可知，不论是造字的假借还是用字的假借，其核心质素都是"借音表词"。如果说两者的区别，那就是前者除了作为一种表达方式以外，同时还是记录语言的文字体系形成的重要标志；后者则仅仅是一种"借音表词"的方式，对文字系统的改变不会产生重大的影响而已。

[本文原载《中国文字研究》第4辑，广西教育出版社2003年版，今仍按原文收入本书，仅做了几处文字改动]

---

① 此处引例见岑运强主编《语言学概论》，北京师范大学出版社1984年版。

社会读写机制的建立和激发扩散是
文字系统形成的真正动力
——以甲骨文为例

学术界关于"文字起源"问题的讨论，实际上涉及两方面的内容：一是符号个体的来源；二是与文字应用和推广相关联的社会读写机制的建立和激发扩散。

这两个方面既有联系，又有区别。联系在于：符号的来源早于文字制度的形成，符号的积累是一个渐进的过程，在充足条件下才有可能进入文字体系。[①] 区别在于：作为文字符号渊源物的早期符号，无论其符号数量多么丰富，如果没有社会的需求，没有社会读写机制的激发扩散，都不会自动演变成文字系统。因此，文字体系的形成，只能以社会读写机制的建立和激发扩散为真正的动力，而与符号来源和数量没有本质上的联系。

一 什么是"社会读写机制"

据笔者了解，所谓的"社会读写机制"概念来自格尔格·爱德华的《读写能力的社会机制关联》[②] 它是指在有文字的社会中服务于一定人群的

---

① 有关符号来源，个体符号与文字体系之间的关系的讨论，详参黄亚平《前文字研究》（未刊稿）。

② Georg Elwert，"The social and institutional context of literacy"，by HeribertHinzen，German A-dult Education Associtaion，*Adult Education and Development September*，1988，p. 31.

读写能力培养的社会和机制语境。既包括识字者生活其中的直接环境，也包括识字者活动范围内的社会环境。在有文字社会的早期阶段，读写能力培养的对象局限于特殊的群体，如殷商的贞人集团、古埃及的祭司们、纳西族社会的东巴们，等等。笔者以为，就其与文字系统形成的相关性而言，最具有典型性的社会读写机制包括观念语境、制度语境、技术语境和口语成熟度语境四个方面。

没有相应的社会读写机制的建立和完善，就不会有相应的群体识字能力的培养；而没有群体识字能力的培养并由此造就出一批识文断字的文人集团，就不可能形成成熟的文字系统。从这个意义上讲，不是识字能力表现或反映了社会读写机制的功能和作用，而是社会读写机制决定或锚固了社会群体的识字能力培养的程度。

众所周知，殷商甲骨文是一种特殊用途的文字。通过对来自夏代的"奉天惩戒"观念的不断重现，通过仪式活动中血腥祭仪的不断上演，现任商王获得了极大的威权。而商王及其先祖从祭祀活动中获取的莫大权威又通过对充满杀戮和征伐内容的文字的记载，得以认证和强化。这些祭祀活动连同记载的文字让现任的商王取得了与祖先和神沟通的权柄，垄断了社会的权力话语。因此，从总体上看，殷商甲骨文更应该被看成商王们用于控制、管理一个庞大国家的管理手段，而不仅仅是记录语音、方便社会各阶层之间沟通和交流的工具。

二 殷商时期"社会读写机制"的表现

殷商甲骨文是学界公认的成熟的文字体系，这一文字体系的形成、稳固和传播的内在动力从根本上来自社会发展的需求。而社会发展的需求最直接体现于社会观念语境、政教合一的制度语境、发展迅猛的技术语境的建立和发展，以及书面语对口语的锚固和规范等方面。

（一）体现在观念语境中

一个时期的社会观念决定着这个时期的价值取向和意义，而这些价值取向和意义结构又建构并影响了这个时期的流行观念和主流意识。殷商时期普遍流行各种祭祀，社会生活中最为重要的祀典和征伐，以及天象、收成、田猎、吉凶、疾梦、往来、婚娶等一应事务都需要举行相应的占卜，并依卜筮结果来决定如何办理。

在卜辞中，有关观念语境的材料主要体现在巫风、巫术的盛行上。殷商去古未远，巫风盛行。"巫"作为一种专门同鬼神打交道的职业，巫事活动作为社会生活的有机组成部分都习见于当时，尤其是在降神、驱逐旱魃、驱鬼、占梦、问病、治疗等方面，卜辞中都有相应的记载。[①]

卜辞中，有关巫的降神活动的记录，如：

　　□□卜，㱿贞：我其祀宾作，帝降若？（合 06498）
　　□□卜，㱿贞：我勿祀宾作，帝降不若？（合 06498）
　　癸亥卜，翌日辛帝降，其入于，大宾□在寙（合 30386）

以上三条卜辞都在卜问帝神是否会降临，第三条卜辞直接卜问第二天帝神是否会降临，这显然是巫术活动中有关降神的内容。

有关巫的占星活动的卜辞，如：

　　己巳卜，争□：火，今一月其雨？（合 12488 乙）
　　七日己巳，夕𢔄，屮，新，大星，并火。（卜辞通纂 432）

这两条卜辞被认为是占星活动的记录。

巫术活动中驱逐旱魃、焚女巫求雨、以舞求雨的活动在卜辞中也有记载，如：

―――――――――

① 参见晁福林《商代的巫术》，《学术月刊》1996 年第 10 期。

勿焚妌，亡其雨。（佚 1000）

□惠妌焚，有雨。（乙 1228）

甲辰卜，焚妍。（合集 19802）

戊申卜，其焚三妍。（续存下 744）

焚羊有雨。（轶 1000）

于丙焚，雨。（人 2372）

于翌日丙舞，有大雨，吉？（合 30041）

辛巳卜，宾贞：呼舞，有从雨？（合 12831 正）

丙辰卜贞，今日奏舞，有从雨？（合 12818）

□□卜，缓贞，舞（零）焚亡其雨。（合集 12852）

以上 10 条卜辞中，前 1—6 条是焚祭（焚巫和焚羊）以求雨的记录；第 7—9 条是以舞/零祭求雨的记录；第 10 条是同时使用焚祭和舞祭求雨的记录。

卜辞中有驱鬼的记录，如：

……旬亡田。王占日：生（有）祟，其史（又）来妓……魁，亦（夜）方相二邑。十三月。[（合集）6063]

卜辞中记录的占梦，如：

己巳卜，贞：有梦王尿，八月。（合 17446）

□寅卜，毁贞：王梦兄丁，惟囚？（合 00892 正）

□丑卜，贞：王梦有死大虎，惟□？（合 17392 正）

卜辞中有因为疾病而向祖先祈祷并希望得到治疗的记录，如：

癸巳卜，毁贞：子渔疾目，福告于父乙？（合 13619）

贞：有疾身，御于祖丁？（合 13713 正）

丁巳卜，争：疾足，御于妣庚？（合 00775 反）

此外，据史书的记载，殷商的重臣如伊尹、伊陟、巫咸、甘盘等人，都明显具有巫的身份。如：

> 甲辰卜，贞：下乙宾于〔咸〕？贞：下乙不宾于咸？贞：咸宾于帝？贞：咸不宾于帝？贞：大甲宾于咸？贞：大甲不宾于咸？"（合1402 正）

从这条卜辞看，显然巫咸已经成为可以配享上帝的神一样的人物，致祭时需要下乙、大甲等王的神灵陪同。殷商的开国先祖商汤，也颇具大巫的神奇色彩。①

巫风的炽盛、巫术的盛行，这些在口语社会的语境中普遍流行的社会惯例和仪式性的表演，在进入文字社会之后，逐渐定型和规范，形成各式各样的祭祀的议程，并被文字记录下来。卜辞中出现的数以百计的祭名，残忍地祭牲用法和繁复的祭祀仪程，祖先神和部分自然神宗庙的出现，王的祭祀谱系的逐渐定型等方面，都透露出殷商社会在由口语社会向文字社会过渡过程中出现的社会激变。

（二）体现在制度语境中

殷商社会的制度语境总体上是混合的巫史系统而不是成熟的礼乐制度。殷商社会只有极少一部分人（巫史、贞人集团、部分王公贵族）具有读写能力，整个社会的和机制上的围绕读写能力培养的文化语境与之相互适应。因此，殷商教育的主要内容应该是对祀典议程的熟悉和掌握，虽有书面文献的典册，但其教育机制中尚未专注于对书面文献的学习和记诵。②

殷人虽然崇拜天神上帝、日、东母、西母等，崇拜河、岳、云、雨、

---

① 《吕氏春秋·顺民》篇载："汤克夏而正天下，天大旱，五年不收，汤乃以身祷于桑林，曰：'余一人有罪，无及万夫。万夫有罪，在余一人。无以一人之不敏，使上帝鬼神伤民之命。'于是翦其发，䙓（枷）其手，以身为牺牲，用祈福放上帝，民乃甚说（悦），雨乃大至。"

② 陈戍国指出："商代的礼，还没有如后来'周公制礼作乐'那样纳入道德规范。商代的礼主要是通过祭祀活动表现出来。"（陈戍国：《先秦礼治研究》，湖南教育出版社1991年版）

雪、土/社等自然神。然而，在殷商的社会生活中，就所起的社会作用而言，最为重要的却不是天神和自然神祭祀，而是繁复的针对先公、先王、先妣等祖先神的祀典（包括对名臣，如伊尹、伊陟、傅说等人的配享制度）在内的祖先神祭祀。

在殷商的宗教观念中，祖先神祭祀具有不可替代的重要作用。

卜辞中出现的祖先神祭祀大体上可分为两类：在一次祭祀活动中有选择的祭祀部分先公、先王、先妣和重臣（如伊尹、巫咸、甘盘等人）的"选祭"；在一年左右的时间里按照祀典的次序轮番祭祀自上甲至时王之父的"周祭"（又叫殷祭）。①

选祭的对象常包括先公、先王、先妣，五世以内的直系先王以及五世以内含旁系的先祖。针对先公、先王、先妣的选祭卜辞，如：

□未卜桒自上甲，大乙，大丁，大甲，大庚，大戊，中丁，祖乙，祖辛，祖丁十示率羯。（佚986）（祭祀直系10代先王，武乙卜辞）

乙未酚兹品，上甲十，报乙三，报丙三，报丁三，示壬三，示癸三，大乙十，大丁十，大甲十，大庚七，尞三□，[大戊□，中丁]三，祖乙十，[祖辛□]（粹112）（祭祀直系15代先公、先王，庚甲卜辞）

[甲]子卜，侑大甲母妣辛。（粹182）（祭祀直系先妣，武丁卜辞）

[太戊，中]丁，祖乙，祖[辛]。（祭祀五世以内直系先王，武丁卜辞）

祖辛一牛，祖甲一牛，祖丁一牛。（上27.7）（祭祀五世以内含旁系先王，庚甲卜辞）

不维父甲，不维父庚，不维父辛，不维父乙。（乙2523）（祭祀五世以内含旁系先王，武丁卜辞）

---

① 参见陈梦家《殷虚卜辞综述》，中华书局1988年版，第373页。周祭又名"殷祭"或"衣祭"，详见金详恒《卜辞中所见殷商宗庙及殷祭考》（上、中、下），《大陆杂志》1960年第8—10期。

从以上所引卜辞可以看出，商人针对祖先的祭祀既包含直系又包括旁系先祖，似乎没有明显的偏祖。但在以上的例子中，有些例证仍只有直系的先王，而没有旁系的先王，这种祭祀待遇的差异仍然反映了宗法地位的等级。

与"选祭"相比，在一定的时期内（约一年的时间）系统地祭祀先王、先妣（含配享的重臣）的"周祭"在殷商后期（帝乙、帝辛时期）的祖先祭祀中具有核心地位。周祭包括肜祭、羽祭、协祭三种祭祀。三种祭祀组成一个完备的祭祀议程，每个周祭轮回都从甲日开始祭祀依次遍祭现任商王之父前的历代祖先。三种祭祀举行一遍大约需要 1 年的时间，三种祭祀交接时还有"工册"仪式，每个"工册"也需要占用约 1 旬的时间。

"周祭"制度萌芽于武丁时期，成熟于祖甲时期，真正达到系统完备的程度是在乙辛时期。越往后"周祭"制度越完善，作为致祭对象的商王的祀谱也越长，周祭所费时日也越久。如祖甲时期，肜、羽两种祭祀所需时间各 9 旬，协祭需时 11 旬，作完一遍周祭祀需要 29 旬，290 天左右；到了乙辛时期，羽、协两祭需要时间拉长至各 11 旬，协祭需要 12 旬，中间还有 3 个"工册"需 3 旬，做完一遍周祭所需时间总数延长至 37 旬，370 天。①

在周祭的仪程中，被祭祀的直系先王的配偶称为"奭"，她们所受的祭祀仪典与先王同。而且，即便是有多位妻子的先王，如中丁、祖乙、祖丁有两位妻子，武丁有三位妻子，其多位配偶在"周祭"制度中都具有同等地位，并没有嫡庶的分别。

"周祭"中祭祀直系先王和配偶的卜辞如下：

癸酉卜，洋贞：羽甲戌乞，肜协自上甲衣至于多后。（安 2.1.15）（祖甲卜辞）

甲辰卜，贞，王宾奉祖乙、祖丁、祖甲、康祖丁、武乙衣，亡尤。（后上 20.1）（乙辛卜辞）

---

① 参见董作宾《殷历谱》上编卷二"祀谱"和卷三"帝乙帝辛五种祀典祖妣祭日表"（"中研院"历史研究所专刊，1945 年出版）及陈梦家《殷虚卜辞综述》之"周祭祀谱"（中华书局 1988 年版，第 386—388 页）。

己卯卜, 尹贞: 王宾祖丁奭妣己协, 亡尤。(前1.34.3)(祖甲卜辞)

甲申卜, 贞: 王宾祖辛奭妣甲, 羽日, 亡尤。(珠62)(乙辛卜辞)

"周祭"中祭祀旁系先王的卜辞, 如:

己卯卜, 行贞: 王宾兄己协, 亡尤。(粹279+310)(祖甲卜辞)

庚寅卜, 贞: 王宾般庚, 协日, 亡尤。(前1.14.7)(乙辛卜辞)

在"周祭"系统内: 先王、先妣无论直系、旁系都可享受祭祀; 只有直系先王的配偶可以入祀典, 其他先妣则不能; 不同时期(如武丁时期, 祖甲时期, 康丁、武乙、文丁时期, 乙辛时期等)的致祭对象会依据其在祀谱中的位序或者与现任商王的亲疏关系而有所变化。

因此, 在殷商的后期阶段, 在"周祭"先王的制度中逐渐建构出了历代商王的祀谱。而历代商王的祀谱实际上反映了致祭者在王的序列中的政治地位以及与现任商王的血亲关系和远近亲疏。卜辞中被称为"元示""上示"或"大示"的都是直系的先公、先王, 大示的祭祀从上甲开始, 祭牲用牛。卜辞中的"二示"(上28.7)、"自上甲六示"(明续457, 甲712)、"自上甲十示又二""自上甲廿示"都是大示; 称为"小示"的是含旁系的先公、先王和重臣在内的祀谱, "小示"祭祀从大乙(成汤)开始, 祭牲用羊。卜辞中的"自祖乙至父丁十示又四"(明续655)、"伊廿示又三"(京津4101, 佚211)等都是小示。直系(大示)和旁系(小示)的区分, 祭品用牛和用羊的不同, 实际上反映了受祭者政治地位的差异以及王朝的政治统绪。

通过对祭祀中的祀谱的一再确认, 商王的世系得以确立, 王室的正统得以延续, 统治的秩序和威权建立起来, 构成了权力话语的正统。董作宾指出, 上甲—示癸的6代, 大乙—祖丁的9代, 都是武丁中兴之后, 重修祭典时重新确定的商王世系。[1] 陈梦家指出: "殷人不是漫无标准地遍祀其

---

[1]　参见董作宾《甲骨文断代例》,《董作宾先生全集》甲编第一册, 艺文印书馆1977年版, 第363—464页。

先，"周祭"制度证明只有一定的先王、先妣可以参加正式的周祭。亲疏尊卑的差等，是存在的。旁系先王及其配偶不能享受直系的待遇。这种祭祀上的差等，正是宗法的具体表现。"①

```
帝喾 — 契 — 昭明 — 相土 — 昌若 — 曹圉 — 季 ┌ 王亥 — 上甲 ┐
                                          └ 王恒         │

┌ 报乙 — 报丙 — 报丁 — 示壬 — 示癸 — 太乙¹(唐) ┌ 太丁² — 太甲⁵ ┐
                                             ├ 卜丙³        │
                                             └ 仲壬⁴        │

┌ 沃丁⁶  小甲⁸
│       雍己⁹
└ 大庚⁷ — 大戊¹⁰ ┌ 仲丁¹¹ — 祖乙¹⁴(中宗) ┌ 祖辛¹⁵ — 祖丁¹⁷ —
                ├ 卜壬¹²              └ 羌甲¹⁶ — 南庚¹⁸
                └ 戋甲¹³

嗟甲¹⁹
盘庚²⁰
小辛²¹        ┌ 孝己
└ 小乙²² — 武丁²³ ├ 祖庚²⁴ ┌ 廪辛²⁶
             └ 祖甲²⁵ └ 康丁²⁷ — 武乙²⁸ — 文丁²⁹ — 帝乙³⁰ — 帝辛³¹ (纣)
```

历代商王世系祀谱

资料来源：刘翔、陈抗、陈初生、董琨编著，李学勤审定《商周古文字读本》，语文出版社1989年版，第9页。

（三）体现在技术语境中

所谓技术语境是指围绕着占卜活动的一系列收纳、整治、记录和存储甲骨的技术发明和应用。早在新石器时代晚期，骨卜技术就已经出现在中国境内的一些考古文化中了，但一般认为大量应用龟甲来占卜的技术，只出现于殷商时代。

殷商时期出现了专门使用和推广这一技术的机构。如王和贵族分别建立的贞卜机构，以及贞人集团、贞人子弟对占卜技术的学习等。正是占卜技术的发达满足了文字系统对书写技术的要求和依赖，从技术上确保了文字系统的规范和有序运行。

---

① 陈梦家：《殷虚卜辞综述》，中华书局1988年版，第631页。

1. 占卜技术

（1）卜龟、卜骨的来源

按照董作宾先生的说法，占卜用龟甲和牛骨的来源主要有三个渠道："一是进贡，二是采集，三是致送。"[1] 卜辞中对所入藏的龟甲和牛骨都有明确的记录，这些记录中包含了龟甲和牛骨的来源地或赠送者、龟甲和牛骨的数量、收藏者的签名，等等。其作用类似于龟甲收藏情况的流水账。

记事刻辞中记录方国进贡卜龟多达五百余次，进贡数量不均，少的一次只进贡数片数十片。如：

> 雀入三。（乙5318）
> 六来龟三。（轶991）
> 雀入廿。（乙4510）
> 义来四十。（乙6736）

多者一次可达数百甚至达到上千片。如：

> 雀入一百五十。（乙4543，4743，4967）
> 雀入二百五十。（《乙》7153）
> 雀入五百。（合9774反）
> 卜，永贞，我以……其八百。（合9018）
> 我以千。（合116反）

据董作宾的统计，其中仅"雀"一个方国入贡的龟甲就达433片之多。而据胡厚宣的估计，武丁在位的59年中，卜辞中记载的贡龟的总数有4130只，如果包括"中研院"的材料在内，贡龟总数达12334只，数量已经十分惊人。[2]

---

[1] 董作宾：《商代龟卜之推测》，《董作宾先生全集》甲编第二册，艺文印书馆1977年版，第813—884页。

[2] 参见胡厚宣《武丁时五种记事刻辞考》，《甲骨学商史论丛初集》，河北教育出版社2002年版，第467—611页；又见胡厚宣《殷代卜龟之来源》，河北教育出版社2002年版，第638页。

（2）龟壳、牛骨的整治

作为卜筮用龟和用骨，使用前都需要进行一种专门的祭祀，类似于宗教议程中的"洁净仪式"。目的是确保祭祀用龟的灵性。经过此种专门的祭祀之后，卜用龟、骨还需要经过专门的修治，以便于后一道工序的加工。针对龟壳和牛骨的初步修治是用金属的锯、错、刀、钻等工具锯除龟甲和牛骨上的多余，锉平高处，去除胶质鳞片，刮磨龟壳表面，使之光滑平整，以便于其后的钻凿。这是卜筮之事的准备阶段。

（3）钻凿和灼烧

卜人负责对龟甲和牛骨加以钻、凿，即在龟甲和牛骨的背面施以钻、凿，形成马蹄形的坑洞，以便于其后的烧灼。一般是先凿后钻：凿后的痕迹是竖枣核形的坑，凿的痕迹经烧灼后会在龟甲的正面形成竖直的兆文；钻后的痕迹是圆形的坑，钻的痕迹经烧灼后在龟甲的正面留下横向的兆文。钻凿的数量和大小都是依照龟甲的大小和占卜的需要来决定的。

完成钻凿后的龟甲、牛骨就可以灼烧了。灼烧会在相对应的龟甲的正面留下横向的兆璺；如果对着椭圆形的凿的部位灼烧，则会在相应的龟甲正面形成竖直的兆璺。

（4）读兆并判定吉凶

灼烧程序完成之后，龟甲正面会显现出兆璺。此时卜人要把有兆璺的卜骨或卜甲送交给贞人或者王，由贞人或者王根据兆璺来判断吉凶祸福，然后将判读后的结果契刻在甲骨的正面，所以称为卜辞。卜辞常刻写在甲骨的正面，一条完整的卜辞通常包括前辞、命辞、占辞和验辞四部分。前辞刻写的是占卜的日期和占卜者的名字，命辞是卜问的事情和内容，占辞是卜问之后得到的结果，验辞是占问的结果在实践中应验的记录，大部分验辞能得到证实，少见不能证实，或者出现验证结果（验辞）与占卜结果（占辞）不符的情况，尤其是王亲自卜问的卜辞。并非每一次的占卜都是完整地体现这四个过程。缺乏占辞和验辞的结果常见。

（5）刻辞、编册和收藏

董作宾推测，殷商太仆似有按年编排卜辞，并储藏于太室的制度。有成套出现的卜辞，见于《殷墟文字丙编》图版11、13、15、17、19，以及

31、32、33、34、35。王蕴智列出了成套卜辞的例证，如合 6482 正/丙 12、合 6483 正/丙 14、合 6484 正/丙 16、合 6485 正/丙 18、合 6486 正/丙 20 成套五版卜辞；合 22282/乙 8965 + 8981、合 22283/乙 8728、合 22284/乙 8814 成套三版卜辞，据说最高可达 9 版之多。①

2. 巫史的职责

《史己鼎》《史史爵》《父丁史瓠》《史父辛爵》《作册又史》《尹兽爵》等商周铜器及其上的铭文，都能旁证殷商祝宗卜史等职官及其机构的存在。②

在殷商官制中，有专门掌管占卜的"卜某""多卜"以及为数众多的贞人，有掌向鬼神祈祷的巫祝，卜人、贞人、巫、祝一类的职官所掌多近巫事；又有掌记载和保管典册的史官，卜辞中提到众多职责不同的史：如史、北史、御史、卿史，吏、大吏、我吏、东吏、西吏等出使四方或专任一方的史官或武官，尹、多尹、又尹、某尹等掌作田、作寝、飨祭之官以及专门负责簿记、图书档案管理的作册等。前一类职官即是商代的官方背景的巫师，专门负责组织王室和大贵族的各类祭祀活动，并在活动中任职；后一类职官是王室的任事官，负责王室跟诸侯、方国的事务，作田、作寝、戍边的事务，等等。

王室之外，一些跟王室有血亲关系的旁系大家族，如子族、方族、多子族等，也都有自己相对独立的祝、宗、卜、史，可以独立进行占卜。如"叛卜？""多子族卜？""徵卜？"（屯 1132）③

巫风的盛行，占卜活动的程式化、制度化，尤其是对记录和储存新技术的文字的掌握，使这些来自口头文化传统中的巫师们摇身一变成为文字文化中的祝宗卜史一类的掌握专门技术的职官，并形成了专门的官僚机构。显然这一类的技术性职官都是因掌握文字书写的技术而生，他们与无文字的口语社会的专司口头祭典仪式的巫、卜已经有一定距离了。

---

① 参见王蕴智等河南安阳中国文字博物馆参展脚本。
② 参见陈梦家《殷墟卜辞综述》，中华书局 1988 年版，第 517—522 页。
③ 参见黄天树《关于非王卜辞的一些问题》，《陕西师范大学学报》（哲学社会科学版）1995 年第 4 期。

3. 贞人集团

笔者以为，贞人是殷商的史官，但并不等同于周代及其后的“史官”。这是因为文字社会的史官完全以文字书写、记录、释读、教学、保存为目的，以记载历史事件和王的言论为主要功能；而殷商的贞人本身则是占卜活动的参与者和见证人，贞人对卜筮结果的记录是为了存储记忆，强化王权。殷商的贞人们是一批拥有独特的占卜技术，充当王与祖先之间中介的技术性职官。因此，我们把贞人集团归入殷商的技术语境而不是制度语境中加以讨论。①

董作宾先生在《殷代文化概论》（第二章）列出了贞人计 68 人，《殷历谱》（上编卷一第一章）和《乙编》自序又增加 2 人，总数达 70 人。经考证，陈梦家将董氏列于第四期的 17 位贞人（按照陈氏的观点，其中 2 位不是贞人）中的 15 位移入第一期，作为武丁晚期卜辞看待。这样，经过陈氏参订的董氏的 68 贞人名单如下。②

第一期（武丁及武丁前，34 人）：

㱿、亘、永、宾、争、韦、古、充、𠷎、𠵎、箙、𢍰、史、𢍏、延、内、𩚬

㐄、𡨦（武丁晚期）

扶、堆、由、衞、勹、取、我、余、子、妇、车、毕、萬、卣、衜（武丁晚期，董氏原第四期）

陟（武丁晚期，董氏原第二期）

① 贞人集团的发现是卜辞研究中的重要关节点，由此开启了比较系统而科学的甲骨文断代研究。1931 年，董作宾《大龟四版考释》提出以“贞人说”为核心的 8 项甲骨文断代标准；1932 年，在《甲骨文断代研究例》（《庆祝蔡元培先生六十五岁论文集》上册，1933 年版）又进一步归纳出 10 项标准：世系、称谓、贞人、坑位、方国、人物、事类、文法、字形、书体。前四者是直接标准，后六者是间接标准。以此标准为尺度，他将全部甲骨文分为五期，即第一期：武丁及武丁前；第二期：祖庚和祖甲；第三期：禀辛、康丁；第四期：武乙和文丁；第五期：帝乙和帝辛。这一分期目前已经得到学术界的公认。

② 参见陈梦家《殷墟卜辞综述》，科学出版社 1956 年版，第 203 页。此后，陈梦家将贞人的数量增加到 120 人；饶宗颐定为 117 人（《殷代贞卜人物通考》，香港大学出版社 1959 年版）；［日］岛邦男定为 110 人（《殷墟卜辞综类》，汲古书院 1977 年版）；姚孝遂、肖丁定为 108 人（《殷墟甲骨刻辞类纂》，中华书局 1988 年版）。

第二期（祖庚和祖甲，17人）：

大、旅、即、行、兄、喜、犬、澤、圅、逐、涿、尹、出、凸、坚（祖甲）

中、先（董氏原第一期，陈氏移入第二期）

第三期（廪辛、康丁，11人）：

徉、畣、彭、狄、何、即、宁、暊、教、口、兓（董氏原第二期，陈氏移入第三期）

第四期（武乙和文丁，1人）：

歷

第五期（帝乙和帝辛，4人）：

黄、永、艅、余

董作宾先生认为，贞人即史，武丁时代执笔记事的史官们，同时也作了武丁时代的贞人，并具体指认亘、韦、永、古等9位贞人就是殷商的史官。① 在其后的论文中，董氏又进一步指认全部五期卜辞中贞人就是史官的有32位。② 他指出："当时的史官，可以考证的如韦彭都是当时的侯伯。"这两人上古文献《竹书纪年·武丁记》《国语·郑语》都有明确记载。"可见在其国则为诸侯，在王朝则为卿士，有时也作贞卜记事的史官了。"③

4. 贞人子弟的习刻

《干支表》在整个甲骨文中具有时间坐标的重要作用，几乎每篇卜辞的开头都要标明具体的干支所属来表示占卜的时间坐标。正因为如此，《干支表》是每位贞人上岗之前必须熟练掌握的基本技能，几乎每位准备作贞人的贞人子弟都拿《干支表》作为练习写字的样本。

郭沫若《殷墟粹编序》指出，卜辞"六甲表"（干支表）的前12行

---

① 参见董作宾《妇矛说——骨臼刻辞研究》，《董作宾先生全集》甲编第二册，艺文印书馆1977年版，第619—660页。

② 参见董作宾《甲骨文断代研究例》，《董作宾先生全集》甲编第二册，艺文印书馆1977年版，第413—414页。

③ 同上，第363—464页。

是商人教子弟刻写文字的记录。张政烺也肯定"是学书者所为，事情或许相同"①。"殷墟出土的干支表以外的习刻总计约270版。其中的一部分较为集中著录于《合集》第五册的11730—11738版，第六册的17849—17863、17866、17870版，第十册末的35261—35276、35279—35282版，《补编》6933—6945版等。其余习刻间处于卜辞中，著录情况亦复杂。"②据我们的观察，仅姚孝遂、肖丁主编的《殷墟甲骨卜辞摹释总集》（第十二册，该书869—874页）就明确标出第37991、37992、37993、37994、38019、38020、38021等100余片内容为六甲表的甲骨为"习刻"。

观察这些所谓"习刻"甲骨，发现甲骨上60甲子的多数内容是残缺的，100多片"习刻"中，几乎没有一片习刻的内容是完整的。其中的38111片算是最为完整的一片甲骨，也只有40个左右的干支名，而不是完整的60个干支名。"习刻"甲骨从"甲子"开始刻写的数量最多。但也有从甲申、丁巳、己卯、辛卯等顶格开始的，如38029、38065、38045。有从己巳、甲辰、辛未低一格开始的，如37990、37996、37999。从中我们可以看出，大部分的"习刻"都符合人们练习书写的习惯，从头开始而后有所省略；少量的"习刻"从中间开始，前后都有省略，具有一定的随意性。另外还发现了全片只刻写了一个"辰字"的几种异体的，如38081、38108。虽然数量不多，但显然是"习刻"练习遗留的痕迹。由此可证郭、张二人认为干支表被用为商人子弟练习刻写文字的说法是正确的。

（四）体现于书面语对口语成熟度的促进和完善的语境中

一种成熟的口语须经过书面语的规范，通过书面化的过程将口语的遣词造句、行文措辞、语法规则、篇章结构等锚固于其书写形态中。书面语对口语成熟度的促进和完善主要体现为书面语帮助口语建立了显性的语法和句法形式及其规则，排斥不符合书面语结构规则的语言形式，如复辅音、多音节、合文等现象。通过书面语的参与，口语传统中的即时性特征

---

① 参见张政烺《试释周初青铜器铭文中的易卦》，《考古学报》1980年4月。

② 参见王蕴智等安阳中国文字博物馆参展脚本。

被转化成跨越时空的显性的语法和句法规则,不符合书面语的因素被排除在外,极大地促进了语言形式的精确和完善。有关商代语言与甲骨文的关系,体现在如下几个方面。

1. 文字和语言的结构单位基本吻合

甲骨文的单字总数估计在 4000 字左右,已经辨认出来的单字约 1200 个。[①] 这 1200 个单字中,绝大部分的单字字形和字音能够一一对应(包含多音多义字在内)。甲骨文的单字由图形符号、抽象符号和记号 3 种符号组成,单一的图形符号和抽象符号可以构成一个完整的字,几种符号共用也能构成一个完整的字。前者是单一结构,后者是合成结构。

单一图形或抽象符号本身就是一个整字的情况有两种:人、子、女、目、耳、鼻、口、鸟、隹、蛇、虎、象、马、豕、山、水、日、月一类的字是一字一个图形,不能再拆分;一、二、三、四、上、下、方、圆、小、屮一类的字一个抽象图形是一字,同样也不能再拆分。单一图形的构型和构意都是约定俗成的。

几个部件构成一个整字的情况又分三种。

一是本、末、刃、亦、天、元、夫、母、尸、尾一类的指事字,它们虽然由两个符号构成,但却是 1 个图形符号 + 1 个记号 = 1 个整字。

二是取、及、企、孕、羌、从、休、令、即、印、之、正、韦、出、各、陟、降、逐(之后面的 8 个字用了象征手法,不全是图形会意)一类的会意字,它们都是由 1 个图形符号 + 1 个图形符号 = 1 个整字。

三是御、汝、祥、祀、鸡、裘、齿、何、职、弦一类的形声字,虽然也是由两个图形符号构成,但其中的一个图形符号已经被借用为示音符号,因此,其构成模式是 1 个图形符号 + 1 个示音符号 = 1 个整字。

在以上三类合成结构的文字中,实际上存在着层级结构,两个图形似的义符相加,可以会合出新的意义,如上举第二类的取、及等字;一个图形与另一个象征含义的义符相加,也可以会意成新的文字,如上举的之、

[①] 孙海波《甲骨文编》:4672 字;〔日〕岛邦男《殷墟卜辞综类》:3323 字;姚孝遂《殷墟甲骨刻辞类纂》:3673 字;沈建华、曹锦炎《甲骨文字形表》:4026 字。以上统计截至 2012 年 12 月。

正等字；第三类情况是一个图形似的义符与一个虽然是图形但已经被人为规定为代表声音的声符的结合。

　　无论是义符叠加构成的会意字，还是声符加义符构成的形声字，都与单一结构的文字不同，合成结构文字的构型、构意都是有理据的。从文字形体上看，合成结构的文字是借用了上一层级的独体的象形字作为部件构成了新字。从语音形式上看，形声字的整字的读音与声旁的读音相同或相近，声符具有示音作用，这表示新造的形声字与所依据的象形字在声音上具有联系，如御、姪、汝、帛、祥、祀等字；不但声旁有联系，而且在意义上也可能存在一定的关联（声旁表意），如娶、何、職、羞等字。

　　这种情况说明，新造的形声字与上一层级的基本语音单位相互关联，在文字上表现为合成的或者可拆分的层级结构，在语音上则仍然继承了来自上一层级的辅音 + 元音的二合结构。从文字的角度看，甲骨文的书写根本上奠定了方块汉字的格局，因方块汉字的锚固，而真正完成了"1 个字/1 个音节/1 个词"的汉语基本结构单位，促使语言成熟度极大增强。①

　　2. 语言的结构单位与文字的结构单位不完全一致

　　商代的语言可能存在"复辅音"，因为在汉藏语系的诸多亲属语言，如藏缅语族、侗台语族、苗瑶语族大部分都有复辅音，其中时代较早的藏文、缅文、傣文、泰文的书面语都经历过复辅音声母简化为单辅音声母的过程，如果上古汉语没有复辅音，是难以让人理解的。② 因此，许多学者（赵诚，1984；陈代兴，1993；何九盈，1998；梅祖麟，2008；等等）认为甲骨文中存在复辅音，何九盈在甲骨文中找到了复辅音的证据：①谐声字：姜、羌、洛、驶、庞等字；②假借关系的词：每通晦，各通落，吏通使，立通位等；③异词同字的现象：卿/饗/嚮，令/命，考/老，等等。何氏根据这些从卜辞中找到的本证，结合上古文献材料等旁证，为商代构拟

---

　　① 关于汉语基本结构单位的概念，借用了徐通锵先生（1994）"字本位"理论的观点，但徐先生的表述是"一个字/一个音节/一个概念"，我们用"1 个词"替换了徐先生的"一个概念"，这样会更加符合汉语研究者的习惯，谨此说明。

　　② 详见郑张尚芳《上古音系》，上海教育出版社 2003 年版，第 76 页。

出四组复辅音：轻擦音 s + 其他辅音 （sp, sph, sb, st, sth, sr, sl 等），带 l/r 复辅音 （pl, pr, phr, gl, gr 等），章组 + 舌根音 （klj, khlj, glj），其他 （ʔk, ʔr, mg, ng 等），统共 32 个复辅音。并指出："甲骨文时代有复声母，金文时代（西周中后期至春秋战国时期）已基本消失。"[①] 如果承认甲骨文中存在复辅音，那就等于承认商代语言在 1 字/1 词/1 个音节的基本结构单位之外，还可能存在 1 字/1 词/多音节的现象。梅祖麟给殷商汉语拟构了 7 组复辅音：①gr - 洛落/kr - 格；②gl - 羊浴/k1 - 姜谷，khl - 羌；③r - 林吏/s - r - 森使；④kh - 卿考/s - kh - 饕孝；⑤m - 每尾减墨/sm - 晦娓，s - m - 减黑；⑥b - 败/s - b - 败；⑦g - 解/s - g - 解。复辅音词头不但会影响声母的清浊和韵母的等、呼甚至韵尾，而且能够区别意义。梅氏尤其关注甲骨文文中清辅音 s - 词头的在构词上的两种功用：一是使动化，如败 （-b）/败 （-p）、解 （g-）/解 （k-） 等证，都是因为加了 s - 词头的原因，自动词转化为使动词；二是名谓化，如墨 （m）/黑 （sm），吏 （r）/使 （sr），卿 （kh）/饕 （s-kh） 等例，也都是因为 s - 词头的加入，名词转换为动词、形容词。[②]

除了上述例证，我们进一步补充一些甲骨文中多形一字和一形多义的部分例子：

氐/以 （《诂林》认为氐、以同字）

聽/聖/聲 （于省吾认为古聽、聖乃一字；郭沫若：卜辞聽、聖、聲三字乃一字）

疋/足 （李孝定认为古文疋、足当是一字）

龠/篇/籥/龢 （《诂林》认为龠、篇、籥、龢古本同字）

言/音 （于省吾认为言与音初本同名，后分化为二）

奭/爽 （于省吾认为奭即爽之初文）

夭/走 （《诂林》认为夭即走之初形）

---

① 何九盈：《商代复辅音声母》，《北京大学百年国学文粹·语言文献卷》，北京大学出版社 1998 年版，第 265—277 页。

② 参见梅祖麟《甲骨文里的几个复辅音声母》，《中国语文》2008 年第 3 期。

其中的第1—4例为多形一字，第5—7为一形多义。从这些例子中，语言学家看到的是语音的变化对词义的影响，而我们却从中看到了文字结构对语音的规范，以及文字结构对语言成熟度的提升。我们推测，复辅音的消失过程与汉语早期书面文字体系的形成和完善的过程步调一致，在这一过程中，汉字对口语的规范和锚固起到了决定性的作用。正是汉字构造的层级性锚固了汉语的音节结构，帮助汉语排除了复辅音、多音节现象，规范并最终完成了汉语1个字/1个音节/1个词的基本结构单位。

3. 语言单位大于文字单位

甲骨文有所谓的"合文"现象。甲骨文中约有370个的合文，约占总字数的1/12。①"合文"现象显然不符合我们所说的汉语基本结构单位——1个字/1个词/1个音节。从总体上看，甲骨文中的合文在总体数量上所占比例并不高，而且在商周金文中明显下降，并在战国中晚期最终退出历史舞台，未能进入隶变以后的今文字系统。所以，甲骨文中的"合文"并没有从根本上动摇由甲骨文奠定的1个汉字/1个音节1个词的基本结构框架。我们认为，合文是图画的遗迹，在文字化的过程中，合文这种不符合汉语书面语基本结构的现象逐渐被淘汰出局，是符合语言发展规律的。

4. 甲骨文语法的形成和完善提升了商代语言的成熟度

如前所述，甲骨文已经是成熟的文字系统，能够完善地记录语言。所以，这样的文字系统必然有成熟的语法规则。按照目前通行的汉语语法教材中的语法体系，②结合甲骨文语法研究现状，我们将甲骨文的语法分为词法和句法两大类做简单介绍。③

（1）词法

张玉金将甲骨文区分为11个词类，它们是名词、动词、形容词、代

---

① 据孙海波《甲骨文编》的统计，在总数4672字中，有370个合文，约占总数1/12强。

② 目前通行的汉语语法教材如黄伯荣、廖序东主编的《现代汉语》（高等教育出版社增订四版）。

③ 最早对甲骨文语法研究的是管燮初的《殷墟甲骨刻辞的语法研究》（科学出版社1953年版）。

词、数词、量词、副词、叹词、介词、连词、感叹词等。^① 从目前较为通行的现代汉语语法体系来看，前 5 个词类属于实词，后 4 个词类属于虚词。实词在句子中主要是表示事物的名称、时间、地点、方位、处所、动作、性状、程度、性质等语汇意义；而虚词则主要用来黏结实词，表示语法意义。虽然具体的词类数量和语法作用不尽相同，但实词和虚词的分别以及两大类词的语法功能，自甲骨文至今都是基本一致的。

（2）句法

甲骨文有非常完善的句式。现代汉语中的判断句、祈使句、疑问句、感叹句等句式在甲骨文中一应俱全。除了完善的句式，甲骨文同样也有完善的句型。按照语法学家的研究，甲骨文中的句型可概括为简单句、复杂句和特殊句三大类。^②

① 简单句

简单句又分主谓句和非主谓句两类。

A. 主谓句包括：

　　王获。（合 10410）

　　我受年。（佚 550）

　　王逐鹿。（合 10294）

　　帝其令凤。（合 195）

　　王往于田。（甲 2129）

与目前通行的黄伯荣、廖序东主编《现代汉语》（第四版）中的同类型主谓句相比，甲骨文中的动词谓语句式一应俱全，形容词性主谓句和名词性谓语句则相对比较缺乏。

B. 非主谓句包括：

　　勿入。（丙 29）

① 参见张玉金《甲骨语法学》，学林出版社 2001 年版。
② 参见姜宝昌《殷墟甲骨刻辞句法研究》，《殷都学刊》1990 年第 3 期。

其自南来雨。（缀 240）

至于商。（林 1.23.1）

与上述情况类似，甲骨文中的动词性非主谓句一应俱全，形容词性非主谓句和名词性非主谓句则相对较少。

② 复杂句

复杂句包括双宾语句、连谓句、同位语句、兼语句、省略句、宾语前置句等类型，在甲骨文中，这些类型一应俱全。

双宾语句如："我受土方祐"（文 634），"授我祐"（甲 2907）；连谓句如："雀追亘有获"（丙 304），"往逐豕"（甲 3339）；同位语句如："三师左中右"（合 33006），"高祖王亥"（合 30447）；兼语句如："雀弗其呼王族来"（合 302），"呼妇好往若"（遗 168）；省略句如："其呼永行，有遘，亡菁"；宾语前置句如："王亥不我祟"（丙 3），"王惟犬从"（粹925）；等等。

③ 特殊句

甲骨文中的特殊句包括使动用法、意动用法、词类活用等现象。使动用法如："宁风"（卜 588），"其先马"（拾 6.5），"今夕宁王"（合26176）；意动用法如："王吉兹卜"（佚 894），"余弗子妇侄子"（前1.25.3）；等等。

充足的词法和句法概念、丰富的语法形式，说明甲骨文语法体系比较完善。完善的书面语法体系，又极大地提升了商代口语的成熟度指数。语言和文字相得益彰，协调发展。

三　结语

从上面的讨论中，我们得出了如下结论。

第一，观念语境决定了甲骨文存在的意义和价值。所谓观念语境是指殷商时期凡事必祭的社会观念意识形态。正是商代普遍流行的祭祀天神、地神、祖先神的惯例法意识形态，激发了商王祀谱、商王与臣属的等级关系的建构，而记录频繁的祭祀活动的需求，反过来赋予甲骨文以存在的价值和意义。

第二，制度语境确保了文字系统得以存在和正常运行。所谓制度语境是指为了推行社会各阶层的义务和责任而建立起来的社会管理机构。繁杂的祭祀活动，自然而然地出现了专门从事祭祀、占卜、记录的贞人集团以及初步的社会管理机构——祝、宗、卜、史等，这些专门从事占卜事务的专家和负责占卜事务的官僚机构构成了殷商时期特殊的政教合一的制度语境，确保了文字记载的内容发挥其"法律"的效应，确保文字系统获得其神圣性，具备充分的权力话语。

第三，迅速发展的书写技术语境确保了文字系统的应用规范。所谓技术语境是指围绕着占卜活动的一系列收纳、整治、卜筮、记录和存储甲骨的占卜机构以及这些机构对一整套的甲骨占卜技术的使用和推广，包括王和贵族的贞卜机构、贞人集团、贞人子弟对占卜技术的学习等。这些技术条件满足了文字系统对书写技术的要求和依赖，从技术上确保了文字系统的规范和有序运行。

第四，书面语的形成和锚固提升了口语成熟度的指数。所谓口语成熟度语境指的是一种成熟的口语须经过书面语的规范，通过书面化的过程将口语的遣词造句、行文措辞、语法规则、篇章结构等锚固于其书写形态中。以甲骨文为代表的商代书面语言对字形、书体规范、行款、篇章结构以及书面语法（词法和句法）等方面的内在要求，推动并最终完善了首个汉语规范书写系统，并排除了不符合书面语形式要求的语言形式，如复辅音、多音节、合文等现象，确保了殷商语言和文字系统的相互协调发展，极大地促进了语言形式的精确和完善。

观念语境、制度语境、技术语境和口语成熟度语境是殷商社会读写机制最为重要的部分。它们既是文字系统形成的重要推手，同时也是判断文字体系是否形成的最重要的标志，因此，我们认为，对文字社会的社会读写机制的探讨而不仅仅是对符号来源的寻找，才是我们讨论文字起源问题时所最应该关注和着力研究之处。

本文参考文献：

［1］孙海波：《甲骨文编》，中华书局 1959 年版。

［2］郭沫若主编，胡厚宣总编辑：《甲骨文合集》，中华书局 1982 年版。

［3］姚孝遂、肖丁编：《殷墟甲骨刻辞摹释总集》，中华书局 1988 年版。

［4］董作宾：《董作宾先生全集》甲编，艺文印书馆 1977 年版。

［5］陈梦家：《殷墟卜辞综述》，中华书局 1988 年版。

［6］胡厚宣主编：《甲骨学商史论丛初集》，河北教育出版社 2002 年版。

［7］黄天树：《古文字论集》，学苑出版社 2006 年版。

［8］郑张尚芳：《上古音系》，上海教育出版社 2003 年版。

［9］管燮初：《殷墟甲骨刻辞的语法研究》，科学出版社 1953 年版。

［10］张玉金：《20 世纪甲骨语言学》，学林出版社 2003 年版。

［11］Georg Elwert，"The social and institutional context of literacy"，by HeribertHinzen，German Adult Education Associtaion，*Adult Education and Development September*，1988，p. 31.

［本文是笔者为 2015 年 5 月底 6 月初在美国罗格斯大学孔子学院召开的"古汉字与美索不达米亚文字、埃及文字和中美洲文字的对话"国际学术会议撰写的学术论文。本文的英文版拟收入会议主办方编定的"会议论文集"；中文版尚未正式发表，此次收入本文集时，我们做了修改和补充。又及，本文为了行文和理解的方便，个别地方仍沿用繁体字书写］

许慎对中国文字学学科研究体系的创造性贡献

衡量某个学科能否成立，应该有这样一些要素：这门学科的性质以及它与其他学科的分界是否清晰？该学科是否具备成熟系统的理论？该学科研究方法是否得当？该学科的基础概念和基本术语系统是否建立和完善？该学科是否具备相当的专业研究队伍或者业已构成了学科研究史的事实？本学科的专门知识在多大程度上实施于教育系统？……用以上的标准来衡量，可以说，在中国历史上，许慎对中国文字学学科研究做出了创造性的贡献。

许慎之前已经有许多字书，如李斯的《仓颉篇》、赵高的《爰历篇》、胡毋敬的《博学篇》、司马相如的《凡将篇》、史游的《急就篇》、李长的《元尚篇》、扬雄的《训纂篇》。这些书都是四言、七言韵语，供孩童识字用，与许慎的《说文解字》相比，这些书只能称为文字堆砌的"杂字书"，编排缺乏系统性，也没有自觉地把文字形体和字义解释联系起来，更没有明确的理论指导。段玉裁的《说文解字注》评价许书："此前古未有之书，许君之所独创，若网在纲，如裘挈领，讨原以纳流，执要以说详，与《史籀篇》《仓颉篇》《凡将篇》杂乱无章之体例，不可以道里计。"

许慎对中国文字学学科研究的创造性贡献主要体现在以下五个方面。

一 确立并规范了中国文字学学科研究体系的基本概念和基本术语系统

（一）确立了学科研究体系的基本概念

许慎对文字概念的阐述对中国文字学学科的形成起了奠基的作用。

秦以前没有"文字"的名称。周代的文献提到"文字"的概念时，通常使用"书""名""文"等名称。如《周礼·春官·外史》："掌达书名于四方。"郑玄注："或曰：古曰名，今曰字。使四方知书之文字，得能读之。"《周礼·秋官·大行人》："属瞽史，谕书名。"《礼记·中庸》："今天下，车同轨，书同文。"先秦文献里零星散见的分析文字形体构造的例子多称"文"。如《左传·宣公十二年》："夫文，止戈为武。"《昭公元年》："于文，皿虫为蛊。"《宣公十五年》："故文，反正为乏。"《韩非子·五蠹》："古者仓颉之初作书也，自环者谓之厶，背厶为公。"等等。

"书""名""文"等名称，虽然表述了"文字"的概念，但却不使用"文字"一词，直到秦代的琅邪刻石才发现"文""字"连用为一词，表示文字概念的记载。《史记·秦始皇本纪·琅邪台石刻》云："器械一量，同书文字。"这里的"同书文字"与《礼记·中庸》"今天下，车同轨，书同文"，许慎《说文解字·叙》"文字异形"的表述一脉相承。

汉代文献中"文字"名称以及"文字"概念则相当常见。如《汉书》说杜林"其正文字，过于邺、竦。故世言小学由杜公。"说马援上书"荐晓文字者"；提到今文《尚书》与古文《尚书》则说"文字异者，七百有余"。又，《儒林传》说"孔氏有古文《尚书》，孔安国以今文字读之"。《艺文志·小学家》谈到《古文孝经》时提到"古文字"概念，提及汉代"六体"时也提到"古今文字"的概念。由此可见，秦汉以来，文字的名称才得以真正成立，文字的概念始具有专门的含义。而真正继承秦汉以来的文字研究传统，给这种传统赋予新的学科意义，将其推上独立的学科研究地位并为后世推重的是许慎和他的《说文解字》（以下简称《说文》）。

许慎的《说文解字·叙》全面论述了"文字"的概念。许慎继承了秦汉以来"文字"概念的合理内涵，比如提到战国时期纷繁歧异的状况时说"文字异形"，谈到文字的性质和功能时说"盖文字者，经艺之本"，等等。尽管文字概念的提出并不等同于文字学学科的建立，但却为文字学学科建立确立了最基础的结构单位，并由此奠定了学科的基础。没有这个基础，中国的文字学研究恐怕会长期停留在识字教育的水平上，不可能形成系统的学科意义上的研究。也正是从这一点上说，许慎的《说文》对文字概念的系统论述及其运用，对中国文字学学科的形成起了奠基的作用。

尽管许慎已经把"文字"作为一个完整的学科基础概念来使用，但是，由于许慎的《说文》着眼于从文字创造的源头上分析字形结构，以形释义，因此，仍然很有必要区分文字构形的不同层次并使用必要的术语。从区分文字构形要素的层面上，许慎首先从结构上把文字分成依类象形的"文"和形声相益的"字"。"仓颉之初作书，盖依类象形，故谓之文；其后形声相益，即谓之字，字者言孳乳而浸多也。"这里所谓"文"大体上指的是整体象形表意的字（约占全书的20%），"字"指的是结体有表形、有表声的合体字（约占全书的80%）。宋人郑樵《通志·六书略》将许慎的论述进一步概括为："独体为文，合体为字。"

《说文叙》虽然明确区分了"文"与"字"的概念。但是，全书并没有在"字头"（正篆）以及"重文"（异体）下明确指出何为"文"？何为"字"？而且全书中也没有具体标明作为文字构形要素的"文"的数量。每一部首末使用的"文某，重某"中的"文"是指该部的"文字"数量，不是指独体之"文"。同理，全书的"重文"也是对附于正篆后的古文、籀文、今文、俗体等各种异体字的统称，这些重文中的"文"也是指"文字"而不是独体之"文"。

《说文》是如何区分"文""字"的不同层级概念的呢？我们通过对"文""字"的不同说解用语的分析，基本上可以理出两者的分别及它们之间存在的关系。

1. 文（独体字）

《说文》中有关"文"（象形、指事）的说解术语大体上可分四类（限于篇幅，只举一、二例以明之，下同）。

其一，直接标明为"象形"或"指事"。

"口，人所以言食也。象形。"（卷二上）"上，高也。指事。"（卷一上）此类说解对象的结体属于"文"的范畴。

其二，象某某之形。

"牛，大牲也。……象角头三、封尾之形。"（卷一上）"刃，刀坚也。象刀有刃之形。"（卷四下）此类中的象形字属于"文"，指事字之结体则可分为独体之"文"与非字的标志符号的结合。

其三，从某，象某某之形。

"果，木实也。从木，象果形在木之上。"（卷六上）"本，木下曰本。从木，一在其上。"（卷六上）此类中无论象形还是指事，其结体都属于"文"与非字的标志符号的结合。

其四，无明确词例。

"十，数之具也。一为东西，｜为南北，则四方中央备矣。"（卷三上）"丶（zhǔ），有所绝止，丶而识之也。"（卷五上）此类当为"文"，或"文"兼"字"。

此外，许慎的《说文》还间接提到了半文、倒文、反文等。如："片，判木也。从半木。"（卷七·片部）"辰，水之斜流别也。从反水。"（卷十四·辰部）"半木""反水"属于独体之"文"的变体，应归于"文"的范畴。

2. 字（合体字）

与"文"相对应的下一个层级的概念就是"字"（会意、形声）。落实在《说文》一书之中的"字"大部分存在于"正篆"与"重文"里。与"文"的情况一样，《说文》对"字"的说解用语大体上可分三类。

其一，明确指出为"会意"——从某从某，会意。

"信，诚也。从人，从言，会意。"（卷三上）

其二，1+1式会意——从某从某或从某某；1+1式形声——从某，某声。

"取，捕取也。从又从耳。"（卷三下）"古，故也。从十口，识前言者也。"（卷三上）此为 1 + 1 式会意。

"雠，犹应也。从言，雔声。"（卷四上）此为 1 + 1 式形声。

其三，1 + 多式会意——从某，某某某或从某从某从某；1 + 多式形声——从某某，某声。

"祭，祭祀也。从示，以手持肉。"（卷一上）"盥，澡手也。从臼水临皿也。"（卷五上）"望，月满与日相望以朝君也。从月从臣从壬。"（卷八上）此为 1 + 多式会意。

"嗣，诸侯嗣国也。从册口，司声。"（卷二下）"寶，珍也。从宀从玉从贝，缶声。"此为 1 + 多式形声。

通过对《说文》说解用语的分析我们发现，许慎一般使用"象形""指事""象某某"或不明确指明词例一类的术语分析"文"的结体，使用"会意""从某从某""从某某""从某，某声"一类的术语分析"字"的构造，从结构上讲，前者是一元的构造单位，后者是二元的构造单位。由此可见，结构上的一元或二元是区分"文"与"字"的主要标准，而这个标准，在许慎"文"与"字"的说解用语中体现得明明白白。

许慎对"文"与"字"的成功区分尤其是对"字"的形体结构的分析，给后人分析汉字结体指明了方向。这一分析凸显了汉字构造的层级关系及其理据，顺理成章地引出了"偏旁"概念，而偏旁的确立和运用，则将汉字结构的研究推向了新的历史阶段。后世字典的编排以及汉字教学研究中所谓的"声旁""形旁"的分析实滥觞于此。

（二）使用和规范了中国文字学学科的基本术语

一个学科的成立，离不开学科术语的建设和完善。没有相对固定的为本学科所特有的术语，这个学科就不能称为"学"。可以毫不夸张地说，为中国文字学所广泛使用的该学科的学科术语，或者是由许慎首创的，或者是由他首先界定的，或者是由他首先界定以后再由后人引申扩展而成的。学科术语的广泛使用，使中国文字学的研究真正具有了学科研究的属性。限于篇幅，我们这里仅列举有关书体演变的术语来说明许慎在中国文字学学科术语建设方面的贡献。

1. 篆文、古文、籀文

《说文》中的篆文因为被列为字头，所以通常又称"正篆"，是当时国家的标准书体。使用于官方文件以及皇帝、诸侯的印玺、虎符等重要信物之上。因为许慎见不到很早的文字资料，古文和籀文的数量又相对较少，所以作为当时正体字的小篆理所当然被列为字头。

《说文》中的"古文"包含很广，早到"仓颉古文"，孔子壁中书和古文经典中的古文字，时间跨度大。被许慎列为古文者，计有 500 余字。实际上，许慎所说的"古文"未必早于"籀文"。①

"籀文"又叫"大篆"，出于《史籀篇》。与古文相对而言，《说文》中的籀文则时代比较明确，起于西周，行于春秋战国。《说文》列为籀文者约 200 余字。

2. 秦书八体

即大篆、小篆、刻符、虫书、摹印、署书、殳书、隶书。其中大篆、小篆、隶书为三种书体，而刻符、虫书、摹印、署书、殳书则是小篆的变体。

3. 王莽六书

即古文（孔子壁中书）、奇字（古文之异体）、篆书（小篆）、佐书（秦隶）、缪篆（摹印用文字）、鸟虫书（书幡信用文字）。

许慎对汉字形体演变和不同文字书体的说明以及正篆、古文、籀文等异体或体字的收录，保存了大量隶书以前的古文字资料，给后代研究甲骨文、金文奠定了坚实的基础。唐兰的《古文字学导论》说："一直到现在，我们遇到一个新发现的古文字，第一步就得查《说文》，差不多是一定的手续。"由此可见《说文》在保存古文字书体方面的贡献。除了以上说明文字书体演变的术语之外，《说文》的说解用语还包括释音术语、释义术语、引用通人用语等，此处不再赘述。

---

① 张政烺说："古文和籀文的分别是地区性的差异。古文出于壁中书，古人尊经所以放在籀文之前，其年代不一定比籀文早。"见《中国大百科全书·语言文字卷》"古文"条。

从学科研究基本概念到书体演变，从说音、释义用语到说解体例，一整套富有创意的学科基础概念和基本术语，或者由许慎首创，或者由许慎开其端而启发后人，这不能不说是许慎及其《说文解字》对中国文字学的杰出贡献之一。

二 奠定了文字学研究的基本理论并将其贯穿于文字研究之中

（一）"六书"理论

"六书"的名目虽然不是许慎的发明，但对六书做出明确的定义，并将六书原则系统运用于汉字的结构分析，却不能不说是许慎的首创。"指事""象形""会意""形声"的界定，直至今天还能经得起历史的检验。"转注""假借"的定义由于受《说文》专说形义联系的限定，未能尽如人意，但毕竟为后人留下了进一步思索这个问题的线索。

许慎之前，关于"六书"的名称细目以及使用"六书"分析汉字形体的实践都已有之。《周礼·地官·保氏》："保氏掌谏王恶，而养国子以道。乃教之六艺：一曰五礼，二曰六乐，三曰五射，四曰五驭，五曰六书，六曰九数。"但此处提到的"六书"，仅限于贵族子弟汉字教学的内容，还谈不上对文字结构的系统分析。直到汉代，"六书"才受到学术界的应有重视，把它作为一种解释汉字生成方式的理论来看待。班固《汉书·艺文志》："谓象形、象事、象意、象声、转注、假借，造字之本也。"郑众《周礼解诂》："六书：象形、会意、转注、处事、假借、谐声也。"许慎《说文叙》："指事、象形、会意、形声、转注、假借。"

以上三家在名称细目方面略有差别，但皆源于刘歆。班固的《艺文志》本于刘歆的《七略》，郑众的父亲郑兴是刘歆的学生，许慎师出贾逵，而贾逵的父亲贾徽也是刘歆的弟子。所以三家之说皆与刘歆有关。

三家之中，唯有许慎给"六书"下了定义。《说文叙》："一曰指事，指事者，视而可识，察而可见，上下是也。二曰象形，象形者，画成其物，随体诘屈，日月是也。三曰形声，形声者，以事为名，取譬相成，江河是也。四曰会意，会意者，比类合谊，以见指撝，武信是也。五曰转注，转注者建类一首，同意相受，考老是也。六曰假借，假借者，本无其字，依声托事，令长是也。"许慎对"六书"的界说也有一些瑕疵，比如会意字和假借字的例字，但总体框架是没有问题的。自从许慎首次界定"六书"概念之后，凡讨论汉字研究史及文字构造理论的人都尊崇许慎的定义。因此，经过许慎阐述的"六书"理论成为中国文字研究的基本理论范式，在中国文字学研究史上具有典范地位。即便在今天，在讨论汉字结构的问题时我们也不能完全脱离"六书"，尽管后人各有补充，如戴震、段玉裁、王筠等人的"四书说"，唐兰、张世禄、陈梦家、林沄、刘又辛、裘锡圭等人的"三书说"，王元鹿的"五书说"，王力主编的《古代汉语》（第一册），孟华的"二书说"，等等。① 但总体上都还离不开"六书"理论的框架。甚至今天还有学者认为许慎的"六书"在世界文字史研究上具有普遍适用性。② 由此可见经过许慎阐述并完善的"六书"理论在中国文字学史上的巨大影响。

（二）运用"六书"理论说解文字

"六书"理论能成为中国文字学的理论基石，要归功于许慎在《说文解字》中对它的阐述和运用。没有许慎的阐释和实际运用的尝试，"六书"理论很可能会停留在"识字教育"的水平，不大可能成为指导中国文字学研究的基本理论。

《说文》是我国第一部充分运用"六书"理论分析汉字的专著。此前已经有人用"六书"分析字形了，但比较零星散见。流俗文字学家解经更

---

① 戴震"四书说"见其所著《答江慎修先生论小学书》，段玉裁的"四书说"见其所著《说文解字注》，王筠的"四书说"见其所著《说文释例》，以上清人"四书说"通常又称为"四体二用"；唐兰的"三书说"见其所著《中国文字学》，张世禄的"三书说"见其所著《中国文字学概要》，陈梦家的"三书说"见其所著《殷虚卜辞综述》，林沄的"三书说"见其所著《古文字研究简论》，刘又辛的"三书说"见其所著《汉字发展史纲要》（二），裘锡圭的"三书说"见其所著《文字学概要》；王元鹿的"五书说"见其所著《汉古文字与纳西东巴文字比较研究》；王力主编的《古代汉语》（第一册）中的"二书说"见中华书局1981年版第160页，孟华的"二书说"见《汉字符号学》下编。

② 参见周有光《六书有普遍适用性》，《中国社会科学》1996年第5期。

是将此类说法推到了极致。许慎总结了前代分析文字结构的经验教训，充分吸收了通人大家的说法，而用六书条例通贯其意，因而成为一部集大成的著作。许慎的《说文》引用了不少前人说解文字的观点，如："折：从斤断草，谭长说。"（卷一下·草部）"趌：从是、少，贾侍中说。"（卷二下·是部）"女：象形。王育说。"（卷十二下·女部）许慎的《说文》虽然批判"乱说文字的倾向"，但并未因此而摈弃从文字形体解析文字的方法，他不但继承了这一方法，更把它系统化、理论化。因此，许慎能充分运用以形释义的方法解释文字结构的属性，如："刀：兵也。象形。"（卷四下·刀部）"甘：美也。从口，含'一'。"（卷五上·甘部）"聶：附耳私小语也。从三耳。"（卷十二上·耳部）"杜：甘棠也。从木土声。"（卷六上·木部），等等。

三 开创了按部首编排文字的新的字典编目方法

在许慎以前，《三仓》《急就》类识字书就有"分别部居"的做法，按照事物的类别（物类）将同类字罗列在一起。《尔雅》类训诂书也有按义类编排训诂的体例。许慎则打破前代按事类或义类编排文字的方法，首创从文字结构形体上分别文字，并创立若干部首以编排文字的体例，为后代字典的编纂树立了很好的范例。

许慎从文字结构分析中归纳出540个偏旁部首，将全书9353字全部归入540个部首之中。不论是部次安排，还是部内文字的排列，许慎都有比较严格的条例。所以段玉裁《说文解字注》评价说："凡部之先后，以形之相近为次，凡每部中字之先后，以义之相引为次，《颜氏家训》所谓隐括有条例也。"《黄侃论学杂著·说文略说》评价说："许书列部之次第，据其自叙，谓据形系联。徐锴因之以作《部叙》。大抵以形相近为次，如一、上、示、三、王、玉、珏相次是也。亦有以义为次者，如齿、牙相次是也。亦有无所蒙者，茻之后次之幺，予之后次以放是也。必以为皆有意，斯诬矣。"

四 首次系统地描述了汉字学研究的历史

(一) 汉字起源观

许慎的文字起源观在《说文叙》中有详细地表述:"古者庖牺氏之王天下也,仰则观象于天,俯则观法于地,视鸟兽之文与地之宜,近取诸身,远取诸物,于是始作易八卦,以垂宪象。及神农氏,结绳为治而统其事。庶业其繁,饰伪萌生。黄帝之史仓颉,见鸟兽蹄远之迹,知分理之可相别异也,初造书契。"这段话是对周秦以来有关汉字起源问题的集大成性总结。它包含两层意思:一是文字产生之前出现过八卦和结绳等原始记事符号,它们是汉字的萌芽;二是汉字的发明者是黄帝时的史官仓颉,汉字是按照"观象取物"的方式创造出来的。八卦、结绳等原始记事符号尚未能起到记录语言、承担交际工具的功能,但它们(尤其是八卦)在表达手法上与文字(尤其是文)有异曲同工之处,都是使用"观象取物"方式创造的符号,因而许慎把它们列为文字的萌芽,这反映了许慎的文字起源观是一种整体观照的汉字起源观。许慎把文字的创制归结为黄帝时代的仓颉,大体上是合乎情理的。所谓"仓颉造字"是说仓颉在文字创制过程中发挥了重要作用,即仓颉起到了整齐归类文字并推广文字的贡献。《荀子·解蔽篇》云:"好书者众矣,而仓颉独传者一也。"章太炎《检论·论文·论造字之起源》:"文字源流极久,而仓颉独传者,仓颉其人能划一之,统一之。"说的正是这个意思。

(二) 汉字发展演变观

有关文字形成以后的发展演变,许慎也有明确的说明。《说文叙》云:"仓颉之初作书,盖依类象形,故谓之文。其后形声相益,即谓之字。字者,言孳乳而浸多也。著于竹帛谓之书,书者,如也。以迄五帝三王之世,改易殊体,封于泰山者七十有二代,靡有同焉。……"从仓颉初文到孳乳成字,并著之于书帛,文字历经五帝三王的漫长年代,形体屡经改变，形成种种不同的形体，历代帝王到泰山封禅留下许多石刻，但书体没有相同的。可见文字体系从它诞生之初就蕴涵着"改易殊体"的情况。进入历史阶段以后，随着社会"以趋约易"的强力推动，文字系统经受了变异与规范的双重压迫，最终导致整个系统发生根本性改变，"古文由此绝矣"。秦汉时期，在隶书通行的同时，社会上也存在着"八体""六书"。不论是字体还是字形，文字及其系统的发展变化始终都与社会的发展同步，这正是许慎为我们所着力揭示的文字发展演变的基本规律。

(三) 汉字的功能和性质

对汉字功能的探讨，是许慎文字观的重要组成部分，也是他的文字形成观的必然延伸。我们认为，许慎对文字功能的认识，大概可以从神话功能、社会政治功能、语言交际功能三方面加以讨论。

其一，汉字的神话功能。民族学和人类学研究表明，在人类文明的初期，在许多民族的文化中，文字曾经作为原始文化针对神灵的祭祀仪式的一部分存在。因为这些符号往往与祭祀礼仪存在一定的关联，或者它本身就是祭祀礼仪的一部分，所以本源于史前意象的文字，天生就具备一定的神性。

其二，汉字的社会政治功能。文字虽有神秘属性，但它毕竟不能自己发号施令。随着原始部落的兼并，大的氏族集团的出现，"庶业其繁，饰伪萌生"，文字的社会功能得到不断强化，文字首先变成王者"宣教明化于朝廷"的凭据。另一方面，由于文字典册具有一定的神秘属性，所以对王者集团的成员们（君子）也是一种约束和限制，使得他们不敢任意作为，不得不增修己德，知晓禁忌，施惠百姓，所谓"施禄及下，居德则忌"。正因为文字有如上的社会政治功能，所以许慎才把它提到"王政之始"的高度。

其三，汉字的社会交际功能。文字的社会交际功能是社会发展到一定阶段的产物，它与社会发展的阶段相联系，社会性质的改变决定文字的功能性质。在神权时代，文字是王者及其代言人巫觋沟通神、人的工具；神权破灭，家为巫师，文字功能下降，变成传承文明的载体；王权萎弃，政令旁出，典册散乱，文字渐入民间；霸权当道，事务繁杂，文字必然统一；民权高举，交流频仍，文字要求简省。可见所谓文字的社会交际功能，主要是指与一定社会发展阶段相适应的符号表达方式。

五 创立了具有中国特色的文字学研究模式并产生了广泛的学术影响

（一）学术研究特色和学术研究方法

1. 文献范畴的文字研究

中国的文字研究有不同于域外的特色，其研究对象主要是文献中的文字。这种特色植根于很早时期言文分离的实际情况。唐兰《中国文字学》说"西方的语言学，中国的文字学，是两个不同的学科"。中国文字学很早就以文献中的文字形体及其声音意义为研究对象，通过对书面文献中使用的文字的结构分析，厘清文字使用的意义，规范文字的读音，进而为阅读经典服务。因此，在中国历史上，研究文献中的文字与文献解读活动往往相得益彰。因为文献可以凭借古老的文字获得"经典"的地位，而文字也因为有"古老的经典"的使用而获得一定的权力话语，许慎所谓"文字者，经艺之本，王政之始"正是这种状态的生动写照。从这个意义上讲，《说文》就不仅仅是纯粹的文字学著作，而是古典文献研究的奠基之作。

2. 考本字、求本义的文字解释方法

"本字"和"本义"的术语虽然在《说文》中没有被许慎明确提出来，但许慎在《说文》全书中却严格贯彻了这一方法。黄侃《训诂学讲词》说："《说文》之作，至为谨慎。叙称博考通人，至于小大，是其所说皆有来历。今观每字说解，俱极谨严。……凡说解中从字必与其形相应，字不虚设。"

所谓"本字"是指字形能体现原始造字意图或以本义为构形依据的字，经过许慎精心选择的"本字"是具备充分的构形理据的。相对"本字"而言，"本义"是指与该字的构形理据——字形相贴切的，在众多义项中具备最初意义资格的意义。与"本字"概念一样，"本义"也不是绝对的，如果"本字"没有找对，以此为依据的"本义"就不是真正的最初的意义。许慎的《说文》由于确定了字的本义，这就使原来散乱无所归依的字的意义系统找到了它的出发点，给字典中引申义的排列准备了充分条件。所以许慎的《说文》虽无引申义的阐发和梳理，但却是后世字典从本义出发编排义项，依次罗列引申义的滥觞。此外，许慎通过本字解说本义的方法，客观上还促成了对本字和借字的区别。段玉裁《说文解字注》说："许以形为主，因形以说音与义。其所说义与他书绝不同者，他书多假借，则字多非本义，许惟就字说其本义。知何者为本义，乃知何者为假借，则本义乃假借之权衡也。"

（二）学术影响及学术地位

一个学科能否成为"学"，不但要看这个学科的理论建构是否成熟，学科术语建设、学科体系是否完善，还要看这个学科是否形成了一定的规模，有无相当数量的学术队伍出现，在历史长河中产生了什么样的影响等因素。从这个角度看，《说文》不但被历代的语言学家所称引，而且在中国文化史上形成了蔚为壮观的"说文学"研究传统。以至于我们今天要总结中国古代的文字学研究传统，根本就离不开《说文》及其研究，一部中国文字学史，几乎成了"说文学"或"许学"的阐释和延伸。这是我们无法否认的事实。

《说文》成书后被同时代的人广为引用，如郑玄注的《三礼》、应劭的《风俗通义》都引《说文》说解字义。其后，则代有学人研究。《魏书·江式传》说吕忱的《字林》"附托许慎《说文》"。李焘《五音韵谱序》说"陈左将军顾野王更因《说文》造《玉篇》三十卷"。唐玄宗《开元文字音义序》云："古文字惟《说文》《字林》最有品式……"[1] 五代末宋初徐铉、徐锴兄弟相继勘定《说文》，徐锴之书先出，书名为《说文解字系

---

① 转引自黄侃《黄侃论学杂著·说文略说》，中华书局1964年版。

传》，世称小徐本《说文》；宋雍熙中，徐铉等人受诏校订《说文解字》，世称大徐本。大、小徐本各有长处，《黄侃论学杂著·说文略说》云："《说文》至今日，犹得见真本之功，断推二徐。"清代是"说文学"研究的鼎盛时期，"说文"之学大兴。据统计，清代研究《说文》而著述传世者，计有203人，不包括单篇论文，光是著作就多达1000余卷，其中著名的有50余家。① 有从校勘角度研究者，如钮树玉《说文解字校录》，姚文田、严可均《说文校议》等；有匡正许说者，如钱坫《说文解字斠诠》，胡秉虔《说文管见》等；有全面研究者，如段玉裁《说文解字注》，桂馥《说文解字义证》，王筠《说文句读》《说文释例》，朱骏声《说文通训定声》，此四人号称"说文四大家"。

近现代的《说文》学研究，因为材料和方法的更新，有了新的特色和更为广阔的视野。"说文学"的研究不再局限于《说文》本身，而是把它置于更为广阔的背景之中。以甲骨文为代表的新的文字材料的大量涌现，把中国的文字研究整体推进到了一个新的阶段，诞生了中国文字学的分支——古文字学。但是，《说文》的影响仍不容低估，不论研究甲骨文、金文还是其他古文字，《说文》总是须臾不能离的基本书目。没有《说文》的阶梯，很多古文字依然是无法释读的。此外，由于西方语言学理论的传入和普及，促使人们自觉从语言的视角去观察以《说文》为代表的中国传统文字学研究，而不仅仅从文字的角度来研究。所以这个时期人们更乐意把《说文》当成中国语言学的名著来研究，强调用语言学的眼光，从形音义三个方面去研究《说文》。以上所述特色说明，即便在今天，古老的《说文解字》及其"说文学"的研究非但没有过时，而且还将永葆青春。

综合以上五个方面，可以说许慎奠定了中国文字学学科研究体系，并由此形成影响深远的中国文字学的研究传统以及独特的方法，在世界文字研究史上占有一席之地。不但在中国历史上影响极为深远，在世界文字研究中也颇具特色，具有重要地位。

---

① 参见丁福保《说文解字诂林·引用诸书姓氏录》，上海医学书局1928年版。

本文参考文献：

［1］许慎：《说文解字》，中华书局 1963 年版。

［2］段玉裁：《说文解字注》，上海古籍出版社 2001 年版。

［3］王筠：《说文释例》，武汉市古籍书店 1983 年影印版。

［4］黄侃：《黄侃论学杂著》，中华书局 1964 年版。

［5］唐兰：《中国文字学》，上海古籍出版社 2001 年版。

［本文是笔者为 2005 年中国文字学会、中国训诂学会、河南省政府主办，河南省文字学会、漯河市委市政府承办的"首届许慎文化国际研讨会"所写的学术论文，原载于《南开语言学刊》2008 年第 2 期，今仍按原文收入本文集，仅做了几处文字修正］

广 义 文 字 学 研 究 自 选 集

前文字研究

史前文字符号研究的基本观点

汉字研究在中国文明起源研究中具有重大的意义。但是，由于受科学化的社会科学研究方法和"五四"以来以胡适先生为代表的"截断众流，从老子孔子开始"的现代进化论式的研究方法的双重影响，对汉字的研究或者仅仅从已有的成体系的文字事实出发，只注意一个个文字的具体考释，忽略了文字作为直接表意符号具有的整体透射功能;① 或者用进化论的观点看待汉字的起源问题，即不加辨别地认同传统文字学的研究思路，把汉字的起源归结为一个事先设定好的单一纯正的源头，然后进一步明确各文字形体演变与这个源头的关系，造成单线直传式的文字演进程式,② 同时却又舍弃了传统文字学研究方法中整体、综合、系统的根本研究倾向，在有意无意中割断了史前时期与有史时期文字符号之间的联系。

出于上述的考虑，我们主张从整体上贯通文字研究的视野，不仅仅把文字，尤其是汉字仅仅看成记录语言的工具，而是从符号学的视野出发，研究史前文字与语言的关系，从语言和文字的关系中研究文字，看到汉字背后的复杂的因素，同时把关注点放在史前文字与有史文字体系的符号形式的继承和变异上面。为了较好地说明问题，我们尝试从文字史研究、文

---

① 帕默尔明确指出："在中国，一如在埃及，文字不过是一种程式化了的、简化了的图画的系统。就是说，视觉符号直接表示概念，而不是通过口头的词再表示概念。"（参见 ［英］帕默尔《语言学概论》，李荣等译，商务印书馆 1984 年版，第 99 页）由此可见，西方语言学家也承认汉字具有直接表意的特点。

② 参见（汉）许慎《说文解字》，中华书局 1963 年影印版，第 314—316 页。

字的性质和功能、史前文字的表达方式和结构类型以及史前文字与有史文字的关系、形声文字成为汉字的主体等四个方面加以讨论，以求教于大方之家。

一 文字史研究的两大时期四个阶段

从文字研究史的角度看，我们首先应该把文字学研究的对象区分为史前文字和有史文字两个时期，每个时期又各分成两个阶段，共计两个时期四个阶段。

（一）史前文字时期

主要对应于考古文化中的龙山时代和传说中的黄帝时期的中华各大考古文化，其主要特征是：文字的表达方式多样化，文字构形以写意为主，文字的性质和功能以表达原始人的心智为主，文字直接表意而不需要语言的中转，文字符号与语言符号相对平行，还没有出现专门用来记录语言的文字，文字与语言的约定相对松散，或者说还没有完全约定俗成。史前时期先民创造的符号对文字发展的最大贡献则是奠定了为后世所尊崇的"写意原则"或者说"会意原则"，这一原则成为潜在的文字构成的深层结构，它规定了文字的创制并不需要全部从头做起，从一个个地物象的描摹开始造字；文字的形成完全可以借助永远来自前代各个民族创造的现存符号，所谓创制文字的过程只不过是对各个不同文化和相同文化不同分支已有符号的借用、挪移、置换和重新整合而已。换句话说，文字并不是被某个确定的个人按照象形的原则一个个地创造出来的，而是通过挪移、借用等手法从已有的符号中整合而成的。文字的创制并不是通过鸡生蛋、蛋再生鸡式的演进模式单线进化而来的，记录语言的文字的体系的形成必然经过对史前非记录语言的单体文字符号的整合，因为史前的单体文字从本质上属于非确定性的表意符号，所以我们通常所理解的文字的源头实际上是不存在的。所有的只是通过民族文化碰撞而产生的一种为较大范围内多个氏族集团所共同认可的构造原则。这个原则可以指导文字创制活动，但不能代替文字符号的整合过程。

史前文字时期包括泛文字阶段和单体文字阶段。

（1）泛文字阶段。其主要特征是字、画、刻符、记号等视觉符号形式都是原始符号系统的表达手段之一员，它们之间并无高下优劣的差别，都只是不同的表达手段共同服务于心智表达的需要。在这个阶段，符号表达的需要完全视表达者的要求而定，还没有规定或者认同一种便捷的符号系统，同时规定由这一系统，而不是其他别的系统来承担文化赋予它的唯一重任。符号的表达还处在自由化的阶段。

（2）单体文字阶段。在这个阶段里字和画初步分离，文字向记录语言过渡；图画向表情、表意发展；文字和图画的构成方式交互为用，相互渗透。文字构形出现了相对固定的范本，文字书写成为一种专门的技艺，甚至成为代代相传的职业。语言和文字的初步整合形成了一种新的文化霸权和文化中心。原先为各个氏族所有的文化的原型被新的文化中心置换，新的文化中心进一步成为涵盖各异质文化的共同本原。

（二）有史文字时期

主要对应于华夏民族整合成型，成为中华文明的主干，文化和文明都有了明确而既定的主心骨，有了华夏和四夷的对立，有了中央和地方的对应，构成了新的二元互补关系。这个时期大体上对应于历史传说中的"五帝"末期——尧、舜、禹阶段。这个时期最主要的特征就是文字成为独立于图画、记号、族徽等视觉符号的符号系统，文字系统与语言系统发生了密不可分的联系，语言符号成为与人们关系最为密切的直接表情达意的符号系统，文字则退居其次，成为记录语言的符号。

有史文字时期包括古文字阶段和隶楷阶段。

（1）古文字阶段。这个阶段的文字形体保持了较多的"笔意"，具有较强的象形意味；文字对语言和文化的投射还比较明显。古文字阶段的象形原则虽然起着比较重要的作用，但必须指出，这里所谓的"象形"只是相对意义上的概念，无论构字数量还是质量并不占主导地位，而且，这个阶段文字形体的所谓"象形",实际上已经经过无数次的置换变形,单从形体构造上看,已经名不副实,说"象形"只是求其近似而已,唐兰先生说:"象意文字是图画文字的主要部分。在上古时期,还没有发生任何形声字之前,完全用图画文字时,除了少数象形文字,就完全是象意文字了。"① 唐兰先生所说的"象意"大致更加符合古文字阶段的实际情况。

(2)隶楷阶段。这个阶段的字形则基本脱离象形原则,形声字居于主导地位。在这个阶段,文字学上最大的问题已经退化为文字的正俗与规范、文字形体的简化与省略的讨论,文字体系已经完全成熟,完全适应文化的需要,能够最大限度地满足记录语言的需求,因此文字系统的变革仅仅局限于系统内部的改革,而不是超出系统的革命。

我们之所以做出这样的区分,并不是为了割断文字研究的历史,恰恰相反,而是着眼于史前文字与有史文字体系的衔接与联系。而我们之所以能够做出这样的区分,那是因为,经过认真的研究,我们认为史前阶段的文字并不像先前我们所认识的那样,从一开始就只是记录语言的工具,只是符号的符号。如果着眼于文字形成初期的各种复杂情况,在史前阶段,文字和语言是相互平行的两大符号系统,这两大符号系统之间既存在着相互影响渗透的关系,又有着各自独立的,不同于对方的特性。②

近年来的考古发掘已经证明,在史前阶段的中华大地的各处,大致同时期存在着形态各异而又交错影响的多种文化单元,比如中原的龙山文化、陶寺文化,东北的红山文化,西北的大地湾文化,四川的三星堆、成都蜀文化,江南的良渚文化,等等,生活着许许多多种族不同、信仰各异、文化背景不尽相同的民族和氏族集团。由于各民族和氏族集团的文化发展并不平衡,所以由这些众多民族和氏族集团创制的文字符号也不尽相同。考古学的研究已经证实,中华文明的起源并不像我们原先所认定的那样单纯产生于黄河流域并逐步向四周扩展,而是星罗棋布于中华大地各处,不但中原地区有文明的曙光,南方的长江流域、东北、西南、西北各

---

① 唐兰:《中国文字学》,上海古籍出版社2001年版,第67页。
② 参见黄亚平、孟华《汉字符号学》,上海古籍出版社2001年版,上编第一章。

地都有大致同时的文明之火冉冉升起。可以说中华文明从一开始就选择了源于本土的"福辏式"的发展模式，从四面八方向中原聚拢、整合，这种方式显然与古希腊、古埃及文明的"替代式"之路不同。我们知道，文明的产生方式在一定程度上决定了文化的构成模式，而文字符号作为文明的符号系统和衡量文明的重要尺度之一，不可能不受文明产生方式的影响。既然文明的产生方式不再像我们以前所认识的那样，是共同发源于黄河流域的一种中心文明体，而是星罗棋布于中华各地，没有采用单线演进的方式，而是选择了多元共存、相互渗透、相互影响的方式。那么，我们还有什么理由必须坚持一元论的单线演进的研究方法呢？基于这样的认识，虽然我们为了叙述的方便，可以把史前阶段由不同氏族群体创造的文字、图画、刻符等符号表达方式笼统称为"史前单体文字"，但是，我们同时还要看到各史前民族所创造的史前文字发展的不平衡性。如果我们着眼于同一性，那么所谓"史前单体文字"，应该是指文字的形体构造是在有限的二维平面中展开并以一个二维平面为基本构图单位，还没有发展到我们常说的"按次序记录语言（或成词）"的阶段的文字形式。进一步说，若以史前视觉符号为例，不论是图画、刻符还是图腾记号，都是以一个二维平面为基本构图单位，这个基本单位可以独立表达，也可以加以解说，是不是需要解说（语言的介入），那要取决于心智表达的需要和文字功能的表达。如果着眼于差异性，那么，我们应该意识到这些为不同创造主体所创制的文字符号的复杂性和多样性，也就是说，我们既要看到众多的史前文化单元之间的差别和歧异，也要注意它们在史前中华大地上的相互渗透和融合的情况。

二 史前文字的性质

简言之，史前文字应该是表达心智的而不仅仅是记录语言的单体文字。文字既有独立于语言的特性，又有投射甚至反过来干涉语言、影响语言的功能。① 尽管史前单体文字的符号表达形式差别较大，但符号表达形式的目的，也就是史前文字的性质却都是共同的，那就是表达原始人的心智，而非记录原始的语言。对原始人来说，语言固然重要，但语言并不等同于人生的全部意义。在许多场合，比如在原始祭祀礼仪活动中，视觉符号之一的文字与语言同时扮演着重要的角色，在语言和文字之间，很难真正分出高下，一般认为的语言性的记事符号或叙事表达方式只是文明发展到一定阶段的产物，并非原始人的本能创造活动。从文字的功能来看，史前阶段的文字和史前阶段的语言都呈现出复杂的状态。它们是各自独立的两大系统，平行发展，各有用途。文字用来沟通人神，语言用来联系人群，前者是神性的符号，后者是理性的符号。文字从通神的符号逐渐具有记事的性质，成为超语言的符号系统，可以记录不同民族或不同氏族的语言。比如楔形文字就曾经用来记录不同的语言——不但用来书写相邻的苏美尔语和阿卡德语，而且能够书写不同语系的其他语言，如埃兰语、希腊语、波斯语等。② 汉字在历史上曾经作为西夏语、满语、蒙语的书写系统的基础，现在仍然可以书写日语、韩语等不同语言。由此可见文字系统有一定的超语言性，它可以适应不同的语言，满足记录不同语言的要求，当然也不能否认文字和所记录的语言之间总是存在一定的互相适应的因素。

史前符号或者文字只要符合并适应一定目的的心智表达的需要即可。不能以理性的抉择规定史前的文字符号应该是什么样的，不应该是什么样的；我们的任务之一是对出土的史前符号进行尽可能合理的解释；另外一个任务是向人类学家学习，尽可能接近原始人的生活习惯，思维方式，尽量理解前逻辑思维的本质，从而对原始符号做出尽可能合理的解释。为了实现或者接近这一目标，在研究史前文字的时候，先要尽可能地模糊我们所固有的字、画、记号的界限，把它们笼统看成文字符号。

进一步说，史前阶段在中华大地范围内的汉字和文字的概念也是不容易区分的。因为作为文字符号创制者主体的汉民族究竟形成于什么时代，

---

① 参见孟华《"字本位"理论与汉语的能指投射原则》，《语言教学与研究》2001 年第 6 期。
② 参见 [法] Georges Jean《文字与书写——思想的符号》，曹锦清、马振骋译，上海书店出版社 2001 年版，第 21—23 页。

它本身也是一个值得探寻的问题。在这种情况下，我们不妨暂时假定：史前时代，在中国境内各地区通行的，为各氏族创造的视觉形象符号都是文字符号，或者说都是汉字符号，等时机成熟，条件具备时再明确概念不迟。这样做的好处是，可以借此推动文字起源问题的探讨，不至于因为地下考古材料的不足而裹足不前，坐失良机。也许探讨中会有许多意想不到的收获，从而开拓出新的研究领域。因此，在史前阶段的文字符号研究中，先有意模糊汉字与非汉字的界限，应该是一个有效的方法。

三 史前文字的表达方式对成体系的汉字结构特征的影响

史前阶段的文字，尤其是汉字，不仅仅是对实物的忠实描摹，而且是对上位符号的模仿和重组，因此，汉字在本质上是写意的而非象形的。在传统语言学研究中汉字长期处于核心位置的历史事实充分说明，汉字对汉语、汉文化的透射作用和遮蔽功能是不应该被低估的。

象形文字应该有两大类型：一类是以圣书字、丁头字、纳西文字为代表的写实性象形字；另一类是以古汉字为代表的写意性象形字。前一类象形字是游牧民族的创造物，是游牧民族用来记事、叙事的视觉符号系统之一，后一类象形字是农耕民族的创造物，它是农耕民族表达自己心智、抒发美的感受的心象表征。史前汉字符号是两大类型符号的混合物，如果讨论史前两大文字类型对史前汉字的影响，应该说史前汉字的主流是写意，不是写实。史前汉字没有演变成一幅幅记事图画，而是形成一个个意象元；它没有经过专门的"图画文字阶段"①，它也没有按照进化论的模式逐步演进，螺旋式上升，因此，史前汉字不可能有一个唯一的文字起源的圆点；史前汉字从表达手段的角度上吸纳了两大类型文字符号的表达手法，史前符号的创制者从前逻辑思维（互渗律）的角度将多种表达手法融为一

---

① 王凤阳：《汉字学》，吉林文史出版社 1989 年版。关于汉字发展史上的"图画文字阶段"的论述，笔者目前看到的材料应以此最为详尽，请参照。

体，通过漫长时期的借用、转移、再造、重组、增益形成众多的史前种种意象符号。史前汉字是在多个氏族甚至多个种族的融合过程中形成的表达较大范围内统一的氏族集团集体意象的心智符号，它一开始就不是纯正的单一来源，而是多个意象元汇合而成的意象群。史前汉字的一个个单体的意象元表征（图画、记号、符号）才是有史文字体系取之不尽、用之不竭的"取象"（构形）资源库。从这个角度讲，史前汉字不是对客观对象的直接摹写，而是对史前意象表征符号的二次约定，其实质是作为声音符号的语言系统对视觉形象符号系统的认同和重新认定。从符号学的观点看问题，把汉字的本质归结为"象形"，进一步把象形看成描摹客观对象，企图找到主体（文字符号）和客体（客观事物）之间的直接联系，并把它归结为"本字"的研究方法，在理论上是站不住脚的。传统的汉字研究理论充其量只是一种学术公设，它远远不是唯一正确的答案。

史前文字更多的是一种神性符号，它还不是记录语言的工具或者载体，而是表达先民与上苍交流愿望的符号，是巫师与精灵世界沟通的方式之一，甚至可以说它本身就是巫书术仪式的重要组成部分。进一步说，史前文字由于表达了先民的古老意象，具有神秘属性，所以带有一定的强制性，从这个意义上我们甚至可以说来自史前文字的古老意象在一定程度上决定了有史文字系统的形成和走向：史前意象表达的神性决定了汉字在汉人思想观念中具有的特殊的、无法割舍的、类似宗教情节的价值取向，而这种价值取向即便在有史文字阶段也依然顽强地保持着人们对汉字怀有的那种敬畏、感激之情；意象表达的整体性、模糊性在一定程度上规定了有史文字体系中的汉字符号仍然坚持保留单体的、一图（形）一义（包括声）的构形原则，即所谓"方块"的构形。

四　史前文字与有史文字的区分及其标志

我们以"假借手法"运用于文字作为文字体系形成的开端，以文字记录语言作为有史文字体系形成的标志。关于"假借"，以前的文字学家，在讨论它的时候总是有些分歧，有些文字学家的"假借"只是指"六书"中的"假借字"概念，这样的"假借"显然太狭隘，不大适合文字形成早期的情况；虽然也有许多人对"六书"系统的"假借"概念加以修正，将文字使用过程中的"通假"也包括了进去，①似乎注意到了文字的表达（假借手法）和表达后造成的结果（假借字）之间的区别，但是这种改良还只是一种不能令人满意的修正。笔者以为，前人关于"假借"的争论，实际上只是对作为表达手法的"假借手段"和作为文字类型或者说造字原则的"假借字"的不同看法而已；用我们今天的眼光看问题，假借作为表达手法和假借字作为文字类型或造字原则，这两者之间明显是不同的，应该对此做出区分。所谓"假借"是从语言的角度看问题，利用语音的相同构成类推，参照文字中的借用、置换和重组手段，共同解决语言中词与物的重新约定、文字中符号与符号的会合与重新认定的方式，其本质是对已有的史前意象符号重新加以组合，使文字符号与语言符号发生关联，使原先零珠碎玉式的史前单体文字整合成表意的符号系统，从而构成新的符合时代要求的符号系统和新的文化原型，成为此后大中华文化的新原点和中心。相对文字形成阶段而言，"假借手法"的运用是促使史前单体文字向有史文字体系过渡的关键一步，是促使语言与文字联姻的重大步骤。"假借手法"的运用促使史前单体汉字从神性崇拜物变成理性的文明载体，成为史前单体文字与有史文字符号系统的分界线，换句话说，"假借手法"是将史前的意象表征符号借用于记录语言的有史文字符号系统的开端和重要标志。"假借字"只是有史文字体系形成以后汉字系统中的一种结构大类。从现有的材料来看，我们还不能得出六大类型（即六书）文字的排列次序究竟谁在前面、谁在后面的结论，也许我们只能认为作为"表达手法"层面的"六书"大体上有先后次序的问题，至于结构大类层面上的"六书"，那是不分彼此先后的文字类型而已。

---

① 参见裘锡圭《文字学概要》，中华书局 1988 年版，第 179 页，裘氏说："假借就是借用同音或音近的字来表示一个词，引申跟假借应该区分开来，狭义的通假应该包括在假借里。"

五　有史文字体系发展的必由之路——形声

"形声"的概念主要涉及有史文字体系，但由于"形声手段"之中也隐含着来自史前时代的深层结构——"二元互补"原则，所以这里还要附带说一说"形声"。从中华文化发展史的角度来看，汉字的"形声化"之路应该是有史以来作为记录语言的符号系统的汉字体系发展的必由之路，也是汉字发展的最高境界。形声是声和形的结合体，它代表了有史以来的汉字体系的深层结构模型。它一面负载着史前的众多意象，其实质是一种视觉表达形式，另一面又担负着记录语言的任务，其实质是一种听觉表达形式。"形声"因此同时具备了两者的功能和性质，符合文字构成的"二元互补"结构精神。由于史前意象符号大多是神性意味的符号，所以给有史文字体系带来了先天的神秘属性，这些神秘属性正是有史时代发生的一系列有关文字崇拜的深层原因；也因为史前意象符号的神秘属性，促使本应是"记录语言工具"的汉字具备了相当的"投射功能"，促使它在行使记录语言功能的同时，还成为一种强制力量，成为具有很强穿透力的"符号能指"。正因为如此，汉字就不但是记录汉语的最合适的载体，而且还是维系民族团结、国家统一的一种深层意识；汉字的兴衰荣辱、演变交替始终与国家民族的命运连在一起，汉字始终伴随着汉民族及其文化的发展步伐；由于汉字对民族的统一和形成做出了巨大的贡献，汉字促成了华夏民族的形成和统一，所以有的学者认为，它本身也是负载着民族文化信息的深层结构。汉字的命运不但与文化相关，它还与代表主流思想文化的统治阶级对待它的态度有关，与国家的文化政治生活息息相关，从这个意义上讲，汉字还是精英文化的忠实同伴。[①] 汉字的这种性质，既是由它的潜意识结构——二元互补原则决定的，也是符合自身发展规律的，是写意性汉字的必然选择。归

---

① 参见何九盈《汉字文化学》，辽宁人民出版社 2000 年版，第286—323 页。

根结底，"形声"可以看成中华文化的必然选择，也是中华文明的内在深层结构的必然要求。

［本文是作者为华东师范大学中国文字研究与应用中心2003年12月举办的"中国历史汉字整理与研究学术会议"所写的学术论文，原载《中国海洋大学学报》（社会科学版）2005年第1期，今仍按原文收入本文集，仅做了几处文字修正］

符号学视域的史前文字研究

　　语言中心主义的文字观将语言符号始终置于人类行为研究的中心地位，其他的符号系统，比如视觉符号、听觉符号等，与语言符号相比，它们总是次要的和从属的。在语言中心主义者看来，语言总是第一位的，文字是第二位的，因此，不论研究文字的性质、结构还是文字符号的起源，文字总是第二性的要素，语言才是真正的核心。语言中心主义的文字研究方法早在20世纪80年代就暴露出了它的不足，并由此引起了许多学者对语言和文化关系的关注，经过一段时间的讨论，人们已经普遍地意识到文化和语言之间错综复杂的关系及其对语言研究的重要意义。在文字研究的领域内，文化语言学的"文化观照"尽管提供了广阔的空间可供研究者驰骋，但在方法论上仍然是"反映论"和"关系论"的格局，还没有上升到本体的层面，所以说，文化的文字观在方法论上的也存在着先天的不足。

　　我们对史前文字的研究可以称为符号学视域的研究。它既不是语言的，也不是文化的，而是符号的。我们所谓的符号学视域是既与语言中心主义相对的，又跟文化中心主义研究相对的符号学研究，所谓符号学研究就是把语言、文字等符号系统整合到符号学范畴去研究的方法，这是一种本体论的研究方法。我们认为，人类所创造的一切物质和文化遗产，其本质都是符号的。符号并不仅仅是反映客观的形式，它本身就是本体，就是人类创造物的总和。符号虽然是人为创造的，但是，只有借助符号的力量，人类才真正区别开"物"与"我"，因而在茫茫宇宙中找到了自己的位置。符号是人类心智的表达，借助符号的运用，人类创造出灿烂的文化。为了更好地表达心智，人类创造出许多不同的符号，从本质上看，这些不同的符号系统之间应该存在平等的关系，尽管各个不同的符号系统总是发生相互交叉、相互影响的关系，但这并不意味着符号系统之间从一开始就存在着一个既定的中心。符号学研究对不同符号系统之间的区分主要是通过对各符号系统的表达手段、结构功能等要素的描写来完成的。

符号学视域的史前符号研究没有绝对的中心，即语言中心、文字中心或图画中心，因而它不提倡甲符号系统与乙符号系统之间的从属关系，而倡导一种既平等又注重各平行系统之间相互影响和相互关系的研究方法。以下我们对符号学视域的文字观做出具体描述。

第一，符号学视域的史前文字研究是非语言中心的也是非文化中心的符号学研究。符号学的史前文字观试图把迄今为止从地下出土的一切视觉形象符号统统整合在"史前符号"的大旗下，它有意模糊所谓史前图画、文字、记号、族徽、刻符之间的严格界限，使它们回归到相对混沌的状态，这是一种角色转换意识的研究视角。它企图打破理性思维的惯性，它刻意混淆通常意义上所说的书画的界限，它甚至把史前的书、画、记号等形式都看成史前文字。而且更进一步，符号学视域的史前文字观还在一定程度上有意抹杀史前文字与史前汉字的分界。这不是能否分得清的问题，也不是有意回避的问题，而是它根本不愿意"澄清"的问题。只要讨论"文字"，那么自然会牵涉使用文字的主体，可是我们都知道，作为文字使用者的华夏民族究竟形成于什么年代，它本身也是一个尚未有定论的问题，既然如此，那我们又凭什么讨论所谓"史前文字"或干脆称"史前汉字"呢？要么就不予讨论，要么为了讨论和叙述的方便，我们只能暂时混淆"史前汉字"和"史前文字"的疆界，用一个目前还不太确定的名称"史前文字"来称呼我们的研究课题。再说，所谓"汉字"也只是对华夏大地上存在了几千年的文字系统的概称，"汉"只是一个代表名称而已，没有必要把殷商甲骨文剔除于汉字之外，也不必要非要称呼西周金文为"周字"，就像我们对外自称为"汉人"，别人也就认同你是中国人一样的道理。就目前的情形而言，我们还是以"史前文字"这个名称来泛指史前阶段出现在华夏大地上的各个氏族的视觉形象符号。

第二，符号学视域的史前文字观是非进化论的，非一元论的文字观，它消解了文字起源的原点，并认为将文字归结为从某个原点生发出来的符号系统的看法是站不住脚的，是过于理想化的研究思路；在文字系统的发展演变问题上，它反对单纯的、一元论的单线演进方式，它主张史前文字是多种文化、多个氏族长期共存、多元互补的结果。目前的考古学研究也基本支持这种观点，考古学家苏秉琦教授首倡"区系分际"的理论，主张从多元的角度研究史前文明，并将史前中华文明各区系之间的交互作用形容为"满天星斗，熠熠发光"①。严文明先生明确指出："中国早期文明不是在一个地区一次发生，而是在许多地区先后发生的，是这一广大地区中的许多文化中心相互作用和激发的结果。"② 王震中先生更是直截了当地提出："考古发掘表明，我国的史前农业文化既是本土的，也是多中心的；我国文明的起源也既是自发的，又是多中心的。龙山文化时代各地纷纷出现的以城堡为中心的城邑国家，就是文明起源的多源性和文化发展的多中心的显证。"③ 因此，符号学的史前文字观赞同裘锡圭先生将史前文字的"起源"先置换成"形成"的概念，再加以讨论的看法。④ 我们以为，"形成"是一个多元共生的概念，"起源"则是一个原点的概念，前者是多元论的，多元论必然主张融合共生；后者是一元论的，一元论必然强调正统，反对异质。前者更符合史前阶段的实际。后者则比较符合后起的情况。也就是说，在文字起源问题上，符号学视域的史前文字观是多元论，不是一元论，它认为文字符的形成是一个不断组合的过程，不是纯粹的符号系统的单一的演进。

第三，符号学视域的史前文字观着意强调史前文字是非记事的，非象形的，而是表达心智的，是象意的。符号学视域的史前文字观把史前文字看成原始人表达自己心智的集体意象及其意象表征，而不是记事、叙事或者其他用途的符号系统。这是它的一个根本观点。它不认可世界上的文字

---

①　苏秉琦：《中国文明起源新探》，生活·读书·新知三联书店1999年版。

②　严文明：《中国史前文化的统一性与多样性》，《文物》1987年第3期。

③　王震中：《中国文明起源的比较研究》，陕西人民出版社1994年版，第373页。

④　参见裘锡圭《文字学概要》，商务印书馆1988年版，第22页。

都是从图画演变而来的理想主义的文字观，它还否认从图画—文字画（图画文字）—象形文字—形声文字是汉字发展的唯一正确途径。说得更明白一些，它认为从原始的图画发展而来的史前记事性图画、叙事性图画以及在此基础上生发出的象形文字的演变途径不具有唯一正确的性质，这种演变充其量只是一种形式而已，它甚至也不是汉字形成的主要途径。从这样的角度反观传统文字学的语言文字研究方法，可以看出，许慎以来的文字起源观都多少带有理想化色彩。史前汉字的主流不是"象形"而是"象意"，"象意"是唐兰先生借自传统文字学的一个概念，唐先生把形义直接对应的字称为"象形"，形义间接对应的字称作"象意"，并指出"象意文字是图画文字的主要部分"①。尽管唐先生的文字起源观在本质上依然采用进化论的演进式途径，但他指出的象意是图画文字主流的结论却是符合实际情况的。我们以为，所谓"象意"是指来源于史前各个氏族的集体意象表征，它们在本质上具有神性意味的氏族意象。它们才是为史前乃至有史图画（象形）文字所遵存、取法、承继的文化基因。由它们构成的一个个史前意象元及其表征不但是华夏民族的精神财宝，而且成了有史汉字取之不尽的构形资源库。史前时代遍布于中原一带的彩陶纹饰、图案、刻画符号正是它们的典型代表。

第四，符号学视域的史前文字观提倡非造字原则、非结构类型的研究，它主张从表达手段的角度建立史前种种意象的联系，而不是先把它们分成孤立的、毫不相干的结构类型，然后再进行分析性研究。文字是智力发展的结果，作为史前氏族集体意象的史前文字符号势必会打上前逻辑思维的烙印。对非理性的事实用理性的分类研究只会南辕北辙、事倍功半，不可能取得好的效果。符号学的史前文字观认为史前文字的表达手法是多种多样的，呈现出多样化的趋势。但就其主要表达形式而言，我们可以大体上把史前文字的表达手法分为两种：一种是写实的，它是以实物为模仿对象的艺术创造，表现为象形或图绘，是整体的象形的符号，其本质是写实的图画；另一种是写意的，它是以前代的意象表征为基础的二次创造，

---

① 唐兰：《中国文字学》，上海古籍出版社 2001 年版，第 67 页。

是由"局部"组合而成的符号，表现为象意，其本质是写意的符号。

"写意"是史前汉字表达手法的灵魂，也是它与世界上其他各古老象形文字的区别性标志。这样看来，史前文字的结构形态也许跟直接模仿实物关系不甚密切，我们以为，早于殷商甲骨文的象形文字甚至包括甲骨文，并不一定是对外界事物的直接模仿，字形直接表意也许并不是象形字的唯一原则或者说唯一表达手段。语言学上所谓"约定俗成"的理论也许不能全然表现汉字形成之初的实际情况，史前单体汉字的形成过程超出了"约定俗成"理论的视野。所谓"约定俗成"应该是文字符号与语言符号结合的产物，它只适合说明文字体系阶段的汉字构成，不足以描述单体文字阶段的形成过程。就史前汉字而言，不论在文字的结构上还是构图上都有自己的特色：跟印欧民族不一样，汉民族首先区分了空间，形成了空间的概念。在此概念的支配下，文字的构形表现出空间化的色彩，即呈现出单体性和非线性的特征。所谓单体性是指不论是单个的动物、人物图形还是由许多动物、人物共同构成的一幅史前图形，都是以二维平面为基本构形单位的，都具有不可再分的性质。我们不能因为是"一幅画"就对画中的图符进行再分类，因为在这里，一幅画和一个动物图形是等值的结构单位，它们都只是一个二维平面结构。所谓非线性是就上述单体性的图符构型而言，在与语言结合并记录语言之前，它们始终没有发展出线性排列的构图原则来，它只能整体表意，呈现一种意味，构成一种表达形式。

第五，符号学视域的史前文字研究提倡非社会的、非工具的研究方法，它不是否定社会需求对文字产生的外在推动，而是强调原始人在表达心智的过程中，表达媒介对表达手段的限制和人类克服这种限制所做的努力，强调媒介对文字构造的深刻影响。讨论媒介在多大程度上规定了构图、书写的次序、文字排列的方式等。在一定程度上，它甚至把媒介看成文字表达的内在要求，而不再把它当作外部的条件。史前文字的表达媒介可以简略地分为书写表面、书写用笔、书写颜料、书写方式等四大要素，每一要素内部还可以进一步分类。比如书写表面可以再分为天然、人为、人造三类，书写用笔可以分成软笔、硬笔两种，书写方式可以分成吹喷、磨刻、敲凿、涂绘四种，书写颜料也有天然和人为两类，等等。史前表达媒介的每一个要素都可能对史前文字的构图产生一定的影响，有时甚至是决定性的影响。比如在书写表面要素中，天然的书写表面，其平面宽阔平整，适合于众多物体图形的刻绘和凿刻，也适宜于表现较大的场面，因此其作品往往表现出写实性强、叙事性强的特点。而人造的书写表面，比如陶器的表面，并不是原始人为了书写的目的专门制造的书写媒介，而是原始人在制造陶器的过程中对器表价值的进一步开发和利用，属于原始审美的副产品，所以在相对狭小的而又凹凸不平的书写平面上进行的符号创造活动，势必受书写表面本身的限制，在构图上呈现出写实性弱而写意性强的特征；不仅如此，由于陶器总是以单个的形式出现，不像天然的岩石可以大面积连成片，所以刻绘在陶器上的符号不可能像原始岩画那样呈现出叙事性强的特征。再比如书写用笔的不同，也在很大程度上决定了史前文字图画的构成，奠定了各不同史前文字系统的基本品质。部分史前岩画采用"硬笔"绘制，由于硬笔更适合于敲凿轮廓，所以图像总是呈现出大致轮廓的形象，如果要绘制图形比较细致的部分，则大多采用软笔。而彩陶图案和纹饰的绘制，彩陶表面的大量写意性图形，则显然是用软笔绘制的作品，极度夸张变形的彩陶图像，比如变形鱼、变形兽、变形人蛙等，不用软笔是无法绘制的。

以上几点只是我们对史前文字乃至文明起源问题的初步看法。

[本文原载《汉字文化》2004 年第 2 期，收入本文集时，笔者补出了《汉字文化》原刊时遗漏的两个注释，另做了几处文字修改，其余仍旧]

双墩符号的构成方式以及对文字形成的可能影响

一 双墩符号的分类及其意义

双墩遗址目前为止共出土了两批 633 个符号，包括 1991 年和 1992 年安徽省考古所发掘整理的 331 个符号和 1986 年蚌埠市博物馆首先发掘整理的 302 个符号。安徽省文物考古研究所、蚌埠市博物馆编著的《蚌埠双墩——新石器时代遗址发掘报告》（以下简称《发掘报告》）对双墩遗址两批三次出土的全部 633 个符号进行了整理，从象形程度和符号构成方式两个角度对双墩符号加以初步分类。从符号象形程度的角度将全部出土符号分为象形类、几何类和其他类三大类，每一类中都包含若干小类，共三大类十六小类；从符号构成角度将双墩遗址出土的符号分成单体符号、重体符号、组合符号和其他四类，其中组合符号又分成二组合体、三组合体、四组合体。

双墩符号是迄今为止中国境内发现的数量最多、内容最丰富的早期刻画符号。据^{14}C 测定，这些出土符号的上限距今有 7300 年之久。中国境内出土的新石器时代早期符号尚有河南舞阳贾湖、青海柳湾一期、甘肃秦安大地湾、安徽侯家寨等几处，但符号数量都相对较少。双墩符号以其众多的数量、复杂的符号形态以及丰富的符号内涵具备了从构形角度加以研究的基本条件。

双墩遗址的发掘面积较小，却出土了数量众多的早期符号；绝大多数刻符刻画在陶碗上，但刻画有符号的陶碗并没有被当成特殊物品保管起来或另行处理，而是被故意弄坏丢弃在文化层中，这种情况与三星堆出土的铜器情况类似，很可能是原始祭祀活动的某种需要；绝大多数符号出现在陶碗的外圈足内，刻符出现的部位比较隐蔽；大多数有刻符的陶碗外腹部有2—4条放射状刻道，这些刻道很可能与圈足内的符号存在一定的联系。与中国境内出土的同时期的早期符号相比，双墩刻符具有如下特点。

一是双墩刻符采用多种刻画方法：阴刻、阳刻、压划。其中，占一定数量的剔刻阳文符号是双墩刻符刻画方式的一大特点。

二是同一个符号，既有单体刻画的情况，又有重线刻画的情况，还有与其他符号组合的情况。《发掘报告》认为双墩符号具有汉字字根的作用或性质，这一点为其他遗址所未见。

三是双墩符号形体规范程度较高，含义比较明显，容易辨认。时代这么早的符号，形体规范程度却很高，的确令人称奇。

双墩符号具有的以上特点，尤其是第二、第三条特点很容易让人把双墩刻符和文字以及文字起源问题联系在一起。

本文从符号构成的角度讨论双墩符号的构形方式。《发掘报告》从符号构成的角度将双墩符号分成单体符号、重体符号、组合符号和其他四类。由于"其他类"不具备类型分布的特征，故本文不予专门讨论。但"其他类"符号数量达217例，占633个符号总数的34%，如果统计数据、计算比例时不予计入，则会影响本文结论的可靠性，故我们计算比例时的数据包括其他类在内，特此说明。

(一) 单体符号

单体符号是指只有一个形体，不能再进一步拆分的符号。如
(86T0820③：6)、 (86T0820③：27)。所谓"单体符号"是从与重体符号、组合符号的比较中得出的概念，这是单体符号得以成为一个独立

类型的关键。如果双墩符号像其他地方出土的符号，如半坡符号那样数量较少，而且全都是一个个的单体符号，那么这里所谓的"单体符号"的类型就不能成立。换句话说，我们必须把单体符号、重体符号、组合符号看成一个符号系统中的三个关联项，我们只有关注系统中三个关联项之间的关系，才能回答某个类型或关联项是否成立，整体结构是否完善，以及整体结构是如何形成一类的问题。

双墩符号中共有单体符号 239 个，占全部 633 个符号的 37%。1991 年和 1992 年出土的 331 个双墩符号中有单体符号 135 个，单体符号在几何类中比例较高的是网格形 28 例、十字形和房屋形各 11 例；1986 年出土的 302 个双墩符号中有单体符号 104 个，单体符号在几何类中比例较高的是弧线形 9 例、网格形 6 例、叉形 7 例、十字形 6 例，方框形、房屋形和数字形各 5 例。

（二）重体符号

重体符号可以看成对单体符号的重复排列，其中符号的构成方式我们分为套叠式和交叉式两种。套叠式重体符号是在单体符号的外层加以重复而成，如太阳符号 ◎ 86T0720②：101、方框符号 ▦ 92T0721（28）：48 等；交叉式重体符号是在单体符号的形体上进行穿插而成，如鱼纹 ◠ 91T0719（15）：36、十字纹 ⊕ 91T0621（11）：92 等；此外还有少量不规则的重复形式，如 ◈ 91T0621（10）：109、◈ 91T0819（19）：91 等，但数量较少。

双墩符号中共有重体符号 144 个，占全部 633 个符号总数的 23%。1991 年和 1992 年出土的 331 个双墩符号中有重体符号 103 个，其中象形类 23 例、几何类 43 例、其他类 37 例，重体符号在几何类中比例较高的是十字形 16 例、方框形 8 例、数字形 7 例、弧线形 6 例。1986 年出土的 302 个双墩符号中共有重体符号 41 个，其中象形类 10 个，全部是动物的重体；几何类中重体符号比例较高的是十字形 9 例、半框形 6 例。

（三）组合符号

组合符号是指对不同的单体符号加以组合而构成的符号。其中有两个符号的组合，如 92T0721（27）：19、86T0720③：7；有三个符号的组合，如 86T0720③：93，甚至有四个符号的组合，如 86T0720①：37。

双墩组合符号共有 195 例，占全部符号的 31%。1991 年和 1992 年出土的 331 个双墩符号中有组合符号 83 例，其中二组合符号 72 个，三组合符号 10 个，四组合 1 个，二组合比例占绝对优势；象形类符号几乎全是有关动物的组合符号，几何类符号中组合比例较高的是圆圈形 14 例、弧线形和半框形各 7 例。1986 年出土的 302 个双墩符号中有组合符号 112 例，其中二组合体符号 84 个，三组合体符号 21 个，四组合体 7 个，二组合的情况占大多数；象形类组合符号几乎全部是动物，几何类符号中组合比例较高的是半框形 6 例、弧线形 5 例、十字形 2 例。

二 双墩符号的构成方式

（一）单体符号的构形

1986 年、1991 年、1992 年三次出土的双墩符号中共有单体符号 239 个，约占符号总数 633 个的 38%。因为象形类只有两个类型：动物和植物形，相对几何类的 11 个类型而言，象形类的数量少，所以从总体上来看，单体符号在象形类符号中所占比例较高，有 63 例。但即使如此，除了像多数植物形符号在形体上无法严格区分出单体和组合的区别外，单体符号在几何类符号中所占的比重还是大许多。单体符号在几何类符号中比例较高的是十字形 17 例、数字形和弧线形各 11 例、方框形 7 例。

单体刻画符号表现形式，尤其是象形类单体符号形体呈现多样化。例如表示鱼，可以有多种表示方式，猪形符号也是如此。植物类符号的抽象化程度更高，以至于无法严格从形体上区分是单体还是重体。如 ⊛ 92T0521（18）：21，⊠ 92T0722（20）：48，等等。

相比之下，几何类符号的单体构形方式则相对严格，"笔画"趋于固定。如果说对鱼和猪等实物进行的不同描绘体现出个人的观察角度不同，那么对于表示抽象观念的几何类符号的"形似"，则意味着双墩人的原始观念具有一定的趋同性。这些观念是超越实物的，所以由一致的观念约束着形成了统一的符号形体。从这个角度出发，也许可以帮助我们识别某一类符号的意义是偏于实物类，还是偏于抽象观念类。例如太阳纹、半框形符号和房屋形符号，主形符号占形体中的大部分比例，另有一些小的几何部件与之组合，这可能意味着意义的强调重点不同。花瓣形符号单体符号少，多是与几何符号组成合体符号，这可能意味着花瓣形符号具有重要的观念意义。

（二）重体符号的构形

1986 年、1991 年、1992 年三次出土的双墩符号中共有重体符号 144 个，占 633 个符号的 23%。重体符号绝大多数是象形类动物符，计 33 例，其中主要是鱼形符号，有 27 例，这是值得特别注意的。几何类符号中共有重体符号 69 例，其中重体符号比例较高的是十字形 25 例、半框形 10 例、弧线形和方框形各 9 例。

前面提到，我们把重体符号构形方式归纳为套叠式和交叉式两种。大部分重体符号的构成方式是比较一致的。如鱼形符号中的 ⊜ 91T0719（15）：36、十字形符号中的 ⊕ 92T0721（29）：36 等，多采用交叉式对单体符号加以重复和强化，太阳纹多采用套叠式；双墩刻符中尚有同一线条多层次套叠重复的构形方式，如 ⊛ 91T0719（18）：35，此外还有部分同一形体多角度交叉重叠的构形方式，如 ⊜ 91T0719（18）：55，它们有可能表示鱼（符号）的复数，是对复数的一种表达方式。

各种重体构形方式在许多类符号中都占相当大的比例，说明重体构形方式可能是对意义进一步强化的表达方法。重体构形方式的相对稳固性，可以帮助我们辨别一个不确定的符号是否属于某一类。如十字形符号中的重体符号多为中心集合型的套叠式，有二合 ⊕ 92T0721（29）：36、三合 86T0720④：22、四合 91T0719（13）：51 等，即在集中套叠组合的基础上，符号形体都向中心聚集。尽管在某些情况下竖线与横线的数量并不对等，如 ⊕ 92T0723（26）：57，但这类符号由直线组合、向中心聚拢的构形方式是不变的。

对比同样是由多个线条集合而成的网格纹和弧线纹，我们可以发现，网格纹，如 91T0620（13）：21，多为菱形方格组合而不是方形，不同方向的线条数目不等，网格之间距离间隔小，多为密格，无法分离出规整的单体结构，因此无法得出单体、重体的区别。因此从构形规律看，十字纹及其重体形式可能表现了当时人们的一种抽象观念，而菱形网格纹则可能是对一种实物的观察结果。

（三）组合符号的构形

1986 年、1991 年、1992 年三次出土的双墩符号中共有组合符号 195 个，占 633 个符号的 31%。其中二组合符号 156 个，三组合符号 31 个，四组合 8 个，二组合比例占绝对优势；组合类符号主要集中在几何类符号中，为 157 个，在象形类符号中较少，有 38 个。相对而言，1991 年、1992 年出土的双墩刻符象形类组合符号数量较少，只有 7 例，而且全是有关动物符号与其他符号的组合；1986 年出土的组合符号则象形类较多，计 31 例。其中，组合鱼形符号是动物类象形类符号的大宗，计 25 例。其符号构形方式多样。

单体鱼形符号与其他符号合体的组合符号较少，只与框形和弧形符号组合，组合种类比较单调。相比之下，由重体鱼形构成的组合较多，与之组合的其他符号种类也比较丰富，有十字形、重十字形、三角形、水草形等。鱼形符号里最复杂的两个三体组合符号中的鱼形部分也是重体鱼形符号。这可能说明重体鱼形符号的意义应该比单体鱼形符号更进一步，所以在与其他代表观念意义的几何符号组合时，多采用重体鱼形符号。没有发现鱼形符号与网状符号组合的现象。双墩先人可能更重视用符号表现对鱼类的时空巫术，而不是单纯描写捕猎鱼类的方法，这从侧面反映出双墩人对时空观念的重视以及这种观念的成熟。

组合猪形符号共有 3 例，其中 2 例是猪形符号与其他符号的组合，另一例是构图非常精美的双体猪形。花瓣形符号多出现在与其他符号的组合中。

几何类符号中组合比例较高的是圆圈形、半框形和弧线形。圆圈形符号一般被认为是太阳符号。对太阳的崇拜在各个地域的古老文化中比比皆是，双墩文化从多个出土实物看也有类似的观念。在有太阳形符号的组合符号中，太阳纹多被放大，置于中心位置。如 ⊙ 92T0723（30）：38，等等。许多精美的太阳纹更像是对太阳周边的光芒或核心的象形特写，如 ◉ 92T0723（27）：23 和 ◐ 92T0721（29）：52，划分为组合符号则很难将其中的图案进行拆分。太阳符号的丰富性和不固定性也符合象形符号的构形规律。同样的例子还有鱼形，也表现出构形方式丰富、组合多样、不固定的特点。

半框形组合符号也有这个特点。组合符号中以半框形为主体，一些小型符号与其组合时多位于其内部或边缘，如 ⊡ 92T0819（17）：94、⊡ 94，91T0719（18）：42。弧形符号组合中多是以弧形为构形主体，其他符号多置于中心位置，如 ✸ 86T0820④：25。

双墩组合符号的组合方式还可以从参与组合的符号数量及不同类符号之间的组合方式两方面来加以分类。

从参与组合的符号数量上来说，有两个符号的组合和三个符号的组合，最多可以达到四五个不同符号的组合。就不同符号间的组合方式而言，并不是所有的符号之间都可以互相随意搭配。组合搭配的方式、选择的符号种类，由不同的表达需要而定。内部结构越复杂，符号组合的情况就越少。二合符号最多，四合及以上组合最少。这种梯级结构说明原始思维还无法成熟地运用复杂的表达方式，同时也说明这些精美的符号表达了非同一般的含义，如▨（86T0720③：97）等。

不同类符号之间的组合方式又可以从多个角度来观察。从结构形体上看，不同符号间的组合方式有分离式和集中式两种。分离式即几个不同的符号形体上几乎不相连，几个符号分散出现在一个平面中，可能是一种互补表意的状态。如⊙91T0819（19）：87。集中式则是几个不同的符号形体层层叠加，向中心聚集，基本看不出表意的轻重程度，如▨92T0721（27）：19，⊕91T0719（15）：62等。相对而言，有象形类符号成分的组合符号中这两种构形方式都有，但其中分离式所占的比例要比纯几何符号组合中此种构形方式的比例大一些，纯由几何符号组成的组合符号绝大部分采用集中式构形方式。

从组合中不同符号成分的形体大小的对比来看，也可以分为两类：即一类是组合中不同的符号形体大小类似，如✶86T0720③：7；另一类是符号之间有形体大小的差别。这种符号更像是成熟汉字中一个主部件携带一个或几个协助表意的部件。主部件符号占组合符号形体的大部分，表示基础意义，小的协助表意的部件表示附加或补充意义。这种协助表意部件可以是已归类的单体符号，也可以是无法与主部件符号拆分的或无法归类的个别单体符号。如半框组合符号中，一些独特的协助表意部件符号多只在与半框符号组合时出现，虽然也不排除是我们熟悉的单体符号，如⌒91T0723（27）：33、⊡91T0723（21）：69等，但归类总是比较勉强的。组合太阳符号中的一些分体符号也无法从这个组合中拆分出来，这些偏旁从不同角度突出太阳符号的某些表意重点。这种形体大小有差别的符号组合方式可能也是一种象形化的反映。因为尚未形成统一的抽象观念，又要强调不同的表意重点而造成形体上的差别，而表意主体半框纹、太阳纹等又是与抽象观念有密切联系的符号，因此在形体上就加以强调。

以上多种组合方式虽然形体上截然不同，但都有一个向中心辐辏的趋势，构图紧凑。大部分组合符号都可以离析为已有的独立单体符号，换句话说，从双墩组合符号的构成方式来看，是不同的单体符号用不同的组合方式构成了多样的组合符号，而不是由组合符号或一幅图画进行拆分而形成不同的单体符号。

三 表示空间方位概念的双墩符号

在双墩刻符中，有一部分表示原始空间概念的符号，如十字纹、太阳纹、半框形、四叶花等。从其构形方式和组合方式中，我们可以看到它们具有的特殊意义和这些符号间的意义联系。

前面我们说过，相对其他刻画方式，阳文刻画是最精致的刻画方法。在双墩刻符中，十字纹符号是采用阳文方式刻画的符号中比例最高的符号。这显示出十字纹在双墩文化中的独特地位。如果说单体十字纹本身象征空间中的"四方"概念还比较难以确定，那么重体十字纹和一些少量不规则变化符号，如 91T0819（19）：86、 86T0820④：35（封口十字纹）等，则像是从不同角度对"四方"概念加以具象化地描写和强调。在组合符号中，如 86T0720③：75、 86T0720①：37，十字纹也多作为底纹置于中央位置，表现出其意义被强化的特点。列维-布留尔指出："在狩猎中，第一个最重要的行动是对猎物施加巫术的影响，迫使它出现，而不管它是否愿意，如果它在远处，就强迫它来到。在大多数原始民族那里，这个行动都被认为是绝对必需的。"[①] 大量的双十字纹与重体鱼纹的组合，也许就是这种观念的体现，即通过特定位置的图案施行巫术，强迫远方的鱼群来到捕获之处。

---

① ［法］列维-布留尔：《原始思维》，丁由译，商务印书馆 1981 年版，第 221 页。

太阳纹是组合符号中的比较特殊的一类。单体太阳纹只是一个圆圈 ◎ 92T0723（27）：36，非常简略。占大多数的组合太阳纹却几乎各有特点，如 ⊛ 92T0723（27）：23 是圆圈与射线的组合，⊗ 91T0621⑨：109 是圆圈与连续三角形的组合等，更像是对太阳及其光芒的象形，与其搭配的射线和一周三角形无法从符号整体上进行拆分，形成独立符号。射线和圆形的重叠是从不同角度对太阳加以刻画。在组合符号中，太阳纹多作为重要的底纹置于中心位置，表现出不凡的意义。此外，还发现了泥塑人面像，在人像的头部刻有太阳纹，这应该是原始的太阳神形象，可以证明在双墩文化中对太阳是十分重视的。太阳又是空间的象征之一，这就不难解释为什么太阳符号经常和十字纹进行组合。

在对三角纹的分析中，我们也发现一些规律，三角纹中单体符号较少，多数是重体和组合符号。其中重体形式例如 ⋀⋀⋀（86 发掘品：91），是几个三角形的连续，而不是像方框或十字那样的几何符号进行规律式的套叠式重复，这种特殊的重体更像是对山脉的描绘。三角形的抽象符号大都是与圆、方框等组合，与鱼形组合中有一个个例 ⊘（86 发掘品：111），如果解释为鱼钩，从个例上来说较为合适，但放在占多数的重体符号组合的范畴则不容易解释清楚，如果解释为表示地理空间概念的"山"形，则更符合原始思维和原始宗教观念。

对时空观念的重视，还表现在半框形符号和房屋形符号上。半框形符号单体和重体很少，多数都是组合式符号，在这些组合式符号中，多以半框形符号做主体，其他符号作为次要部件，以小形体的形式与半框符号相结合，除主体与部件关系明显外，次要部件丰富，但似乎都是在为主体做标记。这些特征类似于象形类符号。其中有一例 ⊘（93 征集品：8）被认为是"寓意双墩遗址与西边涂山的地理位置"①。如果这个结论可靠，那么半框形可以被认为是先民对双墩居住地的描绘。双墩遗址处于一个高地

---

① 安徽省文物考古研究所、蚌埠市博物馆：《蚌埠双墩——新石器时代遗址发掘报告》，科学出版社 2008 年版，第 353 页。

上，下方是河流，与半框组合的一或两条弧线与其他表示水纹的单体弧线相似，似乎也表示水纹。如果将两方面因素结合起来考虑，半框符号表示双墩遗址这一空间观念应可成立。许多不同种类的附加符号，应是不同的人从不同角度出发给居住地加以标记。房屋符号也是如此，大部分房屋符号的屋顶上都有圆形或方形的标记，如：⬡ 92T0723（30）：49，如果这不是房屋结构的必要组成部分，那么就很可能是先民在刻画的时候加上去的，表示某种空间地理标记的含义。

关于四叶花（花瓣形）符号，徐大立认为是"双墩遗址物候历法的刻画符号以四叶花为代表，集中反映在捕鱼、养蚕、狩猎以及天文历法方面的内容"[1]。我们则认为是表示方位概念的符号。

原始思维中的互渗律是一个基本规律。这个规律是指不同的事物之间意义互有联系，可以互相转化。如果依照这个规律，我们会发现表示四方的十字形、表示地标的半框形、表示空间的方框形、表示山脉的三角纹以及太阳纹，其互相之间的含义在表示空间这方面是相互联系的，这些符号分别或联合组成更复杂的符号是可以理解的。虽然它们的具体含义可能有不同解释，但当它们都有表示空间方位这样的原始宗教观念时，就构成一个层级的符号系统。由此看来，与鱼纹、猪纹结合的十字形、半框形、三角形等，很可能不是表示捕猎工具或场景，而是原始先民的原始宗教信仰，期望这些鱼或猪能够从四方大量出现在他们期望出现的地方或容易捕猎的地方。

前文提到，组合符号可以分为两类：分离式和集中式。其中集中式占大多数，而集中式符号中多数又是几何形符号的不同组合。占少数的分离式组合符号中，大多涉及象形符号，如鱼形、猪形以及几何符号和象形符号的组合。当然也有例外，如重十字与鱼形的组合、方框与鱼形的组合等符号。但此时的构形主体还是几何符号，所以可以说象形符号与几何符号组合时多数遵循几何符号常用的集中式构形方式。

---

① 徐大立：《试析双墩遗址植物类刻划符号》，《东南文化》2006 年第 6 期。

如果按照我们之前谈到的按原始思维的互渗律来说，关于时空的一系列符号相互之间具有联系性，那么就可以解释为什么几何符号大多采用集中式的组合方式，因为这些类别的符号都是从不同角度表达空间概念的，表意上的相似性使这些符号能够集中叠加在一起进行互补性的表意。大型的组合符号都是由分体符号构成，由分体符号的意义互补形成具有更神圣化意义的组合符号。如 86T0720③：97、86T0720①：37 等。在这些精致的符号里的小符号完全可以拆分归类到我们已知的单体符号类别中，但组成大符号时，这个大符号就具有更进一步的意义，形成新的更高层级的表意符号。

象形符号与几何符号的分离式结合表意更像是后代的会意字。符号间采用联合表意的方式，缺了某一个符号，符号整体的意义就会完全改变，如 86T0720④：50、86T0720③：93。因为这些符号间不像几何符号组合那样具有意义上的近似性和互补性，所以形体之间相距较远。

四　双墩符号的构成方式对文字形成的可能影响

双墩符号具有符号形体数量多，构形方式相对稳固，符号组合有层次规律，能够表意并根据表意的需要对不同类的符号加以组合的特点。虽然与后代成熟汉字在形体上、构成方式上有很大的差别，还具有相当的原始性，但其符号采用不同形式进行层层组合的构形方式则为我们研究汉字构形原理提供了有益的启示，从源头上说明汉字的构形传统并不是由一整幅图画进行拆分构成单体符号，而是由已有的单体符号采用不同的组合方式构成新的复杂符号。这个传统由新石器时代奠定并延续至后代，最终发展成为成熟汉字的构形传统之一。

双墩符号是否是成熟文字尚有待证明，但双墩符号属于我们所说的"前文字"应该是没有疑问的。前文字和成熟文字的区别主要是看有无音义结合（借音）的踪迹；有音义结合，能够记录语言的属于成熟文字，不一定有音义结合或音义结合情况不明，但能够以形体表意的属于前文字。我们认为，前文字对成熟文字的影响主要在文字构型原理上，这一点可以从我们对双墩符号的构成方式的分析中看出端倪。

（1）单体、重体以及组合的分离及其意义。双墩符号的形体可以进行分类并找出一定的规律，这说明这些不同的构形方式是有意识的，能够从不同方面反映双墩人的文化意识。如果说单体符号是简洁的表达，那么重体则可能是一种意义的强调，组合符号则是一种综合性的复杂表意方式。这些层次表明双墩人的书写表达方式已经呈现层级化的倾向，逐步深入，能够运用复杂的书写表达自己的丰富意识和情感。这种层级化的递进可能是成熟汉字的部件逐层组合的源头。就一个个符号形体而言，这种分层组合的方式可能影响了成熟文字的部件组合的结构方式。

（2）组合的原则及其影响：分离式、集中式。从符号结构方式看，即便最复杂的组合符号也可以根据符号成分的不同大致分为两种情况：分离式和集中式。这说明符号的组合不是无原则的。双墩人在组合符号时不是进行简单的堆砌，而是根据具体符号的意义进行有意识的选择。这种可分离性说明双墩符号不是由图画或组合符号拆分为分体符号的，而是由分体符号根据不同的表意需要组合成为复杂的符号。再由单体符号、重体符号、组合符号共同构成符号系统。成熟汉字对不同部件采用多种组合方式，以及"文""字"层级结构系统的形成有可能受到它的影响。

（3）具象、抽象符号共存及其符号构型方式的理据性。具象、抽象等不同类别的符号，反映出双墩人对周围世界的细致观察。从重体及组合规律来看，鱼纹、猪纹、蚕纹等是象形化程度高的符号；十字纹、方框纹则是抽象化程度高的符号。介于其间的是半框纹、太阳纹、三角纹等符号。这些符号在双墩文化中的意义互有交叉重复，所以影响它们的构形和组合规律，既有自身的特点，又与其他类符号可以找出相似点。这表明双墩符号的构形具有理据性。这种界限不分明的渐次过渡也反映出双墩文化思维的原始性。

（4）记录语音因素的缺失使其仍然不能列为成熟文字，而只能属于前文字。尽管双墩符号形体丰富，构型具有规律，但表达方式和手段还是十分有限的，还无法达到篇章叙事的程度，这说明它们还不能记录语言中的语音或者记音比较勉强，因此它距离成熟文字还有一段距离，但对汉字源头的探讨还是具有十分重要的意义。

本文参考文献：

［1］黄亚平、孟华：《汉字符号学》，上海古籍出版社2001年版。

［2］黄亚平：《符号学视阈的史前文字研究》，《汉字文化》2004年第3期。

［3］黄亚平：《史前文字符号研究的基本观点》，《中国海洋大学学报》2005年第1期。

［4］徐大立：《蚌埠双墩新石器遗址陶器刻划初论》，《文物研究》1989年第9期。

［5］徐大立：《蚌埠双墩遗址刻画符号简述》，《中原文物》2008年第3期。

［6］王树明：《双墩碗底刻文与大汶口陶尊文字》，《中原文物》2006年第2期。

［7］徐大立：《文字起源之前——双墩607件刻划符号的文字学含义》，《中国文化遗产》2006年第1期。

［8］徐大立：《双墩刻划符号与彝族十月太阳历》，《彝族文化》2007年第3期。

［9］徐大立：《从蚌埠双墩遗址出土的巢居刻划谈起》，《淮河文化研讨会论文集》。

［10］徐大立：《蚌埠双墩遗址"⧖"形刻划符号释义》，《东南文化》2007年第6期。

［本文是作者为中国文字学会、蚌埠市政府2009年10月"双墩遗址刻划符号"国际学术会议所写的学术论文，原载《中国海洋大学学报》（社会科学版）2011年第1期，署名黄亚平、孙莹莹。该文刊发稿与作者原稿有部分出入，此次收入本文集时，我们依据作者原稿，对刊发稿做了少许修改］

美洲印第安手势符号初探 *

一　印第安手势符号出现的背景

　　印第安手势符号主要流行于北美洲平原地区，其分布范围大体上与通常所说的"平原印第安人"的自然分布一致，其地理范围涵盖今天的美国与加拿大之间的平原地区，南至美国的得克萨斯州，北至加拿大，东至俄克拉荷马州，西至亚利桑那州，主要位于现今美国中部偏西和加拿大中南部地区，介于密西西比河及落基山脉之间的位置。使用印第安手势符号的部落有 30 个左右，其中尤以平原地区的苏族（达科他人）、奥吉布瓦族、夏延族最为盛行，使用的人数在 10 万人左右。

　　* 本文对印第安手势符号的探索基于以下资料：（1）William Tomkins, *Indian Sign Language*（该书收录了 870 个印第安手势语符号）；（2）Garrick Mallery, *Pictographs of the North American Indians*；（3）Garrick Mallery, *Sign Language among the North American Indians——compared with that among other people and Deaf Mues*。另，本文也参考了王惠杰《广义文字视角下的印第安手势语与图画文字的关系研究》（中国海洋大学硕士学位论文，2014）的部分观点。在此一并致谢。

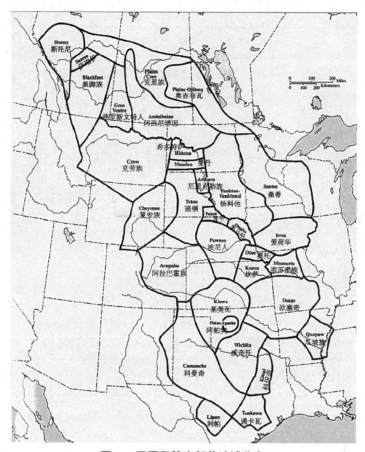

图一　平原印第安部落地域分布

说明：原图出自 W. C. Sturtevant（ed.），HNAI, vol. 13, Plains（2000：ix），原图中部族名使用英文，此处地名的汉译为王惠杰所做，伍淳又做了一些补充，特此致谢。

表一　使用手势符号的平原印第安人数据统计

平 原 印 第 安 部 落	人　数
Apache, New Mexico & Arizona 阿帕奇人，新墨西哥和亚利桑那州	26000
Kiowa, Comanches & Apache, Ind Terr. 奇奥瓦人，科曼奇人和阿帕奇人，印第安纳州	2923
Arapaho, Cheyenne, Oklahoma 阿拉帕霍人，夏延人，俄克拉荷马州	6500
Wichita, Caddo, Delaware, Anadarko 威奇托人，卡多人，特拉华州，阿纳达克	600

续 表

平 原 印 第 安 部 落	人 数
Ponca, Oto, Iowa, Indian Terr. 蓬卡人，奥托人，爱荷华州，印第安纳州	800
Pawnee, Kaw, Osage, Sac-Fox, Ind. Terr. 波尼人，高当人，欧塞奇人，印第安纳州	4500
Omaha, N. Ponca, Winnebago, Mo. River 奥马哈人，蓬卡人，温尼贝格人，密苏里州	3500
Sioux, Sioux Reserve 苏人（自称达科他人），苏族保护区（南达科他州）	37000
Fort Berthold group 贝特霍尔德人，北达科他州	2500
Teton Lake group 提顿人，怀俄明州	933
Gros Ventres 阿奇纳人和希达察人，密苏里州	1800
Blackfoot 黑脚族人，蒙大拿州	6000
Bannock, Shoshone, Crow, Ute 肖肖尼人，乌鸦族人，犹他州	9304
总 计	102460

说明：表依 Hadley 1890 *Census of Sign-using Indians* 制作而成，表中汉译族名和地名为笔者所加。

此外，平原地区以外的北美易洛魁人、因纽特人、切诺基人，南美的玛雅人也在部分地使用手势符号。

在笔者所见的英文书籍中，"印第安手势符号"的术语称名大致可分为两种情况：第一种情况使用的词语是：sign language（见 William Tomkins 的 *Indian Sign Language*，以及 Jeffery E. Davise 的 *Hand Talk：Sign Language among American Indian Nations* 等著作）；或者 sign talk[①]。英文的 sign lan-

① 见 *list of the Primary Gestures in Indian Sign Talk*（1887）、*A lesson in Sign Talk*（1890）、*Indian Sign Talk* 等著作。

guage 译成中文意思是 "符号语", sign talk 译成中文意思应是 "手谈", 这两个术语的称名都强调印第安手势的 "记语" 功能, 这是典型的西方 "语言学本位" 观念的产物。第二种情况使用的词语是: gesture sign (见于 Lieut. Col. *Gesture Signs and Signals of the North American Indians*), 或者 air picture。英文的 gesture sign 译成中文是 "手势符号" 的意思, air picture 直译成汉语则是 "空中图画" 的意思, 这两个术语的称名都强调印第安手势的图画性质, 与第一种情况相对而言, 第二种称名应该更符合印第安手势的实际使用情况。①

二　印第安手势符号的表意方式

美洲印第安原住民使用的手势符号数量众多, 仅 William Tomkins 记录的手势符号就有 870 个左右。②

由于符号数量众多, 印第安手势可以较好地表达各种各样的事物、数量、性质和状态, 如自然物、动植物和人; 能表示人和人类社会早期阶段的社会关系, 如人的肢体器官、部族的名称、部族内部的亲属关系; 还可以表达人的生活、生产资料及这些生活资料的属性, 以及表示人的行为; 等等。因此, 在表意功能方面, 印第安手势符号已经是相当发达的符号系统了。

印第安手势符虽然主要使用在北美平原地区, 但并非北美平原地区的

---

① 除了阿兹特克、玛雅、切罗基等少数印第安民族创制了文字以外, 绝大部分的印第安民族并没有创制出可以逐词记录语言的成熟文字, 他们使用图画文字表情达意, 并辅以手势; 印第安手势并不是为了记录语词而创立的符号系统, 它与现代聋哑人使用的盲文不同; 在美洲原住民文化中, 口说的、图画的、身体的、动态综合的种种表达方式并行不悖, 不一而足。鉴于此, 本文不再沿用传统的 "印第安手势语" 来指称这一研究对象, 而是采用相对符合美洲印第安原住民文明实际情况的 "印第安手势符号" 来指称我们的研究对象。

② William Tomkins 从小生活在印第安保留地附近, 熟练掌握印第安手势符号。另, Capt. William Philo Clark 的专著 *The Indian Sign Language* (1885) 也载入了 1000 个左右的印第安手势符号; 马勒里 (1888) 的著作和论文里也有一定数量的手势符号。本文引用的印第安手势符号图示主要来自 William Tomkins 的 *Indian Sign Language* 一书, 限于篇幅, 本文尽可能列举, 但非穷尽性的统计。

原住民所创立，而是由南美境内的印第安人（今墨西哥境内）所创。印第安手势语在北美境内的分布，先由美国南部的科曼奇人首先学习并使用，然后传给阿帕奇人和奇奥瓦人及夏延人，再传给苏人和奥吉布瓦人。由此可见，印第安平原地区手势符号的广泛流行于北美平原地区乃是得益于平原印第安人的社会环境和生活习惯的需求，主要用途是打猎时不至于惊扰野兽，而平原地区复杂甚至难以跨越的语言/方言障碍，① 又在客观上促成了手势符号在这一地区的广泛传播和发展。

William Tomkins 在他的大作 *Indian Sign Language* 里列出了 200 个最普遍使用的手势符号，这些符号的使用频率较高。

TWO HUNDRED SIGNS IN MOST GENERAL USE

YES, NO, GOOD, BAD, COME, GO, WATER, EAT, DRINK, SEE, UP, DOWN, HIGH, LOW, ALL, ME, YOU, HIM, ME-ALL (Us or We), YOU-ALL (Ye), HIM-ALL (They), WALK, RUN, SLEEP, SMALL, FEW, BIG, BUY OR SELL, EXCHANGE, TRADE, STOP, WAIT, HOUSE, TEEPEE, TEN, COUNTING, QUESTION, WAGON, WANT, WRITING, READING, HUNT, SPEAK, LISTEN, LIE, LOOK, LITTLE TALK, SPEECH, TREE, NOW, FOREST, MAN, WOMAN, BOY, GIRL, WHITE MAN, NEGRO, INDIAN, HORSE, MEDICINE, CRAZY, WORK, YEAR, STEAL, FISH, SNAKE, SMELL, BREAKFAST, DINNER, SUP-PER, STRONG, BRAVE, HARD, PERHAPS, CONSIDER, MOTHER, FATHER, MOUNTAIN, MOUNTAINS, HEAP, CALLED, TIME, LONG TIME, BEFORE, AFTER, RIVER, NIGHT, DAY, COFFEE, LOVE, FOND, SUN, GOOD MORN-ING, GOOD EVENING, GAP (Mountain), MANY TIMES, TOWN OR CITY, EVERY LITTLE WHILE, PRISONER, WINTER OR YEAR, SIGN LANGUAGE, MORNING, NOON, EVENING, ABUSE, ACROSS, AFTERNOON, ALL GONE, AMONG, ANGRY, ARROW, ASTONISH, BEAR, BEAVER, BESIDE, WITH, TO-GETHER, BIRD, BLANKET, BOAT, BROOK, BROTHER, BUFFALO, CAMP, CANNOT, CHEYENNE, CHIEF, COLD, COLOR, COUNCIL, CROW, CRY, DANCE, DEER, DOG, DONE, EATEN ENOUGH, EFFORT, ELK, END, ESCAPE, EXPLAIN, FIRE, FLAG, GIVE, GIVE ME, GRASS, GROW, HALF, HALF BREED, HEART, HIDE, HOLE, HOW MANY, HUNGRY, JEALOUS, KEEP, KNIFE, KNOW, LAKE, LAUGH, LEAF, MANY, MUCH, MEDAL, MEMORY, METAL, MIRROR, MONEY, MOON, MOTOR CAR, MY OR MINE, POSSESSION, NEZ PERCE, OLD, OWL, PAWNEE, PEOPLE, PIPE, POOR, POOR IN FLESH, PORTRAIT, POWDER, PRAIRIE, PRIVATE TALK, PUSH, RAIN, RATTLESNAKE, RED, RING, ROPE, SHARP, SICK, SILENT, SING, SIOUX, SIT OR REMAIN, SNOW, SOLDIER, SPOTTED, STAR, STRIPED, SWIM, TASTE, THINK, THICK, THIN, TOBACCO, TOGETHER, UNDER-STAND, WAR, BEYOND.

图二　**William Tomkins，*Indian Sign Language* 列出 200 个印第安常用手势符，它们与表中的英文词对应。**

---

① 美国境内已知的印第安语系包含 65 种之多，各语系之间的差异相当于希伯来语、汉语与英语的差异；每个语族内又有少则几个，多则 20 余个的语支，不同语支之间的差异如同英语、德语、法语之间的差异。

（一）表示具体概念的印第安手势符号

1. 表示自然界各种事物和现象

（1）自然物和自然现象

手势图示：右手食指与拇指围成不封闭的圆圈，指尖间距1英寸，手朝向东方举起，然后呈弧形由西向东移动。

表达意义：太阳（sun）。①

手势图示：双手向前向外伸开，约与脸齐高，手指向前抚摸手掌；然后分开两手，在一个平面上分别向两侧移动，左手向左，右手向右。

表达意义：大草原（prairie）。

手势图示：先做夜晚（niqht）的手势。然后用右手拇指和食指圈成一个不封闭的小圈，举手向上。若要表示闪烁的星星，则使食指与拇指快速移动并接触来表示闪烁。

表达意义：星星（star）。

手势图示：双手紧握置于头前，相互靠近，手背向上位于同等高度，手腕带动手向下移动，同时张开手，缓慢重复上述动作两遍。

表达意义：雨，下雨（rain）。

手势图示：举起双手，手背向上，靠近身体，双手与肩膀同高，朝前波浪式向前运动。

表达意义：风，刮风（wind）。

---

① 本文中使用的手势图示及其对手势图示意思的解释，主要来自 William Tomkins 的专著 *Indian Sign Language*，特此说明。

手势图示：左手张开，置于左肩前 10 英寸处，手背朝前，五指分开，缓慢向上移动以模仿树木生长。

表达意义：树（tree）。

手势图示：举起右手，手背向下，置于身体前，手指伸开，指尖向上，摆动双手向两边分开。

表达意义：青草、草地（grass）。

手势图示：双手较夸张地抬高，代表一座山峰，然后做硬的（hard）手势。

表达意义：山（mountain）。

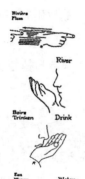

手势图示：做水（water）的手势，然后移动右手向脸的左方，与颈项保持齐平，向前延伸指向左方，然后将手水平移向相反的右方直至右肩。

表达意义：河流（river）。

附　　注：喝水（drink，见中图）；水（water，见下图），手势图符表示喝水。

手势图示：做夜晚（night）的手势，然后用右手弯曲拇指和食指构成半月状，将该手势置于想象中月亮所在的位置。

表达意义：月亮（moon）。

（2）动物

手势图示：双手五指分开，举于头两侧，做出鹿角的手势。

表达意义：鹿（deer）。

手势图示：双手手指伸开向上，手放在头顶，前后摆动两三次，表示麋鹿的大角。

表达意义：麋鹿（elk）。

手势图示：乌鸦族和其他一些部落伸开双手贴近耳朵两侧，表示熊的大耳朵。其他部落增加了用双手向下抓的运动表示熊爪。

表达意义：熊（bear）。

手势图示：举起右手，掌心向外，靠近右肩，食指与中指分开指向上，向前上方移动几英寸。

表达意义：狼（wolf）。

手势图示：左手伸开，手背朝向身体，置于左胸前。一些印第安人为了强调会将右手拇指和食指跨在左手之上，这一手势更常见于插图。

表达意义：马（horse）。

手势图示：右手两指横在身前，从左向右移动。意为狗拖动帐篷杆。

表达意义：狗（dog）。这种图画表达方式与印第安文化的背景息息相关。

手势图示：食指伸出，与胸齐高，波浪式运动，向前移动1英寸。

表达意义：蛇（snake）。

手势图示：伸开双手，手心向下，置于肩膀两侧，用双手模仿翅膀的运动，小鸟手动速度快，大鸟慢。

表达意义：鸟（bird）。

手势图示：做鸟的手势符。然后用拇指和食指各圈成一个圆圈，放在眼睛前面，表示一双大眼睛。

表达意义：猫头鹰（owl）。

手势图示：左手平举于身体前，右手低于左手，右手向上激烈的拍打左手掌心，表示海狸的尾巴拍打泥巴和海水。

表达意义：海狸（beaver）。

印第安手势语符号中表示自然物、自然现象以及动物的手势符号与其生活环境和各部族日常生活中密切接触的社会条件紧密相关，由于不同部族的人们对同一事物的理解和观察角度不同，所以手势符也会产生相应的歧异，即会有类似古汉字中的"异体现象"出现，如上举的熊、马的例子。虽然印第安手势符已经能够初步实现"依类象形"，但相对真正的"象形文字"体系而言，它所表达的概念还是比较具体的，如下举的喝水，指的是从右手中喝水。

2. 表示社会生活的印第安手势符号

（1）人和人物关系

手势图示：右手食指上举，与肩膀等高，如图所示向左右移动。曾经看到过一些印第安人同时使用伸开的双手，手背置于胸前，向左右移动来表达人的手势。

表达意义：人（people）。

手势图示：举起食指，手背向外放在脸前。

表达意义：男人（man）。①

---

① 在印第安手势符号中，表达男人或雄性动物都使用这个手势符号。因此，这个符号实际上表达了英文中的 man 和 male 两个词的意义；同样，表达女人（woman）时，需要做出 female 的手势，并展示女性的身高。

手势图示：双手置于头侧，手指弯曲，然后做出向下梳头的样子，正确使用右手。表示梳头。

表达意义：女人（female）。

手势图示：根据实际情况而定，一般要先做印第安人或白人的手势，然后右手食指朝上，并在右侧表示出男孩的高度。

表达意义：男孩（boy）。

手势图示：先做妇女（woman）的手势，然后右侧手的高度下降以指示女孩身高，手指收缩，指尖朝上。

表达意义：女孩（girl）。

手势图示：右手紧握拐杖，向右向后，距离右肩前部 12 英寸，与胸齐高；朝前、朝上移动右手，并沿曲线回到初始位置，重复这个动作。意思是用拐棍走路。

表达意义：老人（old）。

手势图示：右手置于胸前，与左手腕交叉，掌心侧向上，怀抱婴儿。

表达意义：婴儿（baby）。

手势图示：紧握双拳，靠近胸部，拇指相碰，然后左右分开。

表达意义：战士（soldier）。

手势图示：双手握拳，手腕交叉置于胸前，右手在左手之下，掌心向下。意思是被绑住了手腕。

表达意义：囚犯（prisoner）。

手势图示：五指张开置于身体前方，前后摇晃手掌表示
　　　　　身体的悸动。

表达意义：病人（sick）。

手势图示：右手一侧朝上，举手向上，与头齐高，在空
　　　　　中画出拱形向下。表达的意思是升高，超越
　　　　　他人，看着他们。

表达意义：首领（chief）。

附　　注：下图表示上升的人，意思与"首领"相同。
　　　　　这种情况的手势符与古汉字中的"异写字"
　　　　　类似。

手势图示：用右手轻拍胸部两三次，然后做出男性的手
　　　　　势符。

表达意义：父亲（father）。

手势图示：右手弯曲轻拍左胸或抓住左胸。

表达意义：母亲（mother）。

手势图示：做男人（man）的手势。然后用右手食指上
　　　　　指，较低的手指示出孩子的身高。

表达意义：儿子（son）。

手势图示：伸出食指和中指，轻触嘴唇，两指保持水
　　　　　平，手背朝上，从嘴唇位置撤出两指，并做
　　　　　出男人的手势。

表达意义：兄弟（brother）。

手势图示：交叉双臂置于胸前，左臂在内，右臂在外，然后用右臂向下拍打。

表达意义：堂兄弟（brother-in-low）。

手势图示：右手置于颈项前，掌心朝外，伸出两指朝上；两指向上抬起与头齐高，南部印第安人做出摇动自己手指的手势，现在所有印第安人都明白这个意思。意思是兄弟一起长大。

表达意义：朋友（friend）。

（2）族名

手势图示：平伸右手，左手从后向前，用指尖从手腕到指关节擦右手，来回两次。

表达意义：印第安人（Indian）。

手势图示：伸出右手沿着头边从前到后，用右手表示王冠从头掉到地下。表达意思是战争（war）。

表达意义：波尼人（Bonnet）。

手势图示：先做印第安人（Indian）的手势，然后伸出左手食指和右手食指做切或砍的手势。这是一个表示哀悼的手势，意思是手指砍切者。

表达意义：夏延人（Cheyenne）。

手势图示：克劳人。有两种手势语表达方式：最常见的一种是使用鸟（bird）＋印第安人（Indian）的手势符号；较少见的一种手势符号表达如下：首先做出印第安人的手势，然后在额前紧握拳头，掌心朝外，表示他们的头饰风格，如高卷式等。

表达意义：克劳人（Crow）。

手势图示：印第安人。伸开双手置于脑后，指背贴近后脑，向下移动手指表示剪头发。表达的意思是剃光头。

表达意义：欧塞奇人（Osage）。

手势图示：印第安人。平伸右手于左侧颈项处，做出从左到右的砍头手势，表达的意思是砍头。这是表示苏人和达科他人的手势符号。

表达意义：苏人（Sioux）。

手势图示：印第安人。握住右手，伸开食指从右侧鼻子下通过，直到左侧。意思是穿鼻子。

表达意义：内兹佩尔兹人（Nez Perce）。

此外，纳瓦霍人手势符是由表示工作（work）的手势＋表示编织（striking）的手势＋表示条纹（stripe）的手势组成，意思是编织条纹框的人，表达的意义是纳瓦霍人。黑脚族人、奥吉布瓦人、普韦布洛人、肖肖尼人、阿帕奇人、克里人、曼单人等，也用类似的方法表示。

（3）人的行为

手势图示：右手收缩，指尖朝下，沿曲线向下，经过嘴前2—3次。

表达意义：吃（eat）。

手势图示：右手指并拢紧握成杯状，伸到嘴前，手掌朝上，意思是从右手中喝水。

表达意义：喝（drink）。

手势图示：伸出右手，四指紧握，手腕向前，围拢耳朵。

表达意义：听（listen）。

手势图示：双手食指指向眼睛，表示眼泪流过的痕迹。意思是流泪。

表示意义：哭泣（cry）。

手势图示：伸出食指，置于脸的前方，然后向内弯曲并移动食指多次。

表达意义：来（come）。

手势图示：伸开右手，置于身前，右手从后从下往前往上挥动。

表达意义：去（go）。

手势图示：做出狼（wolf）的手势。即将两个手指放在眼前并四处移动。

表达意义：打猎（hunt）。

手势图示：双手朝上举起，置于胸前，手掌相聚6英寸，双手向上向下各移动2—3英寸，反复2—3次。意思是跳跃的动作。

表达意义：舞蹈（dance）。

手势图示：举起双手，食指向上，置于身体前，从外向内画半圆，双手手腕相击。此一手势符还可表达"交易"（trade）的概念。

表达意义：交换（exchange）。

此外，表示走、跑、坐、站、想、考虑、谈话、唱歌、交易，甚至战争、会议等，都有相应的手势符号。

（4）生活用品、生产资料

手势图示：右手平伸靠近面部，下缘高于嘴巴；向上并
向左移动 2—3 次。好像是用手掌下缘切东
西。有时还将左手放在右手前面，稍高于右
手，仿佛举着肉。意思是在左手和牙齿的协
助下切一片肉。

表达意义：刀（knife）。

手势图示：用手从上往下盖过腿部紧身裤，拇指与食指
分开，手背向外。

表达意义：裹腿（leggings）。

手势图示：双手分别置于小腿，右手在右，左手在左，
拇指和食指分开，往下直到脚趾。

表达意义：鹿皮鞋（moccasin）。

手势图示：右手两指举起置于额头前，手掌朝外，食
指与中指分开，其余手指并拢，向上移动
的同时自右向左画螺旋形状。意思是神秘
与未知。

表达意义：药（medicine）。

手势图示：（意为举着长木杆）双手置于颈前，手背向
下；左手距胸部 4 英寸，右手在左手前几英
寸；双手向前下方移动一段距离，模仿放低
烟管；重复这个动作。

表达意义：烟管（pipe）。

手势图示：双手食指指尖接触，形成 60 度夹角。有时食指在第一关节处交叉，表示加长的帐篷杆。

表达意义：尖顶圆帐篷（teepee）。

此外，表示锥子、弓、箭、枪、雪橇、独木舟、毛毯、绳索、碗、壶等日常生活用具、物品等都有相应的手势符号。

（二）表达相对抽象概念的印第安手势符号

1. 表达性质、状态和程度

印第安手势符号可以表达好的、坏的、热的、冷的、大的、小的、厚的、薄的等事物的性质和形状，可以表达等待、饥饿、寂静、黑暗、害羞等事物的状态，能表达全部、大概、非常、很等事物的程度，可以笼统地表示数量和时间，甚至感觉等相对抽象的概念，但这些表达相对抽象概念的手势符号并不等同于语言中的形容词、副词、名词和数量词。这是因为，语言中的词类基本上是固定的，词在语言中表达确定的意义。但是，在印第安手势符号中，手势符号都只能表达笼统的概念，还不能区分词类。比如，表达"极大的惊讶"的印第安手势符号既可以表达极大的惊讶，又可以表达极大的快乐，还可以表达极度的失望，但并不是三个词，同时，它也不是一个表示"极度"意思的词，因为"极度的"意思总是跟惊讶、快乐、失望等具体的意义联系在一起，完全受制于语境，不能单独表意。

 手势图示：双手紧握置于胸前，与肩同高，身体微微弯曲，手与胳膊微微颤抖以模仿冷得发抖的样子。

表达意义：冷的（cold）。

手势图示：伸出右手，手背向上，放在右肩前，然后升高或降低至想要表示的高度。

表达意义：高的（high）。如果要表示低的（low），则做出右手伸平，手背向下，接近地面到想要达到的高度的图示表示。

手势图示：左手掌放在嘴部。许多印第安人也会举右手。这个手势表示极大的惊讶、极大的快乐或极度的失望。

表达意义：惊讶（astonish）。

手势图示：双手各伸出一个手指放在胸前；将双手向后收回几英寸，稍下移，同时弯曲食指。做这个手势时通常只用右手。

表达意义：担心的、害怕的（afraid）。

手势图示：右手掌与胸齐高，水平地从右向左画圈。

表达意义：全部、所有（all）。

手势图示：双手置于胸前，手指弯曲，指尖向前；双手相对并沿曲线向下移动，轻微上移并做出握拳动作；双手相对并相距几英寸，完成动作。

表达意义：许多、很多（many）。

2. 处所和位置

在……下面（below），在旁边、附近（beside or by）；向上（up），向下（low）等表示位置和处所的概念在印第安手势中都有相应的手势符号。如：

手势图示：双手掌心向下，右手在左手之上，平置于胸前，然后将右手从左手之上稍微抬起，表示距离。

表达意义：一物在另一物之上（above）。

 手势图示：双手手背朝上，平置于胸前，左手叠在右手上，然后左手稍微下降，表示距离。

表达意义：在……下面（below）。

 手势图示：右手伸出食指，手背向下，指向前方，手腕带动手背抬起，食指朝上。

表达意义：起来（arise）。

 手势图示：右手食指和中指分开，分跨在直立的左手掌上。

表达意义：横跨，跨在……上，在……两旁（astride）。

 手势图示：右手食指指向天空。

表达意义：向上（up）。

附　　注：手势符号表示向下（down）时以右手食指指向地面来表达。

　　印第安手势符号可以表达相对位置和比较具体的处所，而且习惯于用具体的形象图示所表达事物的位置和处所，还不能用比较抽象的方式表达位置和处所。这其中只有 up 和 down 算是个例外，但即便是这两个手势符号，也还没有完全形成用来指代向上和向下动作的抽象词。因此，在印第安手势语中，表达上下位置有许多不同的手势，如上所示的 up、arise、above、down、below 等，但这些手势符不但具有相对性，而且都与具体的语境相联系。

3. 数量和时间

（1）数量

印第安手势普遍使用十进制，表达 1—10 的手势是右手握拳放在身前，手心朝前，与肩膀齐高，指尖向上。数 1—5 先从右手小拇指开始，依次增加手指直到 5；数 6—10 时左手加右手，右手先从大拇指开始，与左手的表示 5 的手势依次相加。

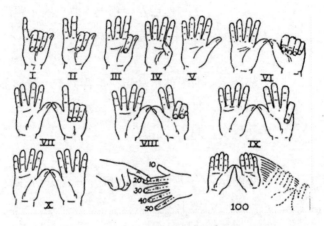

图三　表示数量的手势

数 20—100 的整数时，许多部落采用先表示 10 的手势，然后伸平左手，从大拇指开始数起，依次得到 10、20、30、40、50；然后伸开右手，也从大拇指开始数起，得到 60—100 的整数。单独表示 100 的手势是两手举起，靠近右肩，十指伸开，大拇指相接，向左边沿圆形移动。表示数百时，先做 100 的手势，然后做与上述表示数 10 相同的手势。

（2）月份

印第安手势和图画文字都习惯用具体的事件或当月的性状来称呼月的名字，并使用相应的手势符号表示含意。

一月（January）被称为雪月或冷月，用月（moon）的手势 + 雪（snow）的手势表示。

二月（Ferbruary）被称为饿月，用月（moon）的手势 + 饥饿（hunger）的手势表示。

三月（March）被称为乌鸦月/醒月/暖月，用月（moon）的手势 + 鸟

（bird）＋黑色（black）的手势表示。

四月（April）被称为青草月或鹅月，用月（moon）＋青草（grass）的手势表示。

五月（May）被称为种植月或花月，用月（moon）＋挖（dig）＋生长（grow）的手势表示。

六月（June）被称为玫瑰月或雄鹿月，用月（moon）＋玫瑰（rose）的手势表示。

七月（July）被称为热月或血月，用月（moon）＋太阳（sun）＋热（hot）的手势表示。

八月（August）被称为雷月或鲟鱼月，用月（moon）＋雷（thunder）的手势表示。

九月（September）被称为猎月或玉米节月，用月（moon）＋狩猎（hunt）的手势表示。

十月（Octorber）被称为落叶月或行走月，用月（moon）＋叶子（leaf）＋下降（down）的手势符号表示。

十一月（Novermber）被称为海狸月或疯月，用月（moon）＋海狸（beaver）的手势表示。

十二月（December）被称为长夜月，用月（moon）＋夜晚（night）＋长时间（long time）的手势表示。

（3）具体时间

印第安手势符号中的时间表达总体上比较粗疏，只有白天、夜晚、此时、以前、以后、长久等具体的时间概念，如"麻风病流行的那年""雪月/热月"等与具体事件相联系的年、月。印第安手势符没有抽象的年、月、日、小时、分、秒等概念，虽然有相对的黎明、上午、中午、下午、夜晚，相对的白昼和夜晚，相对的今天和昨天的概念，但仍然不是抽象的、可以独立使用的时间概念。在印第安表示时间的概念中，只有"时间"自身的概念是一个例外，我们推测这一概念的诞生与白人文化的影响有关。即便如此，印第安手势符号中还有不同的表达时间流逝的手势符号，作为对这一完全抽象的时间概念的补充。

手势图示：双手紧握置于身体前方，前臂垂直，双手相距几英寸，双手做颤抖状，表示寒冷。印第安人习惯称一年为"一冬"或"一冷"。

表达意义：冬季或年（winter or year）。

手势图示：右手食指伸直，至于面前 8 英寸处。不间断地快速前移几英寸，并以反弹的方式突然停止。

表示意义：现在，此时（now）。

手势图示：右手和左手食指向左，双手串联，右手后拉 3 英寸。

表示意义：时间（time）。

手势图示：先做时间（time）的手势，然后将右手向前，越过左手并置于左手前方。

表达意义：以后，在（现在时间）之后（after），或者"未来的时间"（future time）。

手势图示：左右食指并排指向左方，做时间（time）的手势，然后右手向右后方移动。

表达意义：以前，在（现在时间）之前（before），或"过去的时间"（past time）。

手势图示：首先做时间（time）的手势，若表示过去的长时间（long time-past），继续向后延伸右手，同时左手食指指向前方；若表示将来的长时间（long time-past），左手食指动作不变，右手食指向前超过左手。

表达意义：长时间（过去/将来）（long time-past/ long time-future）。

手势图示：先做将来（future）的手势，右手向前并超过左手。

表达意义：不久之后（by and by）。

附　注：表达将来（future）的手势前须先做时间（time）的手势，然后再把右手放在左手前。

手势图示：双手平伸，手背向上，距离脸部4英寸，然后同时向外侧沿弧线翻手，双手手掌向上，与肩齐平。

表达意义：白天（day）。

附　注：如果要表达今天（today），首先做现在（now）的手势，然后再做白天（day）的手势。

手势图示：双手平伸于身体前，距离10英寸停住，右手略高于左手，左右手交互移动，用手腕的活动带动双手微微移动。

表达意义：夜晚（night）。

4. 表达感觉

印第安手势语中只有为数不多的，表达爱、生气、妒忌等感觉的手势符号。

手势图示：双臂交叉放在胸前，右前臂贴在身体，右手握拳置于心脏部位，手背朝外，左手腕压住右手腕。

表达意义：喜爱（fond），这一手势还表达注视（regard）、喜欢（like）、感情（affection）、爱（love）等意思。

手势图示：将握紧的右手放在额前，大拇指背紧贴前额，轻轻向外移动右手，同时用右手腕做扭动的动作。

表达意义：生气、愤怒（anger）。

手势图示：双手握拳靠近左右侧胸部，左、右肘各向侧后方移动少许，重复这一动作。

表达意义：嫉妒（jealous）。

（三）印第安手势符号的"表意框架"

我们这里使用的"表意框架"类似于书面语言中的"语法"概念，但并不等同于书面语言中的"语法"。印第安手势符号并不遵循人为的"语法"，而是使用一种自然状态的"表意框架"来交流。换句话说，在印第安原住民的手势符号交流语境中，普通语言学所谓"语法"的概念尚未真正诞生。

虽然没有真正的"语法"，但印第安原住民还是能借助单个符号，单个符号＋符号的结构框架表达和区分单数与复数、财物的所有权和属有者、叙述事件并对事件进行提问等。

1. 指称及指称的单数

印第安手势符号中，表达单数的我（I or me，不能区分主格、宾格），使用"右手指指向自己的胸膛中间位置"的手势；单数的你（you/you，不能区分主格、宾格）使用"指我右手的人"的手势表示；表达单数的他（he/him，不能区分主格、宾格）使用"指向右边一个人"的手势；表达单数的她（she）"做出妇女（woman）"的手势，而表达单数她的宾格（her）则与男性的他（he/him）同样使用"指向右边一个人"的手势，不但没有主格、宾格的区分，也不区分性别。

印第安手势中还没有出现专门指称复数的手势符号。表达我们（we/

us）、你们（you/you）、他们（they/them）这些指称的复数时，使用表示我、你、他/她的手势符号＋全部（all）的结构框架来表达。手势符号中没有单独表示物的"它"，自然也没有复数的"它们"。

手势图示：右手指指向自己的胸膛中间位置。

表达意义：我（I or me）。

手势图示：右手掌与胸齐高，水平地从右向左画圈。

表达意义：全部、所有（all）。

2. 所属

印第安手势符号表达我的（my or mine）、你的（your）、他的（his）、她的（her）等所属概念时，无论单数、复数一般都用以上"指称概念的手势＋拥有（possession）的手势"构成。如需表达我的（my or mine，不能区分主格、宾格），直接做出拥有的手势即可。这是因为在印第安手势符号中，表示"我的"概念的手势与表示"拥有"概念的手势实际上是一致的；表达他的/她的（his/hers）所属概念使用"指向一个人的手势＋拥有（possession）手势"的结构框架构成；表达你的和你们的（your or yours）使用"指那个人＋拥有（possession）手势"的结构框架构成。跟表示指称一样，印第安手势符也没有表达指称复数的领属概念。

手势图示：做出拥有（possession）的手势。

表达意义：我的（my or mine）。

手势图示：保持拳头合拢置于颈项前的手势，回到右边，摆动手略向下，并用手腕指向前方。

表达意义：拥有（possession）。

（四）印第安手势符的"文本"

所谓印第安手势符"文本"概念，类似于书面语言中的句子和篇章，但并不等同于书面语系统中的同等概念。虽然印第安手势符号能够在空中连续打出一连串的手势符号，可以表达相对完整的意思，用来叙述一件事情，类似于书面语中的叙述句。如"我饿了，我想吃东西"（我—饥饿—食物—想要），"我去抓鱼了"（我—去—抓—鱼），"我们看见许多苏族人围坐在一起议事"（我—所有—遇见—许多—苏人—坐—议事）。但手势符的"句子"缺乏严格的逻辑顺序，也缺少规范的语法。交流过程中，双方只需要用手势在空中打出关键手势，让对方理解大意即可，并不需要精确表意或者交流思想。所以，手势符的交流只是随兴而来，兴尽则散，不能指望用这种符号表达清楚的逻辑概念，并以此来进行逻辑的推理和判断。

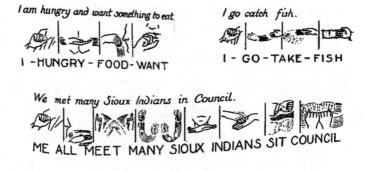

图四　印第安手势符号"文本"概念示例

印第安手势符号中一连串的手势符还可以构成表示提问的某个"句子单位"，其功能相当于书面语中的疑问句，表示对人物、地点、对象、方式等的疑问。如"什么是你的名字？"（问—你—称呼），"你多大了？"（问—多少—你—冬天），"你住在哪里？"（问—你—居住），"我白天见到的那个印第安人是谁？"（问—印第安人—我—见到—你—和—白天）。手势符号虽然能行使询问和疑问的功能，但疑问词并没有明确的分工。一个印第安表示询问（question）的手势符几乎代表了英文中所有的疑问代词和疑问副词，如 who、where、when、what、that、how 等。由此可见，跟不能区分词类相应，印第安手势符也不能明确区分句型。

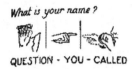  

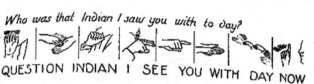

图五　印第安成串手势符号表示提问的"句子单位"示例

AN INDIAN BLESSING

May the Great Mystery make sunrise in your heart: GREAT MYSTERY—WORK —SUNRISE—YOUR—HEART.

BOY SCOUT OATH EXPRESSED IN IDIOM

(The text of the oath is in lower case, the sign language version is in capitals.)

On my honor
OATH (God sees my hands, they are clean)

to do my duty to God
GOOD—WITH—GOD

and to obey the scout law.
OBEY—SCOUT—LAW,

To keep myself physically strong,
I—KEEP—ME—STRONG

and morally straight.
HEART—GOOD.

I will do my best
I—EFFORT—WORK

and my country
WITH—MY—COUNTRY

To help other people at all times
I—WORK—WITH—ALL—PEOPLE—OFTEN

mentally awake,
MIND—ALIVE,

图六　印第安手势符祷告词

说明：英文祷告词汉译见下，图中印第安手势符用大写英文字母词来表示。

英文汉译：我主

印第安手势符表达：主（神看见我的双手，它是洁净的）

英文汉译：我愿荣耀我主，为主做工

印第安手势符表达：我—成就—做工—好—为—神

英文汉译：我的同胞服从神的律法

印第安手势符表达：和……在一起—我的—同胞—服从—神—律法

英文汉译：任何时候帮助他人，保持我自己的身体强壮，心理觉醒和道德自律

印第安手势符：我—做工—为—所有—人—常常—我—保持—我—强壮，心智—活跃，道德—良好

William Tomkins 的 *Indian Sign Language* 中引了一段白人传教士教导皈依基督教的印第安信徒时使用的祈祷词，这段话使用英文和印第安手势符双语对照的形式，对我们了解印第安手势符的篇章框架提供了有益的帮助，我们把这一祈祷词译成汉语。可以发现，这一段双语对照的文本与前面我们看到的印第安手势符号中的"句子"并没有两样，只是对句子的叠加和拉长而已。我们据此做出大胆的推测，印第安手势符的句子和篇章之间并没有明显的分界，句子是短的篇章，篇章只是句子的延伸，两者没有本质的区别。因此，我们这里选择使用"文本"（text）的概念来描述印第安手势符号的句子和篇章，不再做出区分。

三　印第安手势符号的性质和功能

在分别介绍了印第安手势符号的概念、结构框架和文本层面的材料之后，我们对印第安手势符号的性质就有了明确的认识。

手势符只是一个概念单位，只有在交流的语境中使用时才能确定其含意，脱离语境的单个的手势符意义并不确定。如"放弃"的手势符在不同的交流语境中又有离婚、扔掉、流离失所的意义，"滥用"的手势符在不同的交流语境中又有责骂、诽谤、诋毁、贬低等意义；"恐怕"的手势符在不同的交流语境中又有畏缩不前、胆怯怕事、猜疑、鲁莽、恐惧、紧张、害怕等不同意义；手势符能表达左、右的概念，却没有表示相应的左手和右手的符号；能表达听的概念，却没有表示耳朵的符号；能表达看的概念，却没有表示眼睛的符号；能表达喝水、吃饭的概念，却没有表示口的符号；有表达裹腿的概念，却没有表示腿和脚的符号。几乎没有表达人体各部位的手势符号。这种情况，若用书面语的概念来表述，就是"名动相因"或"词无定类"。同一个字符可能是名词、可能是动词，甚至也可能是短语，组合符号只有结合语境才能被完全理解，单独出现的符号组合往往难以确定意义。

此外，印第安手势符号中的"同义现象"比较普遍，据我们的初步统计，在 William Tomkins 列出的 384 个有相应手势符配图的字符中，156 个手势符有同义现象；除了同义现象，印第安手势符中也有较多的"异写现象"，即同一个事物有不同写法的手势符。

印第安手势符号的排列次序按照自然原则，手势符号仅表达核心概念，手势符号中修饰和限制的符号数量虽然不算少，但是在句子中使用时依然没有太多的修饰和限制的成分，而且没有形成固定的搭配，即没有所谓的"词组"概念。

印第安手势符并不存在严格的语法概念。虽然可以表示性、数、格的意义，但缺少完整的性、数、格的概念。名词的性通过加上 man/woman 或 male/female 表示，一头母熊用 a she bear（——她—熊）；虽然有表示数的手势符，但表达方式却有两种：数 1—10 的数字是依次从左手到右手的顺序数手指头；数 10—90 时需要先做出 10 的手势，然后依次从左手到右手的顺序数手指头；100—900 的数字时也需要先做出 100 的手势，然后依次从左到右数到 900；人称指称只有单数，没有复数概念，复数意义通过在单数 I、you、he/she 加上 all 变成复数来实现；手势符没有主格和宾格的区分 i/me、you/you、she/her、he/him 在手势符中没有分别；手势符虽然可以表达领属关系，但通常靠加上表示领属关系的指称手势来区分，如那人的马（that man's horse），在手势符号中表示为 man that his horse（人—那—他的—马），等等。

印第安手势符中表达动作行为的符号没有形态变化。一般情况下使用的时态都假定是现在式，如果要表示过去、将来时态，则需要另加表示具体时间的 past、now、future 等符号来表示。如"我已经吃过了"（I have eaten），用手势符号表示则是 I done eaten（我—完—吃）；我将/会吃（I shall eat），用手势符号表示则是 I time ahead eat（我—时间—前面—吃）。

印第安手势中有一个用途广泛的提问词（question），这个词经常出现在问句的开头位置，它的意思和用途完全取决于语境，在不同的句子和上下文中分别表示这、那、谁、什么、怎样等意思。相当于英语中的 who、what、why、when、where、this、that、how、how many、call you、will you

等。如 Where are you going?（你要去哪儿?），手势语用 question、you、going 的手势表示。What do you want?（你想做什么?）手势语用 question、you、what 的手势表示。

结合前述印第安手势符号的符号功能和印第安手势符号系统中符号的性质，可以基本确定：平原印第安人使用的手势符号是一种超语言、超方言的图画文字，还不是记录语言的手势语。这正是本书主张采用"印第安手势符号"而不再沿用"印第安手势语"的根本原因。

我们认为，通常所说的印第安手势语实际上是一种用手势来表情达意，在不同的部落之间交流和沟通信息的前文字。这种前文字不一定非借助口语或记录口语，或与口语密切结合，但却使用在较大的范围内普遍使用，具有超语言、超方言的性质。印第安手势符号与文字系统出现后与特殊人群（如聋哑人）使用的手语不同，因为印第安手势符虽然能直接表情达意，但并不能很好地表达"语义"，记录语词或者与语词一一对应，还因为印第安手势缺乏语言的逻辑顺序，而聋哑人的手语则是非聋哑人在语言和逻辑顺序基础上为聋哑人创制的特殊文字，聋哑人的手势语明确表达语义并与语词对应，同时也符合语言的逻辑次序。因此，印第安手势语实际上是一种超语言的直接表情达意的符号系统，聋哑人的手语只是一种特殊的语言符号，两者不能混而为一。

四　印第安手势符号与印第安图画文字的关系

既然印第安手势符号本质上是一种图画文字，那它跟印第安民族普遍使用的另外两类图画文字①存在什么关系，这是本节要讨论的问题。

William Tomkins 认为手势符号与图画文字关系密切，尤其是在怀俄明州

---

① 印第安人自己把他们使用的图画文字分为两类：一类是用于日常记事的图画文字（原住民称为 kekeewin，意思是这类的事情）；另一类是用于沟通人神的图画文字（原住民自称为 kekee-owin，意思是祭司和先知的教导）。关于这两类印第安图画文字，详见作者另文讨论。

的苏族和齐佩瓦族中是如此。我们发现，奥吉布瓦族的图画文字符号与手势符号在表意框架和符号构图方式方面都有不少的共同点。而这些图画文字是超越媒介的，它们以岩石、桦树皮、编框、编珠、编贝等印第安民族常见的书写媒介为依托，但并不受这些媒介的制约。下面我们举一些例子来对印第安手势符号和图画文字做一对比。①

S1   T1

S1 手势符图示：伸出两个手指置于眼睛之前，手指指向前方，表示看的意思。

T1 图画文字：在人的侧面轮廓头像的眼睛部位向前方延伸出一条虚线，表示看的意思。

S2   T2

S2 手势符图示：用右手食指指甲抵住右手拇指，手稍向前移，弹开食指（意为丢掉），并重复动作几次，表示说、谈话的意思。若表示会议"长谈"，则右手伸平，手背向下，放在嘴前，向前移动几英寸，重复以上动作。

T2 图画文字：人物的侧画像，从嘴部向外上方延伸出一条线，表示说的意思。

S3   T3

S3 手势符图示：伸出食指，向面部方向移动，表示来的意思。

T3 图画文字：伸出手臂并弯曲手臂，手指朝向面部，表示来的意思。

---

① 此处例子的汇集是由王惠杰做出的，我做了个别调整，并重新编制了图形的编号，编号中的 S 代表印第安手势符，数字 1—9 为区分文中图形次序的编号；T 代表印第安图画文字，数字代表的意思同前。详见其论文第 16—20 页。

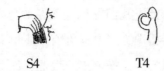

S4　　　　　　T4

S4 手势符图示：右手收缩，置于嘴部上方，沿曲线向下略过嘴部几次。表示吃的意思。

T4 图画文字：手握食物送往口中。表示吃的意思。

S5　　　　　　T5

S5：手势符图示：先做夜晚（night）的手势，右手拇指和食指做半月状，将其置于想象中月亮所在的位置。表示的意思是夜晚的太阳。

T5：图画文字：图画月牙的形状，表示的意思是月亮。

S6　　　　　　T6

S6 手势符图示：右手握拳，手背向右，举于距右肩 12 英寸处，与胸齐高；向上移动手至前方，再下移并收回至初始位置，重复动作，表示的意思是拄拐棍行走。

T6 图画文字：拄拐杖的人物形象表示"老"或"老人"。

S7　　　　　　T7

S7 手势符图示：双手握拳置于头前，互相靠近，手背向上，处于同层高度；手腕带动手向下轻轻移动，并同时张开手。慢慢重复两遍以上动作。表示的意思是从云中落下的雨。

T7 图画文字：上部的弧线表示天空，下方竖线代表落下的雨滴；下部是两只手并拢，手指分开，表示的意思是雨落的形状。

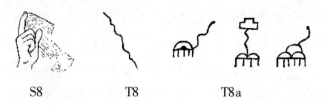

S8　　　　　　T8　　　　　　T8a

S8 手势符图示：右手食指指尖向上；先向右移动，再急速向下，模仿闪电的闪光。表达的意思是之字形闪电。

T8：图画文字：岩画中直接用之字形曲线表示闪电。

T8a 是来自亚利桑那奥克利泉岩画，岩画用三种方式表示闪电：中间的方块状元素表示天空，线条改变的方向表示雨水下落方向，下方带有竖线的半圆形表示双手。表示的意思都是闪电。

S9　　　　　　T9　　　　　　T9a

S9 手势符图示：用右手做害怕（afraid）的手势。两手各伸出食指放在胸前，两手向回缩并轻轻下降高度，同时弯曲食指，表达的意思是缩回来（fear）。

T9 图画文字：画一只弯起手指的手臂，表达的意思是缩回来。

T9a 图画文字：画人物的正面图，横线代表胳膊，两点表示缩起的双手，表示的意思是缩回来。

S10　　　　　　T10

S10 手势符图示：小拇指边缘与身体接触，放在身体正中；向左右分别移动，表示切为两半，表示的意思是一切两半（Hungry）。

T10 图画文字：来自岩画，人物腰部的横线同样表示将人切为两半，表达的意思是一切两半（Hungry）。

从上面的例子可以看出，平原印第安人，尤其是奥吉布瓦、奇奥瓦、达科他族，他们使用的手势符号与图画文字之间，无论在符号性质方面，还是在符号表意框架方面都有异曲同工之妙，两者的区别只在于表达功能上稍有差异。手势符号更适合在林地打猎时使用，具有一定的私密的性质；由于打手势不需要像画图画一样寻找专门的介质，所以使用起来更加方便，更加便捷流行；但手势符号毕竟是当下的艺术，随打随失，除非有专门的记录才能保存。相对而言，图画文字在存储信息方面有更大的优势。书写的图画能够跨越时间和空间的阻碍保存下来，更好地传递信息，在对抗遗忘的侵蚀方面，图画文字显然比手势符号更具优势。

印第安手势符号和图画文字都是超语言、超方言的符号系统。两者都能直接表情达意而不受语言的羁绊，两者都使用无声的图画方式传递信息，都是所记录语言的成熟文字出现之前的视觉表达方式，因此，它们都可归属于我们所说的"前文字"① 的范畴。

［本文完整版尚未公开发表，现收入本文集。另，本文简版拟刊于《中国海洋大学学报》（哲学社会科学版）2017 年，署名黄亚平、伍淳］

---

① 我们所说的"前文字"，是指文字之前尚不能完全记录语言的视觉符号的总称。从符号形体着眼，"前文字"是指史前符号和艺术品，而文字则是指能够逐词记录语言的成熟的符号系统；从共时层面来看，由于世界各地文明发展的不均衡性和各文明体的千差万别。我们所说的"前文字"也有可能发生在某文明体的某发展阶段，甚至某发展相对滞后的文明体之中。"前文字"概念中的"前"是一个相对的时间概念，不宜机械地理解为"史前"。有关"前文字"的详细讨论，可参见黄亚平《前文字研究》，此不赘述。

东巴教祭风仪式中的木牌画、
象形文字和经文诵读

祭风仪式是东巴教诸多祭祀仪式中的一种重要仪式，这是为风流游荡之鬼举行的专门祭祀仪式，属于鬼魂崇拜的一种现象。举行这种祭祀仪式的目的是安慰因殉情而死的男女青年，同情他们的悲惨遭遇，超度他们的亡灵，祝福他们在天国找到幸福。祭风仪式有"小祭风"与"大祭风"之分，但小祭风和大祭风其实只是祭祀的规模和程度有些差别，前者的规模小，后者的规模大而已。在长期的宗教活动中，祭风仪式已经形成了固定的祭祀程序，并记载于专门的祭祀书籍之中。

本文重点讨论祭风仪式中使用的木牌画、象形文字经文及诵读经书在仪式语境中的功能地位和相互补足作用。

一　木牌画

木牌画是由东巴临场制作的祭祀用物，需在祭祀的头天下午完成制作，一般需要四五十块。木牌画用矿物质彩色颜料绘制东巴教的护法神、山神龙王以及与祭祀活动有关的各类鬼魂和牺牲的形象，内容广泛，形象各异，颜色鲜艳。

木牌画是东巴祭祀仪式的重要组成部分，是贯彻东巴教万物有灵、灵魂不灭观念的形象化的载体，也是沟通人与鬼神世界的中介物，纳西族十分相信东巴所画的形象具有精灵和魔力，可以给活人带来福泽，也可以带来灾难。

图一　东巴祭风仪式中的木牌画

资料来源：郭大烈、杨世光主编：《东巴文化论集》，云南人民出版社1985年版。

木牌画是东巴人为了配合巫术活动使用的一种特殊的绘画形式，虽然是东巴人临时绘制的，但由于长期的宗教祭祀活动的需要，已经产生了固定的、程序化的画稿供东巴制作木牌画时参考。

(a)

(b)

(c)

图二　木牌画稿

说明：图（a）画谱右半部依次为青骡、达勒阿萨命、山麓、云朵、水流；画谱左半部从上到下依次为插花头帕、云、风、银手镯、插花银领扣、新衣、新裙、靴子、绣袋、兽角、竹笛、口弦，这些都是风神阿萨命的嫁妆。此画稿为东巴商尼才（清末民初）所绘，参见和志武《祭风仪式及木牌画谱》（云南人民出版社 1992 年版）。

　　画面由简练的符号和图像共同构成，符号既是图画的有机组成部分，又是象形文字的雏形。画稿既可以看成文字符号堆砌而成的图画，也可以看成图画性的文字。周有光认为，木牌画稿就是东巴象形文字的前身。

　　图三和图四两幅画稿分别讲述的是"祭风仪式主神达勒阿萨命"和"长着山羊头的鬼王"的故事。两幅画稿只图写了故事的梗概，完整的故事要依靠东巴口说来解释；画面已经基本固定，比较规范，画面中的符号既是图画的有机组成部分，又是象形文字的雏形。详见东巴文化研究所编《纳西东巴古籍译注全集》第21卷（云南人民出版社2000年版）。

　　大部分木牌画中的图像与纳西象形文字共存于画面中，它们互相补足，互相说明。图画和文字的互补关系非常普遍。

图三　祭风主神达勒阿萨命画稿

　　说明：画稿中从上到下依次为旋风、云朵、达勒阿萨命、青骡、山岩。

图四　仄鬼木牌画稿

　　说明： 画稿从上到下依次为露水、海、天、日、月、星辰、白云、鹰、黑头喜鹊、仄鬼居住的村寨、扛着旗子的长山羊头的仄鬼。

图五　还债用木牌画稿

　　说明： 图的上半部分画一个东巴巫师，一手拿旗，一手执法鼓，旁边画一个小鬼，下面一只狗；图的下半部分是象形文字：意思是"用木牌偿还鬼债"，此处象形文字尚不能逐个记录语词。详见东巴文化研究所编《纳西东巴古籍译注全集》第21卷，云南人民出版社2000年版。

图六　宝物木牌画稿

　　说明：最上面部分是常见的露水、海、天、太阳、月亮、星辰，每幅画稿基本都是这样的开头，其中的符号已经文字化，类似于中国画的题头；宝物从上到下依次为诺贝、海螺、依端、净水壶、柯鲁、含使玖深、双鱼；最下面是一组象形文字，意思是"招回这一户主人家的魂魄"，象形文字依然不能逐个记录语词。详见东巴文化研究所编《纳西东巴古籍译注全集》第21卷，云南人民出版社2000年版。

图七　五方楚鬼、优鬼头目画稿

　　说明： 从左到右的象形文字依次是东方的寿衣戈嘎麻、南方的卡丹启自麻、西方的敬土西麻欣、北方的套拉金自麻、天地中央巴敦哈拉麻；紧挨象形文字旁边是东、南、西、北、中五方楚鬼、优鬼坐骑的图像；画稿的右下角是一组象形文字，意思是"千千万万的楚鬼优鬼"。详见东巴文化研究所编《纳西东巴古籍译注全集》第21卷，云南人民出版社2000年版。

二　象形文字经书

　　东巴教用象形文字书写的经书总量在一千种以上，数量近三万册，内容十分丰富，用途也非常广泛。仅在祭风仪式中使用的经书就不下几十种。

首先，这些经书都用象形文字书写，文字尚不能逐个记录语词。这里试举两例。

祭风仪式头天晚上由东巴们集体诵读《设坛撒祭米·迎卢神沈神除秽经》片段（图八）。

图八 《设坛撒祭米·迎卢神沈神除秽经》片段

资料来源：东巴文化研究所编：《纳西东巴古籍译注全集》第79卷，云南人民出版社2000年版。

汉文翻译：说有福分，卜师有福分，卜师的福分来自天边长满星星的山崖上。说有福分，石头有福分，石头的福分来自生长石头的鲁余海中。说有福分，水流有福分，水流的福分来自高高的山岭上。在东巴祭司尚未就座前，卢神不会起身，现在东巴祭司已就座在祭台前，卢神便起身来到了祭祀场上。当首长还未就位时，没有人组织人去大山菁中设防，大酋长就位后，山菁之中设下了坚固的防线。世上最高的是天，天由盘神开，高山之上长满星星，那是卢神安排的结果，庄重的祭祀卢神。地由禅神所开辟，地域清澈，大地上长满了青草，这是卢神所安排，庄重的祭祀卢神。天地相匀称、日月相交替，昼夜圆满，星辰相辉映，大山上长满森林，山菁中有许多石头，江河中流淌着滔滔的水流，这一切都是卢神安排的结果，庄重的祭祀卢神。村寨由会者所建造，建造的村寨如山岭般高大，这是卢神所安排。

祭祀的第二天晚上由东巴们诵读的《鲁般鲁饶经》片段（图九）。

图九 《鲁般鲁饶经》片段

资料来源：东巴文化研究所编：《纳西东巴古籍译注全集》第83卷，云南人民出版社2000年版。

汉文翻译：远古的时候，崇忍利恩从天上迁徙下来，青年人和人类一起迁徙了下来。所有的人类，从居那若罗神山上迁徙下来。所有鸟类，从垭口坡上迁徙下来。所有的水，从高山峻岭上流下来。在人类生存的辽阔大地上，所有的牲畜和禽兽迁徙下来了，所有的粮食和庄稼迁徙下来了，所有的人类和华神（人类繁衍不断的神）迁徙下来了。人类经过迁徙，才到达辽阔大地上，青年男女们不能再走了。一天早上，天上的星星要迁徙，星星迁徙由玉星来引路，星星的迁徙，使天上布满了星星，就让星星迁徙吧，青年男女们不能再走了。一天早上，大地上的青草要迁徙，青草迁徙由蒿草来引路，青草的迁徙，使大地长满了青草，就让青草迁徙吧，青年男女不能再走了。一天早上，树木要迁徙，树木迁徙由杜鹃来引路，树木的迁徙，使大山上长满了树木。就让树木去迁徙吧，青年男女们不能再走了。一天早上，水流要迁徙，水流迁徙由龙来引路，水流的迁徙，使水流遍了山川。就让水流去迁徙吧，青年男女们不能再走了。所有的青年男女们说："要建造青年人自己的村寨，它就名叫塞柯塞鲁鸣。"

其次，象形文字书写的经书还被作为祭祀对象陈列在祭祀场合中，如图十所示。

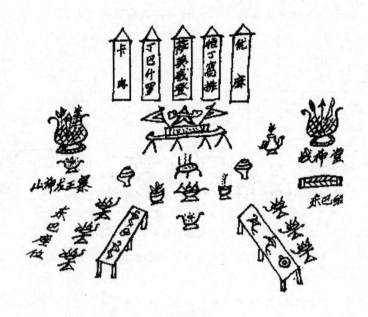

图十　祭风仪式神堂设置示意

资料来源：和志武：《祭风仪式及木牌画谱》，云南人民出版社 1992 年版，第 100 页。

这种情况在美洲玛雅文化中也能见到，德国学者白瑞斯指出，在美洲文明中"书籍不仅因为其记载的内容而受到尊敬，它本身也可能成为礼仪祭祀的对象"。

最后，木牌画上鬼神的图画和痕迹（指文字，纳西东巴文称文字为"森究卢究"，意思是刻在金石上的痕迹）是来向人索债的鬼魂，木牌上画的粮食和宝物都是用来偿还鬼魂债务的物品，木牌上的人是替主人还债的替身，木牌上画的头、手、眼睛、心、肝、肺就是人的器官的替代物，木牌充当了替人向鬼魂偿还债务的角色，不仅仅是一幅有意义的图画，如图十一所示。

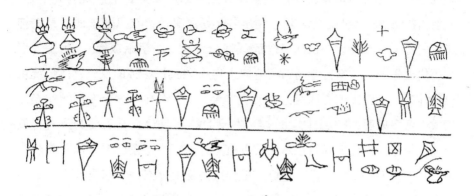

图十一　木牌画上的各种物件

资料来源：东巴文化研究所编：《纳西东巴古籍译注全集》第18卷，云南人民出版社2000年版，第27页。

汉文翻译：由东巴什罗、伊世补左、壬补罗寿亲手写。用银子做的白颜色的水来写，由黄金制作的黄颜色的水来书写，用松石做的绿色的水来书写，用墨玉制作的黑色的水来写。在木牌上写上千种的好财物，写上百种的好粮食，写上楚鬼、优鬼、毒鬼、仄鬼的形象和痕迹。用木牌偿还楚鬼和优鬼索取的债。用木牌的头替下人的头；用木牌的眼睛替下人的眼睛；用木牌的肺替下人的肺；用木牌的手替下人的手；用木牌的肝替下人的肝；用木牌的腿替下人的腿。把这一户主人所有的疾病和灾祸，都寄在木牌上抛出去。

三　祭祀内容及场景

（一）祭祀内容

祭风仪式一般进行三天。头一天的白天，东巴们要准备祭祀物品。晚上举行迎神、点鬼仪式，在仪式上，东巴们要大声诵读《设坛撒祭米·迎卢生神除秽经》《请山神龙王》《祭风·开坛点鬼经》《燃灯经》等经典，迎接诸神的光临。第二天上午，东巴们要为迎请的诸神、鬼举行诵经祭祀仪式并为死者招魂，仪式上要在经堂集体念诵多种迎神经，如《请阴阳神虔祝经》《祭风·人类迁徙记》《迎五方东巴经》等，诵毕烧香、献祭，迎请诸神下界，帮助东巴作法，镇压各类妖魔鬼怪；在鬼寨念诵《祭煞神经》等经典；在特设的祖坛前念诵《迎祖经》《祭祖献饭经》，为主人祭祀历代祖先。下午举行专门的迎请"卡冉"四头护法神的仪式，跳传统东巴迎神舞，东巴集体念诵《迎四头五神经》（卡冉神是一个专门镇压祭风仪式中众多鬼魔的护法神，因此需要专门仪式迎请）；其后要为死者行放琀礼，使非正常死亡的祭祀对象具有祖先亡灵资格，东巴要念诵《祭阿萨命经》《飞鬼结巢经》等，分别祭祀众鬼。晚上献祭后，东巴要在鬼寨前诵读《鲁般鲁饶》。第二天下午和晚上的仪式由于有东巴乐舞表演和情节曲折动人的民间文学活动，所以观看者众多。尤其是晚上举行的诵读《鲁般鲁饶》的仪式，在优美的音乐伴奏下，东巴大声诵读情节动人的爱情故事，实际上是民间文学表演活动，能引起观众极大的兴趣。第三天上午主要祭祀殉情鬼，举行送鬼仪式，为殉情者祭祀，念诵《解脱年灾经》，表明主人家已经解脱被鬼纠缠之灾，在鬼寨前集体念诵一系列送鬼经书《送鬼往乐园经》《逐鬼经》等，表示驱逐鬼怪。下午的主要仪式是送祭风树。在野外祭风场重新布置鬼寨、立祭风树，设简易神坛，念诵祭鬼经书，杀一只鸡、一只山羊举行生祭、烧祭和熟祭，最后念诵《送鬼经》和《结尾经》。晚上举行送神仪式，东巴集体念诵《燃灯送神》《送神安位经》《醒根通昌·忏悔经》等。仪式到此基本结束。

（二）祭祀场景

按照东巴经对祭祀规程的要求，举行祭风仪式的场地须在祭祀者的院落和户外两地进行。院落内包括堂屋内设的经堂（又称神堂）和经堂前空阔之地的鬼寨。

神堂一般设在西房或北房的中间堂屋之中。神堂内的陈设见图十。

鬼寨设在堂屋前的院落空阔之地。鬼寨设置如图十二所示。

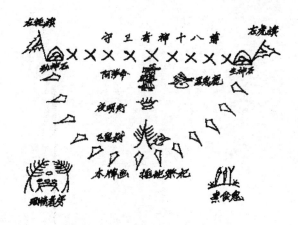

图十二　祭风仪式中的鬼寨示意

资料来源：和志武：《祭风仪式及木牌画谱》，云南人民出版社 1992 年版，第102 页。

树鬼寨之后要立祭风树，两树之间用一根绳索相连，上面挂满了殉情者生前喜爱的物件，如口弦、直笛、梳篦、圆镜、香袋等，如图十三所示。

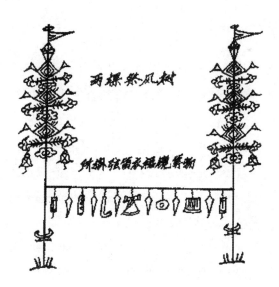

图十三　祭风仪式中祭风树示意

资料来源：和志武：《祭风仪式及木牌画谱》，云南人民出版社 1992 年版，第103 页。

比较直观的室内祭祀场景如图十四所示。

图十四 祭风仪式道场

资料来源：郭大烈、杨世光主编：《东巴文化论集》，云南人民出版社 1985 年版。

如同世界各地的古老祭祀仪式一样，东巴教的祭祀仪式充满了神秘的、现场参与的特色。宗教祭祀仪式具有综合表达的性质，视觉的神像图画、木牌画、象形文字、雕塑，听觉的音乐、经文诵读、讲述故事，身体的舞蹈、巫术表演，甚至神灵、巫师、观众共同参与，被情境化在特定的时空氛围中，共同组成祭祀仪式的语境。

在祭祀仪式中，木牌画和用象形文字记载的经书具有特殊的功能。它们不但是祭祀仪式必需的道具，本身也是祭祀对象之一。木牌画和神鬼图像一起出现在祭祀仪式中，象形文字书写的经书既是陈列的内容之一，也是口头演示——诵读的主要内容。作为陈列的"道具"之一，它与其他的陈列品，如神像、神鬼雕塑一样被陈列并接受膜拜，具有神圣功能；作为东巴诵读的书籍，它又记载了祭祀仪式全部内容并且是新的祭祀仪式及其各种规程，包括各种人物、用品的依据。用图画文字书写的经书除了展示的功能之外，主要通过口头演示——诵读的方式参与祭祀，而且是祭祀活动的主要依据。当然，与经文诵读一样展示的还有宗教音乐与宗教舞蹈等祭司身体参与的表现形式。丰富多彩的表现形式反过来又在多重维度中扩展了对经文文本的想象。

[本文是作者为 2009 年 3 月德国布列菲尔德大学跨学科研究中心 (ZIF) 主办的"传统的复兴与再现"国际学术会议所写的主题发言，尚未发表，现将中文版收入本书；本文另拟收入《华西语文学刊》第 13 辑，四川文艺出版社 2016 年版]

广 义 文 字 学 研 究 自 选 集

文字与文明研究

碰撞与整合

——为《山海经》投射的中国神话的层级性二元互补结构

《山海经》是中国上古的一部奇书，与先秦时代其他载有神话故事的著作，如《庄子》《列子》《楚辞·天问》《淮南子》等相比，《山海经》是一部比较全面记载上古神话故事的神话著作。①

一 为《山海经》投射的三大神系及其谱系含义

为《山海经》记载的具有原型意味的神系基本上有三个：帝俊神系、炎帝神系和黄帝神系。② 这三大神系分别对应于史前时代的东方氏族集团、南方氏族集团和北方氏族集团，为这三大集团的成员所自行创造。在其后漫长的文化交往过程中，三大集团的神话原型和神的谱系不断发生摩擦、碰撞、转换和重组，当它投射于以《山海经》为代表的文本的时候，就表现为神话原型和神的谱系的重叠和交叉。这种情况常常为习惯于理性思维的现代人所诘难和驳斥，但却是非常符合前逻辑思维习惯的常见现象。我们只有冲出理性思维的桎梏，才能理解为神性思维所津津乐道的神的故事。

---

① 《山海经》有多种注本，本文以袁珂先生《山海经校译》的校正和标点为主，特致谢忱。

② 有关《山海经》中群神古帝世系的分类，又可参见刘起釪《战国时〈山海经〉中群神古帝世系》,《古史续辨》,中国社会科学出版社 1991 年版，第 18—22 页。

（一）帝俊神系

帝俊神系根据其神系成员的分工可以分成两大类：一类是掌管日月及日月运行的天神；另一类是发明舟、车等人类用具的人文始祖。当然在天神和人文始祖之间也还存在着种种交叉和重叠。帝俊神系中构成天神系统的成员主要有帝俊、他的三个妻子及其神性子女。其三个妻子是羲和、常羲和娥皇。

羲和是太阳的母亲，她生了十个太阳兄弟，并且负责为太阳兄弟洗澡。"东海之外，甘水之间，有羲和之国。有女子名曰羲和，方浴日于甘渊，羲和者，帝俊之妻，是生十日。"（《大荒东经》）

常羲是月亮的母亲，她生育了十二个月亮姊妹，也负责为这十二个姊妹洗澡。"帝俊妻常羲，生月十二，此始浴之。"（《大荒西经》）

娥皇是三身国的母亲。"帝俊妻娥皇，生此三身之国，姚姓，黍食，使四鸟。"（《大荒南经》）

除了明确记载属于以上三位妻子生育的神系家族之外，《大荒经》还直接标明了许多为帝俊所生直系成员的古国，如中容之国、司幽之国、白民之国、黑齿之国、三身之国、季厘之国、西周之国、儋耳之国、牛黎之国、殷商之国等，共计十国。

帝俊既是伟大的天神，也是体恤人间的人文始祖，为了消除十个太阳的毒晒，他派羿到人间，并赐给他红弓银线，让他扶助下界百姓，解除种种痛苦。"帝俊赐羿彤弓素矰，以扶下国，羿是始去恤下地之百艰。"（《海内经》）他还让他的神子神孙们为民众造福。不但舟车、各种手工艺器具是由神的子孙们制造的，百谷以及播种百谷的方法是由神的子孙们教会的，而且琴瑟、歌舞等原始文明的发明也是帝俊大神及其子孙们的杰作。

> 帝俊生禺号，禺号生淫梁。淫梁生番禺，是始为舟。番禺生奚仲，奚仲生吉光，吉光是始以木为车。（《海内经》）
> 帝俊生晏龙，晏龙是为琴瑟。（《海内经》）

帝俊有子八人，是始为歌舞。(《海内经》)

帝俊生三身，三身生义均，义均是始为巧□，是始作下民百巧。后稷是播百谷。稷之孙曰叔均，是始作牛耕。大比赤阴，是始为国。禹、鲧是始布土，均定九州。(《海内经》)

帝俊生后稷，稷降以百谷。(《大荒西经》)

从《山海经》的记载来看，帝俊应该是地处东方的上古东方民族的天神兼始祖神。帝俊神系诸神所从事的活动多与太阳、月亮的运行以及围绕着太阳、月亮运行的原始农业、手工艺生产有关。帝俊神族组成的古国成员以黍（五谷）为主食，只有中容、季厘以兽类（肉）为主食，可见帝俊神系的成员大多数是以原始农业为生的地处东方的庞大氏族集团。紧随帝俊神系诸神左右的图腾动物总是豹、虎、熊、罴。诸神对人类的贡献是发明舟车、彤弓、琴瑟、歌舞、各种手工业（百巧）、百谷、牛耕、规划土地（布土）等。从这个神系诸神的关系以及诸神所负责的工作可以推测，帝俊神系应该是以东方太阳神神话为原型的原始社会父系氏族阶段的产物。

(二) 炎帝神系

《山海经》记载的炎帝神系如下：

炎帝之妻，赤水之子听沃生炎居，炎居生节并，节并生戏器，戏器生祝融，祝融降处于江水，生共工。共工生术器，术器首方颠，是复土壤，以处江水。共工生后土，后土生噎鸣，噎鸣生岁十有二，洪水滔天。(《海内经》)

炎帝之孙伯陵，伯陵同吴权之妻阿女缘妇，是生鼓、延、殳，殳始为侯，鼓、延是始为钟，为乐风。(《海内经》)

有氏人之国，炎帝之孙名曰灵恝，灵恝生氏人，是能上下于天。(《大荒西经》)

氏人国在建木西，其为人人面而鱼身，无足。(《海内南经》)

炎帝之女名曰女娃，女娃游于东海，溺而不返，故为精卫，常衔西山之木石以堙于东海。(《北山经》)

大荒之中，有山，名曰成都载天。有人珥两黄蛇，把两黄蛇，名曰夸父。后土生信，信生夸父。(《大荒北经》)

形天与帝争神，帝断其首，葬之常羊之山，乃以乳为目，以脐为口，操干戚以舞。(《海外西经》)

从以上材料看，《山海经》记载的炎帝神系的诸神位于中国南方，这个神系诸神的主要活动是以火、火燃烧之后生成的土以及土具有的堵塞水的功能为中心的，主要成员有炎帝、祝融、共工、后土、夸父、形天、精卫等。《山海经》对炎帝神系的记载相对帝俊神系和黄帝神系来说都比较简略。

(三) 黄帝神系

在《山海经》里，黄帝的神族远不及帝俊神系那么兴旺发达。与帝俊相比，黄帝更多是人文始祖，因而显得神性不足而人性突出。作为人文始祖神的黄帝，与以北方为主要活动范围的许多古国有关，加上他的著名的子孙后裔，比如颛顼，更是典型的人文始祖的形象。

黄帝生禺□，禺□生禺京，禺京处北海，禺□处东海，是为海神。(《大荒东经》)

黄帝生苗龙，苗龙生融吾，融吾生弄明，弄明生白犬，白犬有牝牡，是为犬戎，肉食。(《大荒北经》)

有北狄之国。黄帝之孙曰始均，始均生北狄。(《大荒西经》)

黄帝生骆明，骆明生白马，白马是为鲧。(《海内经》)

黄帝娶雷祖生昌意，昌意降处若水生韩流，韩流擢首谨耳，人面豕喙，麟身渠股，豚止。取淖子曰阿女，生帝颛顼。(《海内经》)

颛顼生□头，□头生苗民，苗民□姓，食肉。(《大荒北经》)

轩辕之国在穷山之际，其不寿者八百岁。在女子国北。人面蛇

身，尾交首上。(《海外西经》)

穷山在其北，不敢西射，畏轩辕之丘。(《海外西经》)

有轩辕之台，射者不敢西向，畏轩辕之台。(《大荒西经》)

有轩辕之国。江山之南栖为吉，不寿者乃八百岁。(《大荒西经》)

作为天神身份的黄帝，住在昆仑山上。"海内昆仑之虚，在西北，帝之下都。昆仑之虚，方八百里，高万仞。上有木禾，长五寻，大五围。面有九井，以玉为槛。面有九门，门有开明兽守之，百神之所在。在八隅之岩，赤水之际，非仁羿莫能上岗之岩。"(《海内西经》)

记在他名下的业绩主要是令神系中的子孙分开天地、造建木、收服雷神等。

颛顼生老童，老童生重及黎，帝令重献上天，令黎印下地，下地是生噎，处于西极，以行日月星辰之行次。(《大荒西经》)

有木，青叶紫茎，玄华黄实，名曰建木，百仞无枝，上有九属，下有九枸，其实如麻，其叶如芒。太□爰过，黄帝所为。(《海内经》)

东海中有流波山，入海七千里。其上有兽，状如牛，苍身而无角，一足，出入水则必风雨，其光如日月，其身如雷，其名曰夔。黄帝得之，以其皮为鼓，橛以雷兽之骨，声闻五百里，以威天下。(《大荒东经》)

其实这位收服雷神"夔"的黄帝本人的雏形也是雷神。《海内经》说"雷泽中有雷神，龙身而人头，鼓其腹"。这里的"龙身"就是"麟身"，所谓"鼓其腹"是腆着大肚子的猪或熊的变形，可见雷神的基本形象就是人头、猪身、龙鳞的混合物，而这种形象正是最初的黄帝神的形象。

从《山海经》的记载可以知道，黄帝神系的诸神居住在范围比较广大的中国北方地区（包括中部），主要成员是黄帝、颛顼、重黎、苗龙、始均、骖头、骆明等，他们的活动主要是分开天地，安排天上日月星辰的运行等。从《山海经》有关黄帝神系的记载还看不出黄帝成为主宰中央天地大神的地位，也还没有黄帝一统神界的事实，只是隐隐约约地感到黄帝的神性正在经历着由雷神到天帝，由一方主神转变成一统神界的大神的过程。

除了以上所说的三大原型神系以外，《山海经》还有另外一些神系和神谱的记载，比如属于次生原型的尧、舜、禹神话，有关各民族创世神话的神谱，等等。其中比较著名的如西王母神话、烛龙神话、帝江神话、女娲之肠神话等。

与上述三大神系神话相比，《山海经》中的创世神话似乎有一个普遍的特征，那就是缺乏严密的神的家谱，不论是西王母神话、烛龙神话，还是帝江神话、女娲之肠神话，都缺乏各自神系的神谱。西王母虽然有负责给自己供应食物的"三足乌"，但却没有自己所生的后裔。此外，与上述三大神系相比，创世神话中的神基本上都是比较纯粹的创始性的天神，他们与原始时代的古国基本上没有联系，因此他们都还不是人文始祖。

《五藏山经》所载的诸神大都是人兽合体的、主管各地山川物产的各种地方性的神祇，其中基本上没有与原始古国相联系的部落始祖神，更不见与三大神系相应的神的族谱。而且不见于先秦时期的其他神话文献，如《淮南子》《天问》《列子》《庄子》等书的记载。由于这一部分神话与我们这里讨论的主题无关，故从略。

（四）三大神系的谱系含义与考古学研究成果的结合研究

概而言之，《山海经》里记载的人文性多元神系显然不是来自同一个巨系统的神的宗谱，而是属于多个系统的神系神谱的混杂。

相对而言，与古国创始相联系的三大神系的主神及其神谱在《荒经》中有比较明确和系统的记载。与《五藏山经》和《海内外八经》相比，《荒经》具有更多的人文神话故事的意味。尤其是四方风和四方风神的记载，为我们提供了四方神系以外的另外一种结构性互补模型，对我们构拟神话结构模型具有重要的意义。

《海外四经》则与原始古国紧密相连，可以看成对海外原始古国的记载。其中又有与原始古国创始或相互兼并有关的神话，前者如烛阴神话（海外北经）；后者如夸父逐日、禹杀共工（海外北经）、刑天争神（海外西经）、后羿与凿齿神话（海外南经）等。此外，《海外经》还把古国创始者帝颛顼、帝尧、帝舜的祭祀台所处的地理位置与原始古国相连缀，说明原始古国与创始者的关系。尤其是"四方神"出现在此经内，既意味着海外原始古国与创始天神帝俊、炎帝和黄帝等三大神系的主神存在间接的联系，同时也意味着三大神系的主神对海外原始古国的统治。

《海内四经》亦与原始古国相联系，原始古国的次生形态的创始神如帝喾、帝尧、帝舜、帝丹朱的葬所都在海内诸经中，西王母神话、雷泽神话等次生形态的创始神话与巴蛇食象、贰负神之神话等古国兼并神话都出现在《海内》诸经之中，可以看出《海内四经》与《海外四经》的关系比较密切，它们应该属于一个大的系统。

有关《山海经》神话体现出的三大系统神话，即《荒经》系统、《海外内八经》系统和《五藏山经》系统的神话可以从纵的功能组合的角度和横的关系及其结构互补的角度加以深入研究，但是这种研究最好能与考古学的研究成果结合起来。

如果我们把考古学上的"三个阶段"假设（即苏秉琦先生所说的古国—方国—帝国三个阶段）同典籍记载的"帝俊神话""少昊神话""炎黄神话"及"五帝神话"的研究结合起来[①]，可以说从东方帝俊族的兴起、到少昊的中兴，应该看成神话史上的第一个阶段，从南方炎帝族的兴起、衰落到北方黄帝集团的兴起应属于第二个阶段，从炎黄联盟逐步过渡到黄帝一统，并通过少典氏的名号整合成一个大的民族共同体，在这个大的民族共同体的内部，以黄帝集团为主、为正，炎帝集团以及东方九黎部族为次、为副，这应该看成神话史的第三个阶段。

---

① 将神话与考古学的研究成果结合起来的方法不但是可行的，而且已经显露出它的成效。详参陆思贤先生所著《神话考古》，文物出版社1995年版。

二 《山海经》多元神系的关系模型、功能模型及其中国 上古神话的层级性二元互补结构

（一）为《山海经》投射的上古神话的关系模型

从东方帝俊族的兴起到少昊的中兴，这是神话史上的第一个阶段。在这个阶段中，由于氏族集团内部种种利益分配的驱动，原始东方太阳神集团内部发生了不断的关系性重组，构成了一系列不断变更内容的二元互补关系。

1. 帝俊与少昊

《山海经》里有一条材料提到帝俊与少昊的关系，《大荒南经》："帝俊生季釐，故曰季釐之国。有缗渊。少昊生倍伐，倍伐降处缗渊。有水四方，名曰俊坛。"从这条材料看，帝俊的后裔季釐和少昊的后裔倍伐都住在缗渊，而缗渊的四周就是"俊坛"。假如帝俊和少昊是分属于不同氏族的始祖神，那他们的后裔就不可能和平共处在一个地方；反过来说，可以和平共处于一个地方，可见他们的关系比较亲近，或许他们的血缘相近，信仰相同，同属于有相同血缘关系的东方鸟图腾部族集团。因此，有的神话研究学者认为，帝俊与少昊同属东方太阳神系统的神性人物，他们两位同出一源，应该是同一氏族集团不同时期的领袖人物。并列出以下三点证据：其一，帝俊妻娥皇，少昊母皇娥，"娥皇"与"皇娥"为同名倒置，实则一人而已；其二，帝俊与少昊集团，都是居住东方以鸟为图腾的庞大氏族集团；其三，帝俊与少昊虽有先后，但都是东方太阳神。① 既然帝俊和少昊是同一氏族集团不同时期的领袖人物，他们两者在神话故事中自然就具有相当的通约性。也就是说，依据神话构成的法则，在神话故事中，他们两人可以互相替代或置换，在神话叙述中构成一对相互补充的二元互

---

① 参见金荣权《帝俊及其神系考略》，《中州学刊》1998 年第 1 期。

补关系。

2. 东、西两少昊

《山海经》里有关"少昊"的材料有两条。一是《大荒东经》："东海之外大壑，少昊之国。少昊孺帝颛顼于此，弃其琴瑟。有甘山者，甘水出焉，生甘渊。"从这条材料可以知道，少昊之国本在东海之外，少昊集团在这里与黄帝集团的后裔颛顼和平共处。这里所见的少昊显然是远古东方部族的太阳神和始祖神。另一条材料是《西次三经》："又西二百里曰长留之山，其神白帝少昊居之。其兽皆文尾，其鸟皆文首，是多文玉石，实惟员神□氏之宫。是神也，主司反景。"郭璞注："日西入则反景东照，主司察之。"郝懿行注："是神，员神，盖即少昊也。"这条材料说的是居于西方主管太阳落山的少昊。

《山海经》里记载的少昊分成东、西两个，在后世其他典籍里，连少昊的出生地也分东、西两地。前秦王嘉《拾遗记》卷一："及皇娥生少昊，号曰穷桑氏，亦曰桑丘氏。"此处少昊的诞生地在西方。《尸子》："少昊金天氏邑于穷桑。日五色，互照穷桑。"此处少昊的诞生地在东方。促使《山海经》做出这种区分的内在原因只能有两个。一是《山海经》里有关少昊的两条材料来源不同，它们分别属于两个不同系统的神话。《荒经》记载的少昊属于东方太阳神部族，《西次三经》记载的白帝少昊属于居于西方主管日影的西方太阳神氏族，他们两者之间存在着种种纠葛，这也许与史前民族大迁徙造成的同一系统文化的断裂有关。后代文献出现分歧也是因为各自所根据的材料不同的原因，《拾遗记》根据西方系统，《尸子》则维护东方系统。二是为了弥合东西方不同材料而产生的来自神话内部的结构互补原则的驱动。同一个神性人物是主管东方太阳还是主管西方太阳，这里所表达的实际上只是先民对两种文化观念的认同和整合，以及整合以后形成的关系性结构。

（二）为《山海经》投射的上古神话的功能模型

当同一族团内部的二元互补关系达到一定规模，这时恰好又有了外部氏族的挤压，同一族团内部的二元互补关系于是转化为异族之间的功能互补，结果导致了更大规模的超氏族团体的功能性模型的生成和固化，并成为一种超氏族的符号模型。

从南方炎帝族的兴起、衰落到北方黄帝集团的兴起属于第二个阶段。在这个阶段里，我们把不同的氏族族团通过名号整合成一个更大的民族共同体的情况看成原始族群间的功能互补。我们先看属于东方部落的少昊集团与属于北方部落的太皞集团的功能互补。

1. 太皞与少昊

"太皞"俗写为"太皥"，又作"太昊"。《山海经·海内经》："南海之内，黑水、青水之间……有九丘，以水络之。……有木，青叶紫茎，玄华黄实，名曰建木……太皞爰过，黄帝所为。"所谓"建木"是神话传说中巫师们登天的天梯，由黄帝建造。从《海内经》太皞能够攀缘着"建木"上天的说法，可知太皞与黄帝有些关系。我们知道神话传说中的黄帝与太皞都出自雷神，而且都是人首蛇身，这也间接证明他们两者在图腾形象上统属一源。根据《山海经》的说法，太皞还是巴人的始祖，《海内经》："西南有巴国。太皞生咸鸟，咸鸟生季釐，季釐生后照，后照是始为巴人。"

一般认为"太皞"即"太昊"，也就是"伏羲"。有许多证据表明，太昊伏羲氏和黄帝部族神话的诞生地位于中国的西部和北部而不在东方，晋皇甫谧《帝王世纪》："（伏羲）母曰华胥，履大人迹于雷泽，而生庖牺于成纪。"古成纪地在中国西部甘肃省天水市境内。《史记正义》云："（黄帝）母曰附宝，之祁野，见大电绕北斗枢星，感而怀孕，二十四月而生黄帝于寿丘。寿丘在鲁东门之北，今在兖州曲阜县东北六里。"曲阜地在中国北方。太皞族与黄帝族都属于龙图腾部族，太皞伏羲氏"蛇身人首"，黄帝"生日角龙颜"，都长着龙的样子，同属龙蛇图腾崇拜集团。少昊族则是标准的土生土长的东方鸟图腾部族，《左传》"昭公十七年"："（少昊）故记于鸟，为鸟师而鸟名。"这里是说鸟图腾集团是一大批信奉鸟类图腾的部族集合体，少昊则是百鸟之王。由此可见，太昊伏羲氏与少昊金天氏应该没有干系。只是因为太皞族也曾地处东方，与少昊族地缘接近，因而后人将他们连在一起。因为太皞（昊）的名称和少昊的名称相近，于是才有神话传说中少昊与太暤（昊）的功能转换现象。如果我们把属于龙图腾部族的太暤族看成同一个文化共同体，即北方文化共同体，那么，少昊集团则显然是属于东夷集团的另一个文化共同体，太暤与少昊两者之间的差别表达了不同文化之间的功能互补，表明华夏文明形成过程中通过符号化行为而做出的整合异文化的种种努力而已。至于神话中太暤之所以最终补了东方的空格而成为东方天帝，则是因为"二元互补"结构模型的深度要求。因为神话结构中先有了西方天帝的少昊，所以不得已把太暤安在东方天帝的位置上，以便在结构上形成对应和互补，以适应异质文化之间的新的和谐一致。至于《西次三经》说主管日入的白帝少昊地处西方，应该是有了"四方观念"的对应和"五行一统"观念以后的事情，并不能说明原型神话的真实含义。

2. 炎帝与神农

除了上面引过的《山海经》的材料以外，炎帝的身份在其他先秦典籍里也有记载。《左传·昭公十七年》："炎帝氏以火纪，故为火师而火名。"《管子·轻重》："炎帝钻燧生火。"《淮南子·氾论训》："炎帝死为灶神。"灶神只是火神的具化功能之一，仍然属于火神系统。

《山海经》还没有把炎帝与神农氏合在一起，把炎帝与神农氏合而为一，应该是从秦汉之际的《世本》开始的。[①] 而火神之所以可以与原始农业相联系，那只是因为原始的农业本来就是刀耕火种，合理放火与原始农业有密切的关系。陆思贤说："炎帝是火神，应与原始社会的'刀耕火种'有关，'观辰星（大火心宿二）而出火'，进行'火田'，象征播种的节令来到了，故称炎帝神农氏。"[②] 可见炎帝起初只是天神中的火神，与作为人祖的"神农"不见得是一人，秦汉时期的主流文化虽然已经把炎帝和神农等同起来，但汉人也有将他们分开的认识。《说文后叙》"缙云相黄"句段玉裁注引汉代韦昭说云："黄帝灭炎帝之子孙而有天下，非灭神农也。"可见韦昭并没有把炎帝和神农看成同一个人。只有在天神的

---

① 参见袁珂《古神话选释》，人民文学出版社 1979 年版。
② 陆思贤：《神话考古》，文物出版社 1995 年版，第 84 页。

功能被人祖的功能置换的情况下，天神的炎帝才会跟人间的尝百草、教民稼穑的神农氏相结合。而具有尝百草、教民种庄稼的能力，自然也就拥有了土神的职能。在刀耕火种的原始时代，"火神"与"土神"的系连是很自然的事情。

天神炎帝之所以能与人文始祖神农结合在一起，除了中国上古神话自身发展途径的选择——由"天神"而"人祖"的要求以外，同样体现了一个根本的表达原则，那就是神话功能的内在要求促使火神"炎帝"与土神"神农氏"合二为一，因为两者的功能相类而发生置换与重组。这种置换与重组由于充分表达了深层结构的内在需求，因而显得自然而不露痕迹；由于恰当地表达了结构互补的需要，因而生成了"二元化"神话深层结构功能层面上的互补。

3. 祝融与共工

如果上面说的太暤与少昊属于异文化体之间因功能相近而发生的整合，那么祝融与共工则是异文化之间的由于功能相反而被置换为黄帝神系的。说到功能相反的整合或置换，它应该属于"相类"的一种变体。在中国文化中，功能的"正"与"反"常常是难以割舍的情结。

在《山海经》记载的炎帝神系里，有一些自相矛盾的说法。比如根据《海内经》的说法，火神祝融与水神共工应该是父子关系："炎帝之妻，赤水之子听沃生炎居，炎居生节并，节并生戏器，戏器生祝融，祝融降处于江水，生共工。"但是，《大荒西经》却把祝融列在北方黄帝神系系统之内，把他看成颛顼的孙子："颛顼生老童，老童生祝融，祝融生太子长琴，是处榣山，始作乐风。"这种现象跟我们前面分析"东西两少昊"时遇到过的情况类似，我们应该把它看成由于不同的材料来源所导致的现象。要知道，把祝融看成颛顼的孙子不止《大荒西经》，南方系统的文献《淮南子·时则训》《史记·楚世家》也有同样的看法。从人类学的观点看，祝融与共工之争的神话实际上隐含着南北民族之间的战争。"从原型模式来理解这个神话，可以说祝融与共工之争不仅是水与火之争，光明与黑暗之争，而且是夏与冬、南与北之争。是我们在前面提到的水族动物同飞行动物之争的又一变体形式。祝融'其精为鸟'，而共工则'人面蛇身'。鸟类对蛇类，正是凤对龙或凤对夔的二元对立的表现。"① 叶舒宪对神话原型的分析可谓一语中的，但是，还应该指出，这里所谓的光明与黑暗、水与火、龙与凤的原型对立，还不能看成两个独立存在个体的平等的厮杀、吞并或者对峙沟通，而是两个并不平等的集团或者几个集团构成的"二元互补"模式的交流融合、争斗重组。如果要概括，那也只能说是发生在不同文化、不同氏族之间的功能相反的二元互补，而不是二元对立。也就是说，在这里，火神祝融和水神共工形成了一对互补相生的二元关系。如果我们联系南北民族的关系，那应该解释成南方的炎帝氏族的一支因为迁徙到北方的江水而生下了水神共工，所谓"祝融降处于江水，生共工"。由于地域的改变导致神性的置换，这种情况在原始神话里应该不是孤立的现象。

4. *帝喾与帝俊的功能置换以及帝俊神系的"消解"*

如果说发生在帝俊与少昊、东西两少昊之间的关系属于同一神话大系内部的关系调整，那么，发生在帝俊与帝喾之间的名号置换则明显属于不同神话大系之间的不同神系的功能置换。因此，对于帝俊和帝喾之间存在的二元互补，那就不能简单归属于同质文化内部的关系调整，而只能将其纳入异质文化之间的功能重组了。

帝俊属于东方太阳神集团的大神，帝喾则是北方黄帝族团的后裔们为了消解帝俊大神而虚造出来的大神，他们两者的所指不同但又能指相同。如果我们着眼于符号能指的角度，那么，帝俊和帝喾应该看成异名同实的神性人物。就此，金荣权列出了四点证据：其一，帝喾生而自道其名为"夋"，与"帝俊"之"俊"不但同音而且形体相近，可证"帝喾"与"帝俊"本来相同；其二，文献记载帝俊生后稷，帝喾也生后稷，帝俊与帝喾应该是同一个人；其三，帝喾为商人始祖，"俊"是商王中地位最高的王；其四，帝俊之妻与帝喾之妻同名"娥皇"；帝俊之后裔少昊与帝喾之子契同为一人。根据以上四点理由，金氏认为："远古神话中的帝俊与帝喾本为一人的化身，帝喾本是从帝俊分化而产生的，且取代了帝俊始祖

---

① 叶舒宪：《中国神话哲学》，中国社会科学出版社 1992 年版，第 72 页。

神的地位，大踏步地进入了中华民族的始祖神行列"①。实际上，金氏所谓"帝俊与帝喾本为一人化身"，应该看成同一名号的氏族领袖或神性人物，并不见得是确指同一个人。之所以出现符号功能的整合与重组，那是因为要适应异质文化在激烈的碰撞以后所产生的新的利益格局，也是为了更好地适应新的形势下形成的对既包容了自己族群又吸纳了更多异己的更大氏族集团的整体需求，适应庞大的、来源不同的文化和文明和平共处的需要。从符号学的角度看问题，所谓符号的功能置换实际上就是因为新的能指替代旧的能指，促使两种能指符号叠加以后而与符号所指发生了"间离"，导致原先的符号所指与能指的吻合状态发生了位移，于是不得不对原有的关系尤其是符号的能指进行新的调整，并力图通过对能指符号功能的调整来整合所指关系，其实质是实现能指符号与所指符号在新条件下的零距离目标。② 通过外在的能指符号的功能调整，改变了原先的所属关系，从而实现了符号的新的顺利置换，通过符号置换来达到文化的重组。这种情况在上古神话里可以说是屡见不鲜。

通过对"名号"的置换，为《山海经》记载的神族众多、支脉绵延的帝俊神系终于"消失"在更具有符号包容性的神话系统——黄帝神系之中。比如，帝俊神话中帝俊之妻羲和与常羲分别是 10 个太阳和 12 个月亮的母亲，但到了后代，人们把这则神话置换成"黄帝使羲和作占日，常仪作占月"，本来是帝俊的二妻，后来就变成了黄帝手下掌管历法的二位大臣了。再比如，在《山海经》里，后羿是受帝俊派遣下到民间去为民除害的神。但是在《淮南子》那里，派后羿去除害射日的天神被置换成尧，于是，本来属于帝俊神话体系的后羿神话摇身一变成为黄帝系统的神话。到了后代，就连帝俊的徒子徒孙们也纷纷改换门庭，"帝鸿成了黄帝之子，中容成了颛顼之子，契成了帝喾之子，后稷也被喾占有"③。帝俊神系的诸神们在经历了无数次的文化碰撞和重组之后，其原型已经被解构得支离破碎，变成一种边缘性的符号形式。虽然外面的架子依然存在，原型的内涵

① 金荣权：《帝俊及其神系考略》，《中州学刊》1998 年第 1 期。
② 参见孟华《符号表达原理》，青岛海洋大学出版社 1999 年版。
③ 金荣权：《帝俊及其神系考略》，《中州学刊》1998 年第 1 期。

却已经被彻底消解，变成与原型不相干的东西了。

从炎黄联盟逐步过渡到黄帝一统，黄帝集团为主、为正，炎帝集团以及东方九黎部族为次、为副，这应该看成神话史的第三个阶段。在这个阶段里，原先通过名号整合而成的民族共同体通过更进一步的融合形成实际意义上的族际联盟。这个联盟具有了超民族的功能，成为包容各种次生文化的民族共同体。

5. 炎黄集团的重组与功能整合

如果我们把炎、黄看成中华民族的两大文明始祖，那么，炎帝集团是处于中国南方的氏族集团，黄帝集团是崛起于中国北方的氏族集团。这两大集团的战争与融合，是史前时代发生在中国大地上最为重大的事件。而历史时代所传的黄帝神话，除了黄帝作为人文始祖发明了种种文明的用具和精神文化遗产，比如文字、舟车、蚕桑、医药、宫室等。最主要的部分应该是这一氏族集团与炎帝集团之间发生的几次大的战争，这些战争极大地促进了民族的融合。

首先是炎帝与黄帝之间的阪泉之战。《列子·黄帝》："黄帝与炎帝战于阪泉之野，帅熊、罴、狼、豹、貙、虎为前驱，雕、鹖、鹰、鸢为旗帜。"《大戴礼·五帝德》："黄帝与赤帝战于阪泉之野，三战然后行其志。"

其次是属于炎帝集团的蚩尤与黄帝之间的涿鹿之战，这次大战实际上是炎黄之战的继续。蚩尤是炎帝集团的首领，《山海经·大荒北经》："蚩尤作兵伐黄帝，黄帝乃令应龙攻之冀州之野。应龙畜水，蚩尤请风伯雨师，纵大风雨。黄帝乃下天女曰魃，雨止，遂杀蚩尤。"

最后是炎帝集团的后裔与臣子夸父、刑天、共工之类为炎帝复仇的战争。《山海经·大荒北经》："应龙已杀蚩尤，又杀夸父，乃去南方处之，故南方多雨。"《大荒东经》："应龙杀蚩尤与夸父。"应龙是黄帝的神龙，夸父是炎帝的后裔，应龙杀夸父就等于黄帝集团对炎帝集团的胜利。夸父追日神话的原型也许叙述了作为炎帝后裔的夸父族在追随炎帝与黄帝的战争中因为战败打散而追赶属于炎帝族的原始民族迁徙，由于黄帝族的阻挠和北方的炎热气候，被活活渴死的事实。《山海经·海内西经》："刑天与帝争神，帝断其首，葬之常羊之山，乃以乳为目，以脐为口，操干戚以舞。"刑天是炎帝的属臣，刑天与帝争神的神话应该看成黄炎之战的余绪。水神共工为炎帝之后裔，继起而为炎帝族复仇。《吕氏春秋·荡兵》："兵所自来久矣，黄炎故用水火矣。"又与黄帝族的颛顼发生战争，《淮南子·天文训》："昔者共工与颛顼争为帝，怒而触不周之山，天柱折，地维绝。天倾西北，故日月星辰移焉；地不满东南，故水潦尘埃归焉。"与帝舜发生战争，《淮南子·本经训》："舜之时，共工振滔洪水，以薄空桑。"所谓"空桑"，是北方鲁地的山名。其后又有禹逐共工，禹杀共工之臣相柳等神话，全因为颛顼、舜、禹是属于北方黄帝系统的人物，而蚩尤、夸父、刑天、共工、相柳等则属于炎帝系统。

如果说帝俊神系的消失意味着原始人群构造符号性神话原型的进程，那么炎黄之间的战争及其融合，则标志着实际存在的原始族团的整合与重组，标志着以华夏为代表的中华民族的崛起。

（三）中国上古神话的层级性二元互补结构

以上我们从神话研究发展史的角度论述了三大神系神话在漫长的历史长河中由于其内部的关系调整和外部的功能重组发生的一系列变化，但是，如果我们进一步探究神话的内部深层结构，就会看到，关系性的重组只能促成同质文化内部的关系整合，导致氏族内部利益分配的适度均衡，尚不能建立广泛的文化结构。功能性的二元互补模式也只能促成异质文化的功能互补与融合，同样不能造成真正的中国神话的深层结构。因此，上述关系性的二元互补和功能性的二元互补虽然都很重要，但还没有触及中国神话构成的核心，只有结构性的二元互补模式才是中国上古神话的真正内在构成原则，而这种"内在构成原则"的完全实现还要在更大范围内的多元文化的融合过程中逐步完善。

在《山海经》中，"这种内在构成原则"主要体现为以二元互补为其主要结构精神的神话四方、四时结构，至于这种结构模型，则是多元的、层级性的二元互补形式。二元互补形式总要在凸显一极的同时注意吸纳另一极，以便形成一种静态地稳定结构，当它表现于四方（四时）观念时，则会在自然显现"正极"的同时有意造成相对应的另一极，以便形成完整的结构。《大荒经》系统的东南正方位和《海外经》系统中的西北正方位以及由此形成的互补结构，都是这种神话结构精神的规定。

1.《大荒经》系统投射的四方风神系统与南、东正方位的确立

《大荒》诸经记载有"四方风神"。

《大荒东经》："大荒之中，有神名曰折丹——东方曰折，来风曰俊，处东极以出入风。"具体说明东方风神神名、东方方位名和东风风名和风神的功能。其余各经的体例相同，都记载着南、西、北三方风神神名、方位名和三方风风名。

《大荒南经》："有神名曰因因乎，南方曰因乎，来风曰乎民，处南极以出入风。"

《大荒西经》："有人名曰石夷，来风曰韦，处西北隅以司日月之长短。"《西经》中只有西方神名和西风名，但没有西方方位名。袁珂认为"据其他三方风神所记句例，此处疑脱'西方曰夷'句"。

《大荒东经》："东北海外，有女和月母之国。有人名曰□，北方曰□，来风曰□，是处东北隅，以止日月，使无相间出没，司其短长。"郭璞注："言□主察日月出入，不令得相间错，知景之短长。"

《大荒经》记载的四位风神的名字，由于跟方位名大体重复，所以学界一般把"风神"和"方位神"混同看待。但如若考虑到《大荒经》记载的"方位风神"和《海外经》记载的"四方神"的关系，我们还是倾向于把《荒经》记载的方位神称为"四方风神"，把《海外经》记载的方位神称为"四方神"。

无独有偶，甲骨文中也有类似《大荒经》的"四方风神"和"四方风"名。

> 东方曰析，凤曰劦。（xie）
> 南方曰夹，凤曰岜。（wu）
> 西方曰夷，凤曰彝。（yi）
> 北方曰宛，凤曰陟。（hai）

将《山海经》的记载与甲骨卜辞加以比较，可知两者记载的四方风神名和四方风名本来就存在一致性。胡厚宣先生在具体分析了两者之间的关系后指出："故曰《山海经》之某方曰某，来风曰某，实与甲骨文之四方风名，完全相合。"①

如果我们对《荒经》系统的四方风神加以细致地分析，就可以看到，其实这里的"四方风神"中只有东方风神和南方风神可以称得上是严格意义上的"风神"，至于西北和东北的两个风神，他们的职责主要是"司日月之长短"，都具有时间神和方位神重叠的功能，不能算作真正意义上的西、北方风神。为了便于说明问题，我们称真正具有"出入风"功能的南、东"风神"为"正位"，称具有"司日月之长短"功能，但不在西、北正方位的两位"风神"为"空位"，并将其绘制成表格以便参照（图一）。

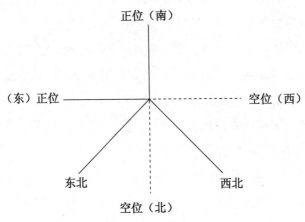

图一 《大荒经》系统四方风神与南、东正方位

从图一可以看出：

其一，《大荒经》系统的四方风和四方风神的位置并不是严格的东西南北四个正方位，只有正东、正南，没有正西、正北（西指西北，北则指

---

① 胡厚宣：《甲骨文四方风名考证》，《甲骨学商史论丛初集》上册，河北教育出版社 2002 年版，第 268 页。

东北）。这说明《大荒经》里的四方概念是"正位"与"空位"的对应。是以正东、正南为基准，以西北、东北为辅助的"二元互补"。造成这种现象的原因是因为在东、南方民族看来，东方是太阳出生的地方，南方是太阳升起并照临万物的地方，只有东、南才是真正的正方位，至于东北和西北方位则代表太阳出没和下降的方位，这两个方位更具有时间的意义，表达原始先民关于太阳神的生死观念，所以只能是对东和南的补充。在以《荒经》为代表的东、南民族的神话思维中，世间生死运化跟太阳的出没运行紧密相关，"根据太阳确定四方，东和南都有新生、光明、温暖的特点，西和北都有死亡、阴暗、寒冷的特点，这就是东与南主生、西与北主死的思想基础"①。也正是《荒经》系统的神话二元互补结构得以形成的前提。

其二，由于四方风神或者说四方风不是一个层面上的整体对应，而是分成两个层次的互补，即"东与西北"和"南与东北"。因此，对于正方的东、南来说，两方风神是位处东、南极主管东、南风的纯粹的风神；对于副方西北、东北来说，该方向的神不但拥有风神的功能，而且还担负着"司日月长短"的方位神和时间神的重要职责。这种情况表明，太阳的出没运行的主方虽然是东和南，但还需要借助副方位西北和东北风神的力量，或者说离不开风神的帮助。实际上，在前逻辑思维中，风神被想象成一种能够鼓动气息的神鸟——凤，甲骨文中凡是风雨的风、风神的风都写成"凤"。"凤"是一种神鸟，《说文》："凤，神鸟也。……出于东方君子之国，翱翔四海之外，过昆仑，饮砥柱，濯羽弱水，莫（暮）宿风穴。"所谓"风穴"，文选注引许慎曰："风穴，风所从出也。""风穴是风的发源口，凤鸟暮宿风穴，当然就是风神了。"② 只不过许慎所说的"东方"在神话里是"东北方"而非正东，"风穴"的所在地在神话里则是"西北方"而非正西而已。风神凤鸟一天中的飞行是早上从东北方的"东方君子之国"出发，依次经过昆仑、砥柱、弱水，傍晚达到西北方

① 杨琳：《汉语词汇与华夏文化》，语文出版社1996年版，第63页。
② 詹鄞鑫：《神灵与祭祀》，江苏古籍出版社1992年版，第53页。

的"风穴",这一飞行方向与太阳的出没运行恰好相辅相成。我们知道,风神凤鸟在甲骨文和《山海经》等古籍的记载中总是与上帝、创始神或太阳神相联系的,"凤"常常扮演天帝使者的角色。比如甲骨文里有"帝其令凤"(合195)的话,又有"于帝使凤二犬"(通398)的说法,而这个"帝使"就是上帝或太阳神的使者。《黄帝四经·成法》云:"黄帝曰:'请问天下犹有一乎?'力黑曰:'然。昔者皇天使凤下道一而止。五帝用之,以扒天地,以揆四海,以怀下民,以正一世之士。'"① 显然这里的"凤"充当了天帝使者的角色。古书记载黄帝的使臣有"风后",帝俊大神在人间的祭坛由"五彩鸟"(凤凰之类)代管,西王母的使者是"青鸟"等,都说明风神凤鸟与上帝、太阳神存在着种种联系,所以我们有理由认为,风神凤鸟实际上就是为东方民族神话所反复讴歌的"太阳神鸟"。

其三,《荒经》的东、南风神和西北、东北方位神兼时间神自身就构成了自足的两对二元互补关系,即正东与西北、正南与东北的二元互补关系。如果从华夏文明体的整体来看,《荒经》系统及其系统内部的二元互补结构应该属于下位的二元互补结构,而且只能成为上位结构(华夏文化体)的一个单位,离开另外一个对应的单位,它的自身还不能构成适合整个华夏族团的深层结构。

其四,如果我们留意前面所引《荒经》原文,就会看到,在《荒经》中,北方之风神没有出现在《北经》内,却被置于《东经》之中。这是什么原因呢?笔者以为,出现这种情况,并不是经典的错乱造成的,而是神话思维的一种内在需求。因为在先民的观念中,"毫无疑问,太阳一天的运行经过东南西三方,北方是日不到之方,所以在四方空间观念最初形成之际,北方便被认同为阴间地狱的方位,成了死后世界的所在"②。在先民的神话观念里,太阳是死而复生、生而复死的神灵,为了避免神灵的死亡,太阳的运行自然不能经过北方。既然北方为日不到之·

---

① 余明光校注:《黄帝四经今注今译》,岳麓书社1993年版,第145页。
② 叶舒宪:《中国神话哲学》,中国社会科学出版社1992年版,第207页。

处，那当然也是作为太阳主神之副神的"风神"（凤鸟）所不宜到的地方。

2.《海外经》系统投射的四方神系统与西、北正方位的确立

与《大荒经》记载的东南方民族的"四方风神"系统相对应，《海外经》记载有"四方神"系统。即：

《海外南经》："南方祝融，兽身人面，乘两龙。"
《海外西经》："西方蓐收，左耳有蛇，乘两龙。"
《海外北经》："北方禺疆，人面鸟身，珥两青蛇，践两青蛇。"
《海外东经》："东方句芒，鸟身人面，乘两龙。"

如果我们孤立地看《海外经》记载的四方神，会觉得它有点太过整齐或者干脆把它归结为后起。但是，如果我们把它与《大荒经》记载的"四方风神"结合起来，尤其是《荒经》中与时间神和方位神重合的西北和东北两个风神结合起来看，就会发现问题所在。《海外经》的"四方神"和《大荒经》的"四方风神"之间存在什么样的关系？它们到底是两个系统导致的名称不同，还是所指相同能指不同导致的重名？这到底是神话思维的错乱还是神话来源的不同导致的现象？为了解决这样一些问题，我们尝试把《海外经》叙述的"四方神"系统与每一经的叙述顺序结合起来加以研究。

《海外南经》的叙述顺序是从西南—东南方向来展开的，如果把这个次序图示出来，就可以看出，它的叙述顺序大体上循着逆时针方向共旋转了270度。

《海外西经》的叙述顺序是从西南—西北的方向来展开的，共旋转了90度。

《海外北经》的叙述顺序是从西北—东北的方向来展开的，共旋转了90度。

《海外东经》的叙述顺序是从东南—东北的方向来展开的，共旋转了270度。

如果我们把《海外经》记载的四方神和《海外经》的叙述顺序联系起来制成一张图，我们就会立刻发现，这两者之间出现了整齐的对应关系（图二）。

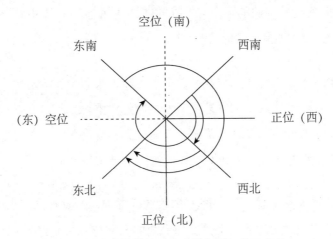

图二 《海外经》系统四方神与西、北正方位

从图二可以看出，只有西方神蓐收和北方神禺疆位于旋转的中心位置，即正西和正北，这种情况跟我们前面叙述的《荒经》系统的情况类似，所以我们也称它为"正位"；而南方神祝融和东方神句芒却分别位于南、东方位的外缘，与正南和正东方位不能重合，我们把这种现象称为"空位"。

如果我们把《海外经》出现的"空位"现象与《大荒经》西北、东北时间神和西北、东北方位神联系起来考察，就能够发现《海外经》出现的"空位"现象绝非偶然巧合，而是有深层原因的。这种情况表明：

其一，《海外经》系统与《大荒经》系统不是来源于一个共同的神话体，它们各有来源，在漫长的神话时代里相互交流，互相借鉴。如果我们将两者加以比较，《大荒》诸经记载的四方风神和四方风名较之《海外》诸经记载的四方神则更加具化，这种情况也许表明《大荒》诸经作为东南方系统较之西北方系统更加注重具象思维的表达方式，更加富有写意性的特质。

其二，《海外经》的"四方神"是以西、北方位为正，以东、南方位为副，从而在《海外经》系统中形成西/东南，北/西南两个互补结构的；这种现象恰好跟《大荒经》以东、南为正，以西北、东北为副的东/西北、南/东北两个互补结构构成更大范围的二元互补模型，即中国神话的静态二元互补结构。

3. 由以上两大系统的互补构成的中国神话"二元互补"静态结构模型

通过前面的分析我们知道，今本《山海经》至少可以分成两大系统：《大荒五经》和《海外内八经》。① 正是这两大系统神系的互补共同缔造了更大范围内的新的神话结构模型，完成了相对稳定的华夏先民神话静态二元互补结构——四方（四时）结构模型。实现了由单一文化的下位二元互补结构到多元文化的上位二元互补结构的跨越，在相对广阔的范围内完成了具有恒久稳定性的神话静态结构。

如果我们把经过多次融合和重组构成的先民的神话思维观念与史前时期中华大地上各个不同文化的碰撞现象结合起来看，我们似乎也可以这样表述：在史前时期的两大文化中首先产生了两对既各自对应又互补的结构关系，东南方民族产生了以东南为正，以西北为辅的四方风神概念，在其内部形成了下位的二元互补关系；西北方的民族产生了以西北为主，东南为辅的四方神观念，也在其内部形成了另外一对下位的互补关系；那么，东南方民族和西北方民族在一定阶段发生的进一步的文化碰撞，则形成了更大范围的华夏族团并融合了双方的神话思维结构，共同构造了为华夏先民所认可的二元互补结构——"四方（四时）观念"，并成为华夏民族融合的思想基础，这个结构如图三所示。

应该说，这个结构模型的形成始终伴随着史前氏族集团的融合与交流的进程，伴随着长时间、大范围的原始族团之间的不断吸纳和结构重组。

---

① 至于《五藏山经》，则属于第三个系统。但由于《五藏山经》诸神跟我们这里讨论的主题——构成中国神话基础神系和神谱的关系不大，而且与原始古国没有联系，因此不加讨论。

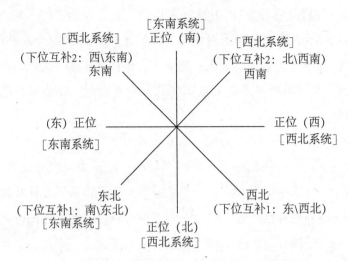

图三　中国上古神话的静态"二元互补"结构模型

三　二元互补结构模型的生成、本质及其影响

（一）结构模型的生成及其本质属性

人类学家在讨论前逻辑思维中的神秘数字的时候总是倾向于把它归结于数字本身所具有的神秘性质，这种做法自然有一定的道理，的确有一些数字即便在符号构成上也存在神秘的属性。但是，通过上面的分析可知：

其一，四方（四时）混同观念中的数字"四"之所以有神秘的属性，并不完全取决于"四"这个符号本身具有的神秘意味，而是"四"代表的两对二元互补结构及其构成这两对结构的元素赋予它神秘属性。也就是说"四"的神秘属性并不是"四"这个符号本身的，而是构成它的下位概念，即形成互补关系的方位神的神性赋予它的。

其二，符号元素的性质来自它和其他符号的关系。"四"这个符号的神秘属性是由它在整个神话结构中所处的位置，即它与其他对应元素的关系决定的。比如在东南民族的"四方风神"系统中，东方风神"折丹"

（卜辞作"析"）具有的象征"生"的功能不仅仅是由于东方神自身的神性决定的，同时也是与它构成二元互补关系的西方风神的关系来决定的；同样，西方风神具有摧杀、伤害，象征"生命衰老"的神性功能，西方风神名"石夷"（卜辞作"彝"），两词都有"肃杀"之义，但单是字面上的意义还不足以构成系统意义上的层级互补关系，只有当他的神性功能与东方风神的神性功能结合在一起，构成一对互相补充的二元关系的情况下，才具有了系统结构的意味和功能，成为东南民族普遍认可的神话结构。

这样看来，不论东方风神、西方风神，抑或是南方风神、北方风神，如果他们的"独立存在"不能进入系统内部，那就不能构成系统结构，也就不具备结构原型的意义；换句话说，如果我们单看"四方风神"系统或"四方神"系统的任一"元素"而忽略系统内部存在的结构互补，是很难解释我们以上所说的"正位"和"空位"现象的。

（二）神话结构模型对中国文化走向的影响

中国上古神话四方结构模型既具有本质上的神秘属性和原逻辑性质，又具备结构上的互补性和多层级性。由于受这种双重性质的制约，在中国文化中，人与自然界、人类社会之间的关系不但在史前神话阶段要接受"互渗律"和"关系律"的双重支配，就是到了历史阶段，构成中国文化深层结构模型的元素彼此之间也既要依靠前关联的互渗，又要与关联结合在一起，以便构成一种非此非彼、亦此亦彼的符号性的结构原则。

相对而言，这种非此非彼、亦此亦彼的符号性结构原则更符合史前时期实际发生过的情形。比如中国古代不但按照太阳的年周期运行区分了春、夏、秋、冬四季，而且同时根据太阳一天的运行周期区分了东、南、西、北四个方位。更让人惊讶的是，上古先民不但把时间观念的四季与空间观念的四方相当自然地联系在一起，而且进一步把具体的颜色甚至神灵的名称等与抽象的时空观念扯在一起。① 我们甚至可以说，上古先民的方

---

① 参见叶舒宪《中国神话哲学》，中国社会科学出版社 1992 年版，第 13 页。

位概念的构成也是在与时间概念的混同中产生的，不可能有不顾方位的时间概念，也不可能出现只有时间的空间概念，时间和空间永远不可分离，这就是原始先民通过整体感悟而意识到的时空架构。进一步说，神话结构中"四方"与"四时"的结合，在一定程度促成了神话静态结构向人性动态结构的转变，具有了实际的指导农业生产的意义；而四时观念的表达，则促使神性逐渐向智性的方向过渡，并为其后作为中介替代神灵的"圣人"的出现铺平了道路。

如果我们对中国神话的多层级二元互补（神话四时四方混同）模型对中国文化的影响加以具体说明，那就是：

第一，由下位的不同族团的二元互补结构共同构成的方位和时间混同的神话结构模型成为华夏文化融合的共同基础和文化原型，这种结构或原型在始终确定显性一极的同时，总是有意无意地找出隐含的、潜在对立的另一极，以便形成一种隐含的二元互补关系；通过隐含的、潜在的、对立的另一极的陪衬，达到凸显阳极，最终实现和谐一致的稳定状态，这种模型规定了中国文化发展的基本方向和根本性质。

第二，中国上古神话的结构性原则不是所谓的"二元对立"，而是分层的、连续不断的"二元互补"。由于这种基本的文化结构从上古神话时期就根本奠定并在漫长的历史时期不断重演，并且从未停止过它有力的表达，所以，由它规定的中国文化的发展趋势就是在永远设定一个"目标或理想"的过程中实现符号性的统一，而不问这个"目标或理想"的能指与所指之间的关系究竟如何。即便这个目标或理想只是一种符号形式，即能指上的"统一"与"和谐"。反过来，这种符号性的能指的统一与和谐及其对所指的代替和置换，也正是中国文化的二元互补模式符号表达的深层要求。

第三，如果把西方神话的二元对立模型和中国神话的二元互补模型加以对比，两者的最大区别在于：二元对立始终要以相互对等的二个实体构成对立的双方，相互对立的双方虽然以消灭对方为最终目的，其结果也必然表现为强势文化的统治和弱势文化的屈服，但一经达到目的，在新的文化体内部就会相应出现高度的一致和统一。二元互补的模式虽然并不以相互对立的另外一个实体的出现作为必要条件，也不是以其中的一个实体的消亡作为必然结果，而是以与主流文化互补的弱势文化的存在以及对强势文化的补充作为前提，但是，在二元互补的文化体中，由于文化的多元，即便处在强势的一方也必须认可弱势文化的符号性观念或者向弱势文化做出必要的妥协，求得相互的谅解，甚至要做出必要的牺牲，以便缔造一种包容性更强的符号化形式。因此，二元互补模式往往追求或者意指"第三种形式"，即便这种形式只是一种"空洞的"能指符号也在所不惜。

如果我们对以上两种文化模式的追求目标和实际效果做一简单概括，那就是，西方神话的"二元对立"以其表面上的对立实现了本质上的和谐，中国神话的"二元互补"则通过其表面上的和谐实现了实质性的多元共存；"二元对立"通过对立的手段最大限度地实现了符号能指和所指的零距离目标，"二元互补"则通过互补的手段遮蔽和掩盖了符号能指和所指相贴切的意义指向。①

第四，神话的基本结构模型的奠定也为三代的统一打下了坚实的基础。中国文化最终走向以主流文化的人祖取代天神的道路，演变成一种伦理宗教，正表达了来自神话二元互补结构的深度要求。从此以后，二元互补模式作为一种文化的深层结构，规定了中国文化的基本走向，并且在历史时代不断闪现，历史理性思维所反复申明的"道"的一统、对王权的维护及"道"的表面上的二元对立本质上的二元互补，实际上都得益于这种神话思维的深层结构，是这种深层结构在新条件下的历史表述。

本文参考文献：

［1］《四部精要·史部七·山海经笺疏》，上海古籍出版社1993年版。

［2］《二十二子·史部七·山海经新校正》，上海古籍出版社1986年影印浙江书局初印本版。

［3］袁珂：《山海经校释》，上海古籍出版社1985年版。

［4］《诸子集成·淮南子注》，上海书店1986年影印世界书局版。

① 参见孟华《符号表达原理》，青岛海洋大学出版社1999年版。

［5］《诸子集成·吕氏春秋》，上海书店 1986 年影印世界书局版。

［6］《十三经注疏·春秋左传正义》，中华书局 1980 年影印世界书局版。

［7］（清）王聘珍：《大戴礼记解诂》，中华书局 1983 年版。

［8］茅盾：《神话研究》，百花文艺出版社 1981 年版。

［9］胡厚宣：《甲骨学商史论丛初集》，河北教育出版社 2002 年版。

［10］苏秉琦：《中国文明起源新探》，香港商务印书馆 1997 年版。

［11］刘起釪：《古史续辨》，中国社会科学出版社 1991 年版。

［12］陆思贤：《神话考古》，中国社会科学出版社 1995 年版。

［13］叶舒宪：《神话——原型批评》，陕西师范大学出版社 1987 年版。

［14］叶舒宪：《中国神话哲学》，中国社会科学出版社 1992 年版。

［15］孟华：《符号表达原理》，青岛海洋大学出版社 1999 年版。

［16］杨琳：《汉语词汇与华夏文化》，语文出版社 1996 年版。

［17］何新：《诸神的起源》，生活·读书·新知三联书店 1986 年版。

［18］［法］列维-布留尔：《原始思维》，丁由译，商务印书馆 1981 年版。

［19］［英］艾兰：《龟之谜——商代神话、祭祀、艺术和宇宙观研究》，汪涛译，四川人民出版社 1992 年版。

［20］［德］伽达默尔：《真理与方法》，汪家堂译，上海文艺出版社 1992 年版。

［本文是在笔者所著《典籍符号与权力话语》（中国社会科学出版社 2004 年版）第 1 章第 2—3 节的基础上改写而成的，原载韩国《中语中文学》2005 年第 36 辑，收入本书时我们做了一些文字修改，增加了部分例证］

原 解 释
——中国文化的符号化动态结构

一 原解释的概念及其性质

所谓"原解释",是既与史前时代的"神话原型"存在着一脉相承的关系,又生成了历史时代的新的文化原点,对中国文化发生了重要影响的符号化动态结构。

我们在讨论中国神话"四方结构"模型的形成问题时曾经说过,中国神话的根本结构模型得益于史前时代东南与西北两大族团交融过程中双向的二元互补关系,二元互补结构是深层次的中国文化原型,自从它形成以后,就一直制约着中国文化的走向①。但是,我们都知道,神话中的时空混同的四方(四时)结构实际上并不为中国所特有,而是世界上许多民族神话中所共有的原型结构。那么,这个为中国所有的"原解释"概念与世界范围内的原型概念的联系和区别在哪里呢?这个概念在中国文化中又是怎样的一个形成过程呢?要回答这么复杂的问题,单独采用文献考证的方法显然是不够的,因此,我们有必要综合文献学、考古学、人类学、语言学等方面的研究成果,共同观照这个话题,才能取得比较好的效果。根据

① 关于中国神话原型的讨论,参见黄亚平《碰撞与整合——为〈山海经〉投射的中国神话的层级性二元互补结构》一文,该文刊于韩国《中语中文学》第36辑,2005年6月。

我们对神话材料的归纳和人类学研究方法的借鉴，笔者以为，目前可以得出的所谓"原解释"概念的主体结构依然是采用了来自史前时代的多层级二元互补结构模式，但在这个结构的构成方式上发生了变化，"原型"中的静态稳定结构在"原解释"中已经发生了质的改变，符号能指的作用大大加强，符号所指和能指之间存在一定的距离，这种间距性使得针对原型符号的阐释活动成为必不可少的事情，针对典籍原型的解释活动因而显得空前活跃和日益重要。

进一步说，在中国上古神话的发展过程中，当静态的"二元互补结构"形成并逐步主宰中国神话发展的同时也将它的目光指向了更加完善的动态结构模型——从"四方"（四时）到"五行观念"。不论从史前时代与历史时代的联系上看，还是从原解释模型对后世中国文化的规定和影响程度上看，传统所谓的"五行观念"① 都应该属于原解释的范畴。德国哲学家卡西尔在论述数字"四"和"五""七"的形成过程时指出："同对数字四的崇拜一样，对数字五和七的崇拜也会发生于对基本方位的崇拜：与东西南北四方一起，世界之中被认作是部落或民族所当居处的地方，而上与下，天顶和天底，也被赋予了特殊的神话—宗教的区别。……神话的空间感同时间感是不可分割的，二者共同构成了神话的数观念的出发点。"② 卡西尔的论述可以作为我们讨论"五行观念"出现原因的基础。

概而言之，先民们不是从"四"抽象出"五"，而是"四"和"五"连带出现，有了"四"的同时也就有了"五"，"四方观念"的完成过程始终同时隐含着"五"的因素。也许一开始，"第五方"还不是一个方位的概念，而是一个具体的神灵，比如四方神以外的"黄帝"。黄帝是以一个超方位的中心神灵的意义出现的，与四方神灵相比，黄帝更多地代表人。《山海经》里的黄帝形象与其他两大神系的主神帝俊和炎帝相比，黄帝更多的是人文始祖，记在黄帝名下有关神的事迹远不如人的事迹那么丰

---

① 我们这里所说的"五行观念"并不等同于战国秦汉以来的"五行学说"。五行观念是直接承继于史前时代的一种观念形态，五行学说是先秦时期的哲学家为了强化封建统治而建构的一种理论根据。有关五行观念和五行学说生克制化理论的区别，下面还要论述。

② 卡西尔《象征形式哲学》（英译本）第2卷，耶鲁大学出版社1955年版，第148页。

富和重要。黄帝的出现，预示着人逐渐有了脱离神的趋向，有了朦胧的主体自觉意识。一旦代表人的位于中央的黄帝被确立，而且陆续被赋予大神的地位，成为主宰一切的天帝，那么顺理成章，神话原型中的四方神灵也会自然模仿黄帝的做法，于是便出现了"四方天帝"。等到四方天帝陆续出现并与中央黄帝形成结构性的"二元互补"模式的时候，以四方观念为主的神话结构模型以外，原解释——五方（五行）观念也就同时现身了。

黄帝并不是一个抽象的神灵，而是一个原始部落联盟的领袖。在史前的某个阶段黄帝部族和炎帝部族持续不断地征战，最终融合成一个更大的部落联盟——炎黄集团。过了很久，当炎黄集团的成员已经真正合而为一，既没有必要分开而实际上也分不开的时候，炎黄集团的子孙们为了弥合先前曾经存在过的缝隙，于是千方百计地寻找出甚至有可能是制造出一个"共祖"，即"少典氏"来涵赅炎、黄两族，成为两者共同认可的符号原型。因此，文献记载中的所谓"少典氏"，已经不是一个简单的氏族集团的名号，而是一个囊括炎帝族（南方）、黄帝族（北方）和少昊族（东方）的庞大帝国的符号雏形。炎帝、少昊隶属于"少典氏"的关键所在，就是用新的经过重组的符号形式取代了真正的符号内容，也就是通过符号的指涉方式来取代所指，这个过程可以看成史前华夏族群之间发生的影响深远的符号整合。整合的结果便产生了一个新的名号——少典氏，并自然成为新的历史时代的中心。而在这个整合过程中发生的是血与火的所指的置换替代和重组，却因为有意地掩盖而逐渐被人忘却。《国语·楚语下》有一段著名的话，可以说多少流露出史前时代炎、黄、俊三大部族之间残酷争斗的痕迹。

> 及少昊之衰也，九黎乱德，民神杂糅，不可方物，夫人作享，家为巫史，无有要质。民匮于祀，而不知其福，□享无度，民神同位，民渎斋盟，无有严威。神狎民则，不蠲其为，嘉生不降，无物以享，祸灾荐臻，莫尽其气。颛顼受之，乃命南正重司天以属神，命火正黎司地以属民，使复旧常，无相侵渎，是谓"绝地天通"。

金荣权认为以上这段话"是后世儒家宣扬颛顼之才、之德的一个重要内容，其'绝地天通'确立了神的至高无上的地位，为后世帝王的独裁找到了理论的与实践的依据。事实上，这段话正是炎、黄、俊三大部族在中原进行殊死较量的历史缩影，以及黄帝部族在取胜后为巩固其地位的重大举措的反映。'九黎乱德'不仅包括帝俊部族，当然也包括炎帝部族。颛顼在赶走炎帝、击败少昊之后，为统治原来两部族的氏族成员们，以强硬措施废除这些氏族原来所尊奉的始祖神炎帝与帝俊，将它们改造后纳入少典部族，以彻底改变'夫人作享'的多神制局面，以确立黄帝为唯一的先祖，这便是'绝地天通'的真正意义"①。

与"原型"相比，"原解释"概念应该具有三大性质。

（一）延展性

"原解释"是与史前时代的神话原型具有一定联系的文化结构，同时又是对历史时代具有重要的现实指导意义的结构规则。它可以看成史前文化原型符号的变体，或者说是与"历史理性"存在一定关系的新的符号表达形式。在原解释的各个符号单位之间，仍然存在着与史前时代的原型符号一脉相承的层级互补关系，仍然具有史前时代使用的前逻辑关联、类比甚至互渗的功能。因此，原解释在本质上仍然属于原型的一部分，这种情况我们称为原解释概念的"延展性"。如果我们把原解释概念与五行观念相联系，那就可以说，源于史前的五行观念也是按照二元互补的神话"规则"，不断进行着自己无穷尽的类比，并通过类比的方式不断强化新模式的合理性。如果我们站在中西文化对比的大背景下对两者加以比较，我们甚至可以说，在中国文化中，不论是在神话原型还是在原解释的系统中，并不真正存在像西方文化中那样的两个平等或对应的关系单位，也没有构成真正意义上的二元对立的关系。相反，却只能构成具有严格等级含义的、通过互渗产生关联的多层级的互补，以及由二元互补为其基本结构精神的文化模型。

---

① 金荣权：《帝俊及其神系考略》，《中州学刊》1998 年第 1 期。

（二）符号性

"原解释"在本质上只是一种符号化了的观念，其核心是一种人为的经过圣王认定的权力话语系统，具有一定的权威性，但与原型相比，却相对缺乏神性和强制性。因此，原解释的特征之一是需要持续不断的、人为的宣传和推行，即通过"教化的"方式才能在全社会施行。尽管如此，原解释在历史时代却具有更强的适应性，因而能够取代原型符号的部分功能，这种情况我们称为原解释概念的"符号性"。

符号性是"原解释"概念中最主要的内涵之一。"五行"中的"五"或"中"都具有强烈的符号性质，它是虚指，是一种公约化的符号系统，或者干脆说是以所指的形式出现的能指。这主要表现在两个方面。

1. 由能指构成的符号之链同时存在着多种运作方式，构成多种关系

传统"五行"中所谓天地或阴阳生水、火、木、金、土属于一种关系①，水、火、金、木、土相克属于一种关系②，木、火、土、金、水相生又是另一种关系③。由于能指符号的构成形式不同，每一种不同的关系都代表着不同的意指方式，根据不同的关系会得出不同的结果。按照朱熹一派的说法，天地或阴阳生水、火、木、金、土的方式为：天一生水，地二生火，天三生木，地四生金，天五生土。分明是天地轮番生水、火、木、金、土等五种元素的模式，而这种模式之所以被朱熹一派当成天地万物的生成方式，那是因为他们认为，事物的成长总是遵循由"微"到"渐著"的过程，水、火、木、金、土的次序恰好符合由"微"到"渐著"的过程。按照邹衍的说法，水、火、金、木、土代表着五种德性，每一王朝皆得五行之一德，比如夏朝为木德，殷商为金德，周为火德，所以商克夏，周克商。至于为什么五种元素和五种德性之间具有同一性，邹衍并不太感兴趣，他想要说明的只是用所谓五行代表的符号方式符合政治伦理观念，因此可以移用来说明王朝的更替。按照刘向父子的说法，木、火、土、

---

① 参见蔡沈《书经集传·洪范》注。
② 参见《史记·孟子荀卿列传》有关邹衍"五德终始"说所云。
③ 参见《汉书·五行志》著录之"刘向以为""刘歆以为"所云。

金、水之间存在相生的关系，由于这种相生的关系符合天道，所以自然也符合人道，因此被挪用到说明自然灾害与人（主要指以天子为代表的统治者）的关系上，通过"五行灾异"理论的宣扬实现对人君的有限制约，这才是"五行相生"理论的真实含义。

不论是上述"渐进的""置换的"方式，还是"改良的"方式，其实都暗含着前逻辑的成分，而与符号追求能指与所指高度吻合，两者之间没有间距的逻辑性意指方式截然不同。这种符号构成方式只能满足人们的政治伦理化的需要，却不能符合哲学逻辑化的求真的追求。在这种运作方式中，前逻辑的符号构成方式和历史理性的符号运作方式相互纠缠不清。①

2. 符号所指的能指化倾向

在中国文化中，作为"中""正"的互补的一极往往带有非所指的符号性质。比如，中国古代皇帝有迎节气于"五郊"的习俗：立春之日迎春于东郊；立夏之日迎夏于南郊；先立秋十八日，迎黄灵于中兆；立秋之日迎秋于西郊；立冬之日迎冬于北郊；故称"五郊"。春、夏、秋、冬四郊已经涵赅了一年的四季，而且立秋前十八日显然属于夏季，夏季跟其余三季的时间长度一样。从夏季中取出十八日，夏季的天数自然减少，这就从事实上打破了先民对四季的区分或者说取代或置换了先民精心构筑的四方、四季系统。所以"五郊"习俗中的"五时"以季夏为中，虽然是一种人为的区分，属于符号表达的范畴，不像"四季"是从自然现象的观察中得出的结论，但在五行学说盛行之后却显得更为重要。为了解决自然的四季与人为的五时之间的矛盾，五行学家于是只好采用两种办法：一是从四季当中分出了季夏并赋予它实际的、与其余四季相等的意义，这就等于从事实上置换了以四方、四季为主的静态结构，实现了新的质的飞跃；二是虽然将空间概念的"五行"导入了时间概念的四季系统，但却不给多出的

① 我们把三代以来的具有中国特色的思维方式称为"历史理性"，以便与古希腊以来的逻辑理性相区别。所谓历史理性，应该是区别于西方逻辑理性的一种思维方式，其主要特征是它的概念体系是建立在对已经存在的概念的进一步推演和系联基础之上，而不是建立在实证的、经验的基础之上。

"一"赋予实际的所指,将它置于中心主导但却是"空虚"的位置,就好像是《封神演义》里的姜子牙,受原始天尊的委托封神,却忘记了自己,等到封神完毕,才发现众神已经各就各位,唯独没有适合自己的位置,于是只好给自己一个高高在上但却没有一点实权的"虚位",成为一尊地位特殊的大神。文献记载中甚至有径直称春、夏、秋、冬为"五辰"的情况,《书·皋陶谟》:"抚于五辰,庶绩其疑。"江声《尚书集注音疏二》:"以五行分四时,则为五行之时,故谓四时为五辰也。"实际的季节只有四个,却要照顾人为的"五行",不得已只好在能指符号上做文章,于是明明是说"四季",表述出来却成为"五辰",这真是为难了那些聪明的注释家,使他们不得不为之强解,然后才能自圆其说。

原解释的终极目标始终指向能指,这种情况我们称为符号所指的能指化倾向。① 如果我们打个比方,可以说在中国文化的富矿里,你挖啊挖,使尽了浑身的解数,但最终发现的只是"能指"和维持能指运作的一套不合逻辑但却实用的手段。因此,所谓"五行观念",可以看成上古时代形成的一种符号性的功能结构。这种结构的实质是一种符号的能指形式,它不一定是实在的所指,但却拥有所指符号的功能。虽然不一定是实在的价值,但却在特定文化许可的范围内有不可忽视的使用价值。它在部分遮蔽了所指内容的同时拥有极强的能指投射功能。它在很大程度上代替了原始部族的流血牺牲,成为一种可敬可亲的符号,使得远方的异族回归,却使内部的族群因为争先为正统而争斗不息,它以符号性的和谐取代了内部事实上的不和。

明确一点说就是,"五行观念"倡导的中央与四方的二元互补模式,成为历史时期中国文化的新的原点。这个符号性能指以其空虚和包容为主要特征,以其层级性互补关系为主要结构特点,在长期的封建社会里,它以其强大的结构性功能承载着来自各种新的异质文化的强烈冲击,始终保持着中国文化自身的纯洁,并赋予它顽强的生命力。

---

① 参见孟华《"字本位"理论与汉语的能指投射原则》,《语言教学与研究》2001 年第 6 期。

（三）间距性悖论和可阐释性

1. 间距性

具有原型意味的"原解释"概念以其强烈的符号性质，同时具备了符号表达的悖论：一方面，必然会选择有利于自己的符号表达方式，并且想当然地认为表达方式就是被表达物，两者之间不存在间距；另一方面，又试图追求主客体的高度统一，即在意识到主客体分离的同时尽可能缩小它的间距。孟华把前者概括为"能指间距性"，把后者概括为"所指间距性"。他说："能指间距性是以能指为认同坐标，从表达的角度，观察在命名者意识中造成能指和所指之间距离感大小的方式；所指间距性则是以所指或客体为认同坐标，从符号与对象的客观关系的角度，看符号与对象、能指与所指之间实际的准确对应程度。能指间距性是一种想象现实的方式，所指间距性是符号达到现实的真实程度。"[①]

"原型符号"属于神性的符号。在史前阶段，神性符号就等同于神，不是人创造了神性符号，而是神性符号创造了人。在史前阶段的晚期，当人们产生了对神的利用意识的时候，神性符号的能指和所指就发生了初次的分裂，神性符号于是成为被利用的对象。这也就是我们所谓的"原解释"。《国语·楚语》叙述的"绝地天通"，卜辞中发现的"王的意志优先于神的意志"的情况，都恰好说明了神性符号的能指和所指之间发生的初次分裂。"原解释"属于半神性半人性的权力原型，在"原解释"阶段，王的权力来自王对"与神交往权力"的占有，其价值取向指向人（王）而不是神，其本质是一种利用神（巫术）来控制人的符号化行为。

从原解释活动的全过程来看，"能指间距性缩小"的模式从史前时代的晚期就逐渐受到了质疑，以至于"能指"不再完全等同于"所指"，符号本体从此一分为二，第一次出现了相对应的"能指"和"所指"，符号内部于是出现了间距。但是，我们不应忘记，即便到了历史时代，"能指间距性缩小"所体现的巫术思维或符号迷信，仍然是为中国古代所熟悉并

---

① 孟华：《符号表达原理》，青岛海洋大学出版社 1999 年版，第 126—127 页。

惯用的表达方式之一。列维-布留尔在他的《原始思维》中谈到"文化概念的凝结和僵化"问题时曾经举中国的例子,他说:"中国的科学就是这种发展停滞的一个触目惊心的例子。它产生了天文学、物理学、化学、生理学、病理学、治疗学以及诸如此类的浩如烟海的百科全书,但在我们看来,所有这一切只不过是扯淡。怎么可以在许多世纪中付出这样多的勤劳和机智而其结果却完全等于零呢?这是由于许多原因造成的,但无疑主要的是由于这些所谓的科学中的每一种都是奠基在僵化的概念上,而这些概念从来没有受到过经验的检验,它们差不多只是包含一些带上神秘的前关联的模糊的未经实际证实的概念。这些概念所具有的抽象和一般的形式可以容许一种表面上合逻辑的分析与综合的双重过程,而这个永远是空洞的自足的过程可以没完没了地继续下去。"① 如果我们用平静的心态看待这段20 世纪初的法国学者写下的话,那就不能不承认他说的"僵化的概念"和奠基在这些"僵化的概念"上的分析与综合大都是"空洞的自足的过程"云云,其实不过是一种符号化的"能指"演绎而已。

在这种表达方式中,表述者具有相当大的权力,他完全可以根据自己的意愿组织话题,并且冠以被表达者的名义,在代表述体的同时,巧妙地取代了述体的话语权。孟华说:"能指间距性缩小本质上是一种权力运作:它将符号事实掩饰为自然事实,将能指掩饰为所指,将符号的虚构掩饰为历史的本源,人们要服从于并回归于这个本源。所以,这种掩饰使符号的占有者获得了对真理的独占权和对本源的解释权,获得了自己权力运作合法性的客观依据。"②

2. 可阐释性

上面我们谈符号的间距性是着重从"原解释"功能的消极影响方面入手的,我们当然还应该看到原解释功能对来自史前时代文化传统延续所起的作用,尤其是对近两千多年来中华文化的定型所产生的积极影响。从这个角度看,"原解释"的模型既给前逻辑的互渗留有余地,又给中国式的

---

① [法]列维 – 布留尔:《原始思维》,丁由译,商务印书馆1981 年版,第446—447 页。
② 孟华:《汉字:汉语和华夏文明的内在形式》(未刊稿)第六章第二节之"王权符号阶段"。

历史理性的阐释留下了广阔的空间，因而实现了权力话语原型符号在历史时代继续传承的内在要求。"原解释"在寻求解释世界的结构的同时，也在努力探寻着自身结构的内在联系。它以自身结构表面上的"差异"形式，建立了内在的适应新时代的结构互补关系。它沿用原逻辑思维的"类比"方式所建立的几乎可以无穷置换的结构模型、概念范畴及其内在联系，虽然有原始的"类比思维"的特征，但也在一定程度上强化了中华民族特有的在"感悟"基础上的心智体验，构成了为民族文化思维所有的、影响达两千年以上的"历史理性"和中华民族对待、理解世界的内在心灵结构。

"原解释"概念还有一大优点，那就是它在中国文化中特强的适应能力。在历史阶段，它显然比原型符号具有更强的适应性，能够更好地适应历史理性变革的要求。这是因为，"原型"属于静态的、稳定的、平面的、神性的模型，内部的结构对应整齐，没有太大的可流动的和可阐释的空间；"原解释"则不同，原解释概念是动态的结构，它给阐释留下了很大的空间。原解释中的"五"（或"一"）表面上看似乎属于一个结构单位，实际上却担当着整个结构核心的职责，它与其余的"四"一起构成结构性的互补关系，在历史时代构成天人互动的动态模式。所以说在原解释（五行）结构内部的五个结构单位之间，并不真正存在过平行对应的五个元素及其这五个元素的生克制化。即便在战国秦汉以来的"五行生克制化"理论中，五个元素之间的生克关系的构成也只是表层含义上的现象，深层的含义始终指向一个目标，即服务于统治的需要，维护统治者的利益。

二 原解释概念与传统"五行"的关系

我们所说的原解释概念在相当程度上与传统所谓的"五行"相同，但又不完全相同。因为，从原解释范畴看待五行，首先要分清"五行观念"和"五行生克制化理论"两个不同层面的概念；而学界对"五行"概念的讨论，却一般将两者混淆。换句话说，学界所谓的"五行"，既包括我们的"五行观念",又包括"五行生克制化理论",而我们这里所说的原解释概念却主要是指"五行观念",并不包括"五行生克制化"理论。五行观念是源于先民观测天象并与世间万物建立普遍联系的一种半神话半历史化的观念形态,五行生克制化理论却主要是历史时代的思想家构建的用来说明王朝更替、论证统治合理性的一种政治思想。五行观念的核心是对符号化的"中介"(即"中"或"五")的肯定和服从,是对来自史前的二元互补神话结构模型的补充和新的历史条件下的原型阐释,而五行生克制化理论的要害却是关注封建统治关系的平衡,这两者既有联系又有区别,但区别大于联系。

五行观念起源甚早。传统的说法中有一种是"黄帝建立五行"。《管子·五行》:"(黄帝)作立五行,以正天时。"《史记·历书》也说:"盖黄帝考定星历,建立五行,起消息。"因为文献资料记载的混乱和不确定,近代以来的学者,尤其是"古史辩"学派的学者们对以上传统的说法大多持有否定的态度。

五行观念最初主要指涉两个方面:天理和物用。言天理者莫过于气之可知可感,故云"五气";言物事者则与民生日用有关,故云"五材"。天理、物用皆自然之常理,与哲学之理不同,故初言"五气""五材",都不以生克叙述其次序,而是以最常见的天象和最常用的水火为序。所谓"五气"其实是对五气流布现象的观测和由此而制定的律历,因此,先民们对"五气"流布现象观测的成果,首先就体现在律历的制定上。《史记·律书》《历书》正是对立足于先民"五行"观念(主要指五气)基础之上的天文研究成果的总结。与言天象的"五气"概念有连带关系的应该还有"五官"的概念。因为在先民的观念中"天象"和主掌天象的自然神本来就是同构的崇拜对象,他们对"天象"存有自然的敬畏,因而也就对各种自然神存有敬畏。而他们的生活经验和知识也时刻告诫他们必须时刻遵守禁忌。天神的意志和威力总要通过一个"中介者"才能实现和表达,这个"中介者"就是所谓"五官"。所谓"五官",是先民将观测天象得来的"五行观念"运用于人类社会的结果,也是先民"五行观念"在人世间的正当表达方式。古人首先把观测天象的成果落实到人间秩序的维护者——

王官头上，于是出现了以主管方位的神为五方长官的观念。起初当然是先有某些方位的某某官，而且这某某官必定与命名他的氏族在整个大的氏族族团中的地位及其这个氏族所处的方位有关，但是还没有这某某官的次序排定，逐渐才有了比较固定的排序。正因为如此，古书中才有所谓"视五行为要政"的事情，也才有因为不遵守"五行"以致被天帝处死的事例。①

"五材"的重点在于指"人事"，在于指出与人有关的五种物质元素以及五种元素在人的物质生活方面发挥的重要作用。《左传·襄公二十七》："天生五材，民并用之，废一不可。"杜预注："金、木、水、火、土也。"《国语·鲁语》："及地之五行，所以生殖也。"《书大传》："水、火者百姓之求饮食也；……五行即五材。……谓之行者，若在天则五气流行，在地则世所行用也。"古人提出"五材"概念只是为了区分实物的类别及其用途，可见"五材"概念最初应该跟"五行生克制化理论"有别。

以上两种含义的出现都不会晚于殷商时代。在殷商甲骨文里就提到了以"五"为单位的许多观念，比如"五方""五火""五卜""五臣""五工"等。在《尚书》"周书"以前的各篇文献中不但提到了"五辰""五色""五声""五器""五用""五品""五服""五味""五玉"等有关事物分类的术语，还有"五典""五礼""五教""五瑞""五福""五伯""五长""五祀""五刑""五过""五罚""五事""五宅""五伦""五统"等有关社会事务，涉及典制、刑法、伦理、道德、祭祀、言行、器用等诸多方面的术语。这些观念或者术语已经不限于单指天文或人事，而是两者兼而有之。由此可见，在商代关于"五行"的概念与先民的五行观念相比已经发生了很大的变化，已经伸展到人类生活的各个方面去了。显然，"五行观念"的起源比商代还要早。笔者以为，五行观念的提出和运用的年代，至少还可以从商代上推到五帝时代的末期，即尧舜时期，至迟不会到夏禹以后。至于《史记》等先秦古籍中所说的"黄帝建立五行"一类的说法，恐怕也不能一概视为无稽之谈。

为了更好地揭示"原解释"（或者也可以称为"次生原型"）范畴的

---

① 事见《尚书·洪范》。

五行观念的形成及其对中国文化发生的重大影响，揭示神话原型与历史理性的原解释之间的关系，我们下面尝试从人类学、文献学、考古学、语言学的不同角度对此现象做一综合考察，并结合几方面的论证，给出我们的初步答案。

（一）人类学的证据

人类学的调查证实，在世界各地的原始民族，大体上都有"尚中"和"尚五"的观念。在文明史的早期阶段，在一定的范围内，"尚五"和"尚中"的观念其实具有同构性。

美拉尼西亚岛上村落中心的大房子和新西兰毛利人村落中心的大房子都是氏族首领的住所，又是氏族集会和进行宗教活动的场所，房子中间的中心大柱子是最高首领的座卧之处，下等人是不能触及的。① 华夏先民也有"尚中"的观念，这反映在先民生活的各个方面。从人类的居处观念来看，史前时代的原始聚落都有位于中心的"大房子"和散处周围的小房子，他们共同构成原始的村落。比如仰韶文化半坡遗址居住区分成两片，每片都有一座面积达一百平方米以上的大房子，周围分别围绕着许多二十平方米左右的小房子，可能隶属于氏族内的两个群团或经济共同体；姜寨遗址则围绕五座大房子分布五处建筑群，五处建筑群又共同朝向中心广场，构成以大房子为次中心，以中心广场为总中心的二级房屋布局。② 这种位于原始聚落中心位置的大房子是先民"尚中"观念的物化表达形式。

如果说"尚中"的观念为世界大部分民族所有，那么，"尚五"的观念也是在相当范围内具有约束力的。人类学家发现，对神秘数字"五"的崇拜是一种普遍的现象。比如爪哇土人将一周分成五天，分别与方位的东南西北中，颜色的白、红、黄、黑、杂相对应，神秘数字"五"与前四个数字相比，尤其具有涵赅和中心的意义。不但"五"具有涵赅四周、指涉中心的意义，就是由数字"五"构成的结构单位也同样具有很强的神秘属

① 参见杨琳《汉语词汇与华夏文化》，语文出版社 1996 年版，第 69 页。
② 参见《中国大百科全书·考古学卷》，中国大百科全书出版社 1986 年版，第 34、230 页。

性和向心力。比如在北美印第安各部族的口头传说、图腾崇拜、神话和风俗中，"五"总是一个神秘的数字。在南太平洋的爪哇，土人的一个星期包括五天，这五天的名称、颜色与地平面的划分有密切的联系："第一天的名称表示白色和东方；第二天——红色和南方；第三天——黄色和西方；第四天——黑色和北方；第五天杂色和中心。"① 在印度的不同地区，"五"这个数字或者表示福或者表示祸。而在靠近喜马拉雅山脉的地方，"五"这个数字总是围绕着土地崇拜仪式的。

相对而言，"尚五"的观念在华夏文明中则更为常见，"五"这个数字之间的对应和变化也更加无穷无尽。对神秘数字"五"的崇拜在汉民族的数字崇拜中尤其具有重要的意义，《易·系辞上》："天数五，地数五。"将"五"定为天地之数，后人干脆称天地之数为"阳数""中数"。《春秋·僖公十六年》："陨石于宋五。"范宁注："五，阳数也。"《增韵》："五，中数也。"既然"五"是天地的"中数"或"阳数"，那么顺理成章，在易卦的六爻里第五爻总是居于中，称为"天位"或"帝位"。《易·贲》："天文也。"虞翻注云："五，天位。"《易·泰六五》九家注云："五，帝位。"所谓"天位"为上天之中心，"帝位"为人间之中心，强调"天、帝之位"的同构性，不过是要说明无论是天还是人都必须有核心作为主宰，才能井然有序，万事万物才能繁而不杂，和谐相处。所以说"五"这个数字原本就带有指涉中心的含义。

进一步说，"五"不但在构成元素上具有指涉中心的含义，就是在结构关系中，以五为一个层级的单位，也总是与另外四方为一个层级的单位共同构成结构性的二元互补关系，而这种关系中的所谓互补总是以指向中心，与中心发生紧密联系为根本的。由此可见，"尚五"和"尚中"的观念其实具有同构性，共同指向相同的目标，即强化统治秩序中帝王的中心地位。

---

① 转引自［法］列维－布留尔《原始思维》，丁由译，商务印书馆1981年版，第212页。

（二）文献学、考古学的证据

据文献记载，夏、商、周时期有图画前代故事或神怪人物于庙堂或宗庙重器的习俗。而神怪故事图画和有关先王先公历史故事的图画大都图绘在王或诸侯国的宗庙等礼仪性建筑中，宗庙里图绘这些图画的地方叫"图室"。"图室"位于上古宗庙、宫殿、陵寝等礼仪性建筑群的中央，"图室"与文献上通常所说"世室""太室"在功能上具有同构性。太室当中图绘着先王先公的图像和本民族的创世图画以及民族神话故事，所以叫"图室"。因为是代代相传祭祀祖先的地方，所以也叫"世室"。因为"太室"是宗庙、明堂类建筑中最大、最重要的一间，所以又可以作为整个宗庙群或明堂建筑群的代称。

从文献材料来看，三代礼仪性宗庙建筑的名称、规模、功能虽然并不完全相同，但是无论夏代的"世室"，殷人的"重屋"或"天室"，还是周人的"明堂"，其建筑格局都是以周围的四室围绕中间的"太室"，而这种精心设计的建筑布局都渗透了"五行观念"，是三代礼仪性建筑的共同特点。《考工记·匠人》："夏后氏世室……"郑玄注云："世室者，宗庙也。……堂上为五室，象五行也。"疏："云五室象五行者，以其宗庙制如明堂。明堂之中有五天帝、五人帝、五人神之坐，皆法五行。故知五室象五行也。"

三代宗庙建筑以周围四室围绕中央"太室"的建筑格局显然不是古人一时的心血来潮，而是渊源有自的。这可以看成漫长史前时代礼仪性建筑布局的遗留。杨鸿勋说："《考工记》所载奴隶制初期的宫殿——'夏后氏世室'是一栋内部分隔为前堂后室的大房子，即'前朝后寝'寓于一栋建筑之中……二里头遗址在廊庑环绕的庭院中，正是仅发现一座大型殿堂遗址，按其柱迹间架复原，可与《考工记》所载夏'世室'的空间划分相符。"[1]

---

① 杨鸿勋：《从盘龙城商代宫殿遗址谈中国宫廷建筑发展的几个问题》，《文物》1976年第2期。

　　"图室"既然是王祭祀祖先的地方，所以"图室"的建筑布局也格外受到重视。关于三代礼仪性建筑的布局平面，有许多学者都认为是'亞'字形。"亞"形是来源非常古老的一个象形符号，不但甲骨文、金文中有大量的"亞"字和以"亞"字为基础部件构成的图画文字，在考古发掘中，也发现了一些"亞"形的礼仪性建筑，比如安阳侯家庄西区七墓发现的殷墟"亞"形墓室群（图一）。

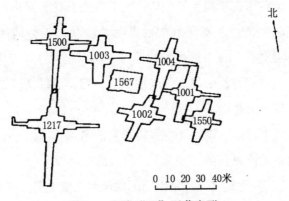

图一　殷墟"亞"形墓室群

　　资料来源：《中国大百科全书·考古卷》，中国大百科全书出版社 1986 年版，第 199—200 页。

　　在讨论以"亞"形为代表的礼仪性建筑形制问题时，应该特别重视"亞"形的中间位置及其蕴涵的神秘意义。萧兵认为："无论是亞形的中间方格，抑或明堂的'太室'，四合院的'天井'，还是美洲式'四屋'当中的'圆宇'，都是有所象征的'神圣中心'。"① 英国学者艾兰指出："在商代，大地被看作亞形，基本是四方围绕着中央，四方是神灵之土，风由此而生。这种大地亞形的观念复现在商王墓形制和青铜器铭文之中，它暗示着墓里的死者和礼器盛的祭品能够自由地进入另外一个世界。"②

　　高去寻先生指出，此处出土的 12 座殷墟大墓中，大致有半数的大墓有

---

　　① 萧兵：《〈中庸〉的文化省察》，湖北人民出版社 1997 年版，第 627 页。

　　② ［英］艾兰：《龟之谜——商代神话、祭祀、艺术和宇宙观研究》，汪涛译，四川人民出版社 1992 年版，第 193 页。

"亞"形的木室，为什么殷人非要把木室做成这种费时、费工、费料的"亞"形呢？"这很清楚地表示出它有一定的含义，非如此不可。……不容怀疑地它应该是当时丧礼的一种制度建筑。这种丧礼制度的建筑可能是象征着当时贵族社会的一种礼制建筑，而非一般的住处。这种贵族社会的礼制建筑根据后世的记载，它是祭祀祖先的地方，也是祭祀上帝和颁布政令举行重要典礼的处所。它的名称，较早的说法是夏后氏称为世室（即大室），殷人称为重屋，周人称为明堂，我们现在称它为古代的宗庙明堂建筑。"①

（三）语言学的证据

在甲骨文、金文中，存在大量的"亞"字和以"亞"形作为外廓，在"亞"形中央填写符号、族徽、文字甚至短语的现象。"它有时单独存在，有时与其他的'族徽'相结合，有时做为整个铭文的外框。"② 文字学家一般把这一类的文字笼统归结为"图画文字"。

甲骨文中独立存在的"亞"字，尤其是一期的"亞"字多呈"十"字形或"十"字形的变体，中间有一圆圈或呈现出辐辏的形态。《甲骨文字典》的编纂者认为："甲骨文亞字盖象古代聚族而居之大型建筑平面图形。殷代之城墉、庙堂、世室、墓葬沿用此形。"金文里单独存在的"亞"字基本上有两种形状，一种与上举甲骨文类似，呈十字形，只是有些形体框廓稍嫌肥大而已，另一种则是规整的"亞"字形状。两者的区别只是一部分"亞"字中间划上了表示中心位置的一小短横，另外的则没有小短横而已。规整的"亞"字形状仅见于金文，为甲骨文所不见。无论十字形的"亞"字还是规整的"亞"字，字的中间位置都是比较重要的地方，所以用符号"○"或"－"加以标志。其次，殷代的"亞"字形礼仪性建筑的四边为曲隅，以便衬托和突出整个建筑群中间的"太室"。《考工记》所

---

① 高去寻：《殷代大墓的木室及其涵义之推测》，《中央研究院历史语言研究所集刊》39 本，1969 年，第 181—182 页。

② 张光直：《说殷代的"亞"形》，《中国青铜时代》，生活·读书·新知三联书店 1999 年版，第 305 页。

谓殷人"四阿重屋",就是指殷人的明堂类建筑为四周曲角重檐屋顶"亞"形平面的布局。"阿"与"亞"古音相同,"四阿"即"四亞",也就是指"亞"形平面图中凹进去的四个曲角。这种四周曲隅围绕中间空阔的构字观念显然与五行观念同构,甚至可以说是五行观念在礼仪性建筑、文字上的表达,反过来说,"亞"字的构形也恰当地折射出先民"尚中""尚五"的观念和初步的五行的观念。

金文中与其他的"族徽"相结合的"亞"字情况相对比较复杂,但多是与礼仪活动相关的一些行为,其中有古代男女贵族一生当中必须经过的重要礼仪活动的描写,比如女子庙见礼、生子庙见礼、宗庙冠礼、尊老养老礼等,有王者在宗庙举行集会并发布命令的礼仪,还有为古人特别重视的祖先祭祀礼仪和战争礼仪等。[①] 此类"亞"字显然带有一定的神圣意味。

至于作为整个铭文外框的"亞"字形,已经演变成了美术性的抽象符号。西周早期的《古父己卣》,在器盖上有置于"亞"形外框内的六字铭文,记"古氏为父己作祭器"一事。张光直《说殷代的"亞"形》所引三例,均在"亞"型框内写满文字,文字独立成句,与外部的"亞"型框无关,"亞"型框在这里已经蜕变成一种典雅的美术性的装饰构件了。

这些所谓的"图画文字"或介于文字与图画之间的庙堂礼仪性"符号",大都具有礼仪性的功能或具有神秘的含义,具有与大宇宙相互沟通的功能。我们应该特别留意这种构字方法蕴涵的神秘含义及其与礼仪性建筑之间存在的同构性。而这些以"亞"形为外廓的图画文字绝大部分都是在"亞"形的中空中加上各种符号,这并不仅仅是因为"亞"形的中间空阔,适合填空的缘故,而且是与上古时期通行的"尚中""尚五"观念有关。如果我们把握了"尚五"观念的核心在于对中心的表达,将"中心"抽象为"一",并且看到中心的"一"与四周的"四"共同构造了动态的二元互补模型,即所谓的"五行观念"。那么,我们就完全可以说,正是"尚中""尚五"观念促成了从神话的静态四方观念向动态的符号化五行观

---

① 关于此类礼仪性符号的含义,详参姜亮夫《古文字学》,云南人民出版社 1999 年版,第18—23 页。

念的转变。因此，从文化的角度来看，所谓中间的位置，就是五行结构的"中"与四方对应的第五方——中央，它虽然是空阔无固定形状的范畴，但正因为它的空阔而显示出无穷的生机，具备了无限生成的功能，成为动态的符号性结构。

三 原解释结构的功能

如果说来自史前时代东南、西北两大集团相互融合渗透而形成的二元互补结构是中国文化的根本深层结构或者说文化原型，那么五行观念及其理论形态可以看成针对史前二元互补结构的阐释，它甚至是历史时代通用的"元语言"。五行的真正含义是造成了现世的时空观念和符号性的能指之间相互纠缠、相互补充的动态文化结构模式，在历史时期进一步阐释了来自神话的深层二元结构。五行观念以前的阴阳互补和四方四季观念基本上是缺少复杂变化形式的静态稳定结构（四方与四季的联系只是因为原始神话的"互渗"），只有五行结构才真正造成了哲学意义上的深层结构模式，并以其次生形态而具有了原型的意味和影响。

我们在前面说过，在静态的神话四方结构模式出现的同时五行观念也就应运而生了。确切地说，这个意思只能是指史前时代的神话四方结构模式和动态五行结构模式之间的功能转换，而不是纯粹进化意义上的观念的生成和演进。卜辞中既有专门向四方神或四方风神卜问可否获得好收成的记载，又有卜问五方神可否获得好收成的记载，可证殷商既有"四方"的观念，也有"五方"的观念。卜辞中的"五方"观念，包括东、南、西、北四方和所谓"中商"。"中商"既然可以作为卜问的对象而与四方神并列，显见商人的祖先神已经获得了天帝配神的资格，其地位在四方神之上或者至少与四方神平列。臧克和说："有种种迹象表明，五方取代四方的过程是在殷商时代即华夏文明史的初期就开始的。它表现为祭祀与占卜的'四方受年'到'五方受年'的过渡，从帝使四方风神的观念到'帝五臣'观念的过渡，以及随之而来的四方神到五方神的过渡。"① 臧氏的说法无疑是有道理的。但是，如果我们结合文献学、人类学、语言学、考古学几方面的信息来综合考察，四方观念与五行观念的功能转换发生的时间有可能更早。

我们是否也可以这样说：神话时代就已形成的、来自不同系统的多层级的二元互补关系，由于一开始就与四时模式自然地结合在一起，因而共同构成了相对稳定的静态模式——四方、四时结构；而围绕着黄帝部族的兴起，打破了这种静态的二元互补结构，经过长时期的碰撞和融合，终于在五帝后期形成了动态的以黄帝族的大神为主的"五行结构"。

"五行结构"不是单纯地由一个个元素构成的生克链条，而是一种隐含的结构力量，这个结构来自原型置换的内在要求，而不是孤立的数量的增长。这个结构内部存在两层关系。

首先，五行的"五"（或"一"）与另外四方的"四"构成一对二元互补的结构。这个结构与史前时代的神话四方结构不同，五行结构是动态的、立体的，四方结构是静态的、平面的。五行结构内部始终存在着一种强大的结构力量——可以称为结构的"向心力"，向心力以表面上的符号所指的形式行使实际上的能指的功能，具有很强的符号感召力。所以五行结构始终意指着一个中心，尽管这个中心只是一种符号形式。

其次，在五行结构中也始终隐含着来自史前时代的两对静态二元互补关系，它形成结构内部的平衡力量，相对可以称为"离心力"，离心力是一种自足的互补关系，它制约着五行中的第五方对整体结构的破坏，保证五行结构不至于完全变成无法控制的耗散性结构。来自结构内部的这两种力量的互补，共同构成了原解释意义的五行结构。②

为什么五行结构中的"五"或"一"具有比"四"还要重要的作用呢？单从数量上看，在五行结构中，所谓"四"包括了四个单位，而所谓"五"只是一个单位。因此，"四"与"一"在数量上简直不成比例。但

---

① 臧克和：《尚书文字校诂》，上海教育出版社1999年版，第240页。
② 所谓"向心"和"离心"的说法，徐通锵先生在他的《语言论》中已经提到，不过徐先生的这两个概念是用来指纵横交叉的语义结构，本文却是指原解释概念中存在的结构性互补关系。

是，如果我们说，结构的力量并不取决于数量的多寡，在这里却是千真万确的事实。按照我们对五行生克制化理论的研究，可以说在这个理论中，最关键的环节是"土"的配置。当然，"土"的配置要以"四方"（两个二元互补关系）的形成和整合成一个单位为先决条件，换句话说，就是作为互补关系的一元（土）的出现，必须以另一元（四方）的出现和与之对应为条件。《国语·郑语》说："先王以土与金木水火杂，以成百物。"正是说的这个意思。董仲舒《春秋繁露·五行对》说得更明白："忠臣之义，孝子之行，取之土。土者，五行最贵者也，其义不可以加矣。五声莫贵于宫，五味莫美于甘，五色莫盛于黄，此谓孝者地之义也。"《淮南子·坠形训》也表述了类似的意思："音有五声，宫其主也；色有五章，黄其主也；味有五变，甘其主也；位有五材，土其主也。"又《春秋繁露·五行之义》："土居中央，为之天润。土者，天之股肱也。其德茂美，不可名以一时之事，故五行而四时者，土兼之也。金木水火虽各有职，不因土，方不立……土者，五行之主也。"好一个"不因土，方不立"，活脱脱地刻画出"土"所具有的中心的神圣的功能。让如此神圣的"土"与数量虽多，地位低下的"四"对应，岂不是侮辱了"土"的尊贵？因此，作为"土"的对立面的"四"，只能屈就于"土"，作"土"的辅佐或者说起辅助作用了。而地位尊贵的"土"虽然只代表一个方面却可以兼容"四时"，所以"土"是五行（五材）之主，是五行结构中的核心。《白虎通》不但在《五行篇》中叙述了五行的"五"（或"一"）的关键作用，所谓"行有五，时有四何？四时为时，五行为节"。另外还在《四时之副》里专门论述了"四时"对"五行"的辅助作用，可见汉人对五行关系中"四"与五行之"五"（或"一"）的关系的认识依然遵循着来自史前时代的"互渗律"，从这个意义上讲，先秦以来的"五行生克制化理论"显然与史前时代的"原型"存在种种联系，在一定意义上，我们似乎也可以把它归于"原解释"的范畴。

如果我们给"原解释"做出相对抽象的归纳或者数字化的模型，那就可以说，"五"的出现意味着人的符号活动与自然活动的同步。从神秘数字来看，"一"是比较抽象的数的单位，因此可以应用到不同的事物上；

"二"是原始的记数方法，具象化的单位，总是用来对比，"二"同时具有相对应的运动的稳定结构，代表基本的自然模式或者法则；"三"是"二"和"一"，代表着多，属于动态结构，具有无限的张力；"四"是"二"和"二"，是原始运算的基数单位，属于静态的稳定结构，代表完善的自然模式；至于"五"，则是静态的"四"与本原的"一"的重新组合。如果说"一"在历史理性里被概括为无形无象、无色无味的、隐性的道或太极，那么"五"就是这个或者叫"隐性太极"，或者叫"道"，或者叫"创始神"的物化形式，是那个无形的"一"在人造符号中的符号性还原，是符号世界的显性的表达方式。正因为显性的符号"五"与神秘的本质的"一"存在深层的联系，所以它也就具有了神秘的"一"的所有属性，具备了赅备全体的功能，成为新的符号化了的、可以阐释的本原或中心。

[本文是在笔者所著《典籍符号与权力话语》（中国社会科学出版社 2004 年版）第 2 章第 1—2 节的基础上改写而成的，原载韩国《中国语文论丛》2005 年 12 月第 29 辑，此次仍按原文收入本书，仅做了几处文字修改]

附录一

大视野下的文字学研究荟萃
——《广义文字研究》述评

戚晓杰

黄亚平、白瑞斯、王霄冰先生主编《广义文字研究》一书已于 2009 年 1 月由齐鲁书社出版。翻阅此书，有一种阅读的喜悦与意欲读下去的冲动，它从一个更高的角度，把有关文字研究的文章全面、立体地置于广义文字学的视野之下，让人思索，给人启迪。书中很多内容都是我们想了解，而或由于专业方向所限触及不到，或由于外语阻隔无法阅读到的。黄亚平等先生高瞻远瞩，打通古今、沟通中西，呈现给我们一份丰盛的中外文字学研究的大餐，是令人欣喜的。本书编写的意义与价值主要体现于以下诸方面。

首先，有助于推动语言学理论建设。由于中西方语言文字性质迥异，当今语言学理论主要基于西方语言而建立，而表音体系的西方文字又迥异于表意文字，因而文字学并没有得到应有的重视，文字学在当今语言学理论中没有获得应有的地位。文字是语言的重要组成部分，不重视文字的语言理论是偏颇的。本书集中外有价值的文字学研究成果于一身，探讨文字学研究的理论与方法，文字的起源、形成与演变，语言与文字的关系，探究文字的功能与地位，文字、图像与仪式，文字的书写材料与技术，这对于提升文字学理论，加强普通语言学理论建设，无疑都是极具意义的。

其次，有益于推进语言研究走向深入。本书所收集的文章中不少是探讨文字与语言的关系、文字的功能与地位，由此深入下去，可以给予我们很多语言学研究方法上的启示，从一个侧面推动语言研究向前迈进。文字是记录语言的符号体系，但并非机械被动，人们选择一种记录自身语言的符号，实际上就包含有对这种语言结构的朴素认识。文字产生之后，又会影响、制约语言本身，从而形成文字对语言的投射。汉字与汉语语法的关系即是如此。汉字适合记录音节结构突出的汉语，汉字与汉语相适应。汉字对汉语语法产生了深远的影响，汉字与汉语语法结构有着密不可分的联系，汉语语法具有汉字性，汉语语法不同于西方语言的诸多特性即源于汉字。汉字是解读汉文化的密码，从汉字入手研究汉语语法，汉语语法的本真面目才可以由此得以深刻、有效地揭示。

最后，有利于促进文字本身的发展。本书中所论述的文字是广义的，文字是在言文关系和文象关系中被定义的。文字的性质不但取决于它和语言的关系，而且还要靠它与象符号的关系来定义。目前主流文字学由于没有自觉的文字间性意识，而是将文字学限制在一个极其狭窄的领域内，从语言的附属品、图像的对立物等角度来孤立而静止地研究文字，这就大大限制了文字学研究的范围，由此形成文字与语言、文字与图像关系研究上的诸多盲点。本书内容将文字的研究重点由对语言的单纯记录转向对文字间性的研究，从而开拓了文字学的研究领域，文字学除了研究文字符号，还研究象符号，诸如建筑、服装、图画、舞蹈、体态、仪式、音乐、表情达意的实物乃至各类传达意义的人工痕迹等视觉符号，都在言文关系、言象关系中得以文字学研究的关注，文字学研究的实用价值也由此得以提升。

本书视角独特，境界高远，选文精粹，给我们展示了一个丰富、精彩的广义文字学研究世界，值得一读。

[本文是青岛大学戚晓杰教授为《广义文字研究》（齐鲁书社 2009 年版）所写的书评，尚未正式发表，征得作者的同意，现收入本书附录]

附录二

前文字研究方法的探索*

胡嫚丽

一 还原时间地点，进行考古学定位

前文字研究与考古学的关系十分密切，甚至也可以说前文字研究本身就是考古研究的一部分。一旦发现新的前文字材料，首先要做的就是对其进行考古学定位。由于大部分前文字材料所从出的时间较早，所以要想确知所发现材料的历史时期，必须使用考古学的方法加以定位。考古实践说明，一些考古学的基本方法是适用于前文字材料的解读和研究的，比如层位和类型，这两个考古学研究常用的方法对于研究前文字材料具有十分重要的借鉴意义。

前文字材料的判定和考证需要考古学的地层定位和时代判定，也需要使用类型学的方法对大量的材料进行科学分类。比如，泉护村遗址以仰韶文化庙底沟类型为主要内容，是该类型一处颇具代表性的遗址。泉护村庙底沟类型（即泉护村一期文化）的主要文化特征包含绘有两种花卉图案、一种鸟形图案的彩陶盆（钵），并有重唇小口尖底瓶、葫芦小口平底瓶和

 ＊ 本文是研究生胡嫚丽同学在笔者开设的"前文字研究"课程上提交的课程作业，该文记录了老师课堂讲授的要点，结合了自己的理解。征得本人同意，现将该文收入本书，作为附录二发表。

砂陶罐。五种陶器特征鲜明，从早到晚发展的连续性清楚，阶段性明显，可分为三个阶段，经过了"成熟、转折、退化"的全过程（图一①）。这些材料显然可以作为前文字研究的典型材料来使用。

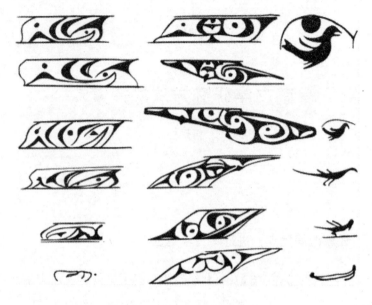

图一　泉护村一期文化三阶段典型彩纹的变化

二　系联已识材料，使用文献验证

有些前文字材料会有明显的题记，或者在古代文献中有相关的记载，这些都是我们可以依据的历史或文献史料。即便年代较早的前文字材料，也可以与已识的一些材料进行特征上的比对，从而系联在一起加以论证，找到发展演变的痕迹。比如关于几何纹饰的研究，利用系联法就最为便利。考古学者们已发现了拍印有几何纹饰的陶器和陶片在时空分布上的广泛性（图二②），这些几何纹饰诸如：圆圈纹、平行线纹、波纹、编织纹、云雷纹、人字纹、折纹、三角纹、方格纹、涡纹及一系列其他纹饰。几何印纹陶文化，始于新石器时代末期，在商周时代发展到了顶峰，其影响在

———————————

① 苏秉琦：《苏秉琦文集》，文物出版社 2009 年版，第 372 页。
② 图片来自《考古学报》1953 年第 1 期，第 79 页。

汉代及六朝时期的陶器制作上仍有所反映。①

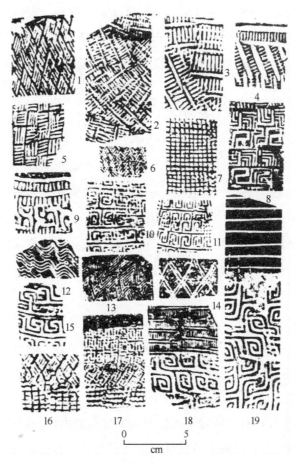

图二　湖熟文化陶器上的几何纹饰拓片

　　另外，还有学者指出："由于有一批最基本的纹饰、图像或符号，从新石器时代一直到秦汉时期，它们的形象、含义没有多大变化。通过这批纹饰、图像或符号，大部分的史前纹饰都可以得到正确的解读。这批纹饰和符号包括：阴阳交午图形（符号）×、⊠、⋈及其变形纹样；火纹及其变形纹饰；八角星纹及其变形；S纹（或反S纹）、旋纹、涡纹（蟠蜷纹、

　　① ［美］张光直：《古代中国考古学》，印群译，生活·读书·新知三联书店2013年版，第458页。

螺旋纹）；斗形纹；"并封"图像。主要是这六种。"①

从这两个例子我们可以看出，系联已知文献材料，对确定前文字新材料所属的文化类型、时间、特征、形象、含义等内容有十分重要的作用。因此，文献材料系联法也是前文字研究的比较重要的方法。

三 符号比对方法是前文字研究的基本方法

前文字材料中往往包含大量的符号，这些符号所在的介质包括陶器、龟甲、兽骨、岩石等多种类型，符号本身也存在很大差异，纷繁杂乱。但是值得注意的是，仍然有很多符号虽然不在同一时期、同一地域出现却存在不少相同特征。因此，只有对这些符号进行比较分析，才能鉴别出不同前文字材料的共性或差异。而前文字材料的比较分析不能局限于某一地区或者某种载体介质，因为世界范围内有相同特征的符号遍布各地，不仅可以刻画在岩石上，还可能刻画在陶器上或者甲骨上等。通过比较分析，我们才能知道这个地区的这个材料在整个前文字研究中的定位，才能得出材料彼此间的共性或者差异，从而找出各个材料的特点。与此同时，我们再得出其差异或共性之后又能对其进行区域的划分，文化特征的归类，得出地区特色。

盖山林先生认为："通过中国各个地方岩画就内容、制法、作画环境、画风的诸项对比，我们将中国岩画划作东北农林区、北方草原区、甘青藏高原区、云贵桂山地区和东南沿海区四种岩画类型，并清楚地知道各自的特点。如果我们对不同地域同一时间岩画进行对比研究，不仅能知道各地岩画的异同，还能比较出各地岩画的精粗、优劣水平，也能看出某种题材的有无以及精细程度，从而可以知道各地岩画的水平高低及进步快慢。各地岩画水平的高下，往往可以通过各地岩画的对比获得解决。"② 在《汉字符号学》中，黄亚平师将北方岩画人物形象和南方岩画人物形象以及商周图画文字中的人物形象进行对比，发现"北方草原地带的人物岩画，人体

---

① 王先胜：《中国远古纹饰初读》，学苑出版社 2015 年版，第 84 页。
② 盖山林：《中国岩画学》，书目文献出版社 1995 年版，第 13 页。

的躯干较粗，构图比较写实。由于注重人物的外形，给人以强烈的直观印象。南方地区岩画人物的形象躯干呈倒三角形，四肢较细，构图较为写意"①，如图三②所示。

1.阴山岩画　　　　　2.贺兰山岩画

A.北方岩画舞蹈人物

3.沧源岩画　　　　　4.云南岩画

B.南方岩画舞蹈人物

图三　南北岩画人物对照图

四　联系地方社会文化语境，进行背景考察

对前文字材料的文化背景的了解也十分重要。岩画、彩陶纹饰、雕塑等都是人们在实际生活中创造出来的生活艺术品，这些艺术品反映着制作者的思维方式、审美观念和社会认识，又可以进一步反映出一个地区，一个族群或者一个时期的社会生活方式和生活观念。因此，只有充分了解材料的社会文化背景，才能正确地对材料进行解读，得到可靠的、

---

① 黄亚平、孟华：《汉字符号学》，上海古籍出版社2001年版，第74页。
② 同上。1. 采自盖山林《中国岩画学》；2. 采自宁克平《中国岩画艺术图式》；3. 采自汪宁生《云南沧源崖画的发现与研究》；4. 采自光翟《创世纪——留在崖壁上的时代》。

真实的解释。

很多前文字材料在我们今天看来是十分荒诞、不可理解的，但是如果放在当时特定的生活环境和文化背景中再对其进行研究，一切就顺理成章了，很多问题也都能迎刃而解了。比如汪宁生先生所考察的景颇族的"树叶信"，汪先生在《从原始记事到文字发明》一文中说到，"树叶信"的基本方法是把树叶或其他物件，固定地赋予某种意义。这样，族人们互相通信时，把树叶等物按照要说的话的先后次序排列起来，用藤或绳子捆成一束送给对方，对方就会大概明白信要表达的意思。因为在使用这种树叶信的民族内部，他们是了解什么树叶代表什么意思的。兹将汪宁生先生在《从原始记事到文字发明》一文中所列景颇族中载瓦支系常用的几种与谈情说爱有关的树叶或物件罗列如表一①所示。

表一　景颇族载瓦支系常用的与谈情说爱有关物件

物　件	景颇语名称	译　意	说　明
	撒　吉	请吃槟榔。	景颇族男女见面互赠槟榔，故一封树叶信常以此物开头，表示友好之意。
	德　滥	我们一起玩吧。	滥，与"玩耍"的音相同。
	蒲　软	我要到达你们那里。	蒲软，与"到达"的意相同。
	豆　门	你快打扮起来吧！	
	保　锁	我要跟着你走。	保锁是贝壳，与"走"的音相同。
	洋　火	我要举着火把找你。	火柴表示战火的意思。
	蒲　谢	无论你躲在何处，我都可以找到你。	蒲谢是一种占卜用的树叶，表示自己妙算如神。

① 汪宁生：《从原始记事到文字发明》，《考古学报》1981年第1期。

续 表

物 件	景颇语名称	译 意	说 明
	拔 业	让我俩常在一起。	拔业,一种花名。开花时总是并蒂,故以此表示永在一起。
	石很哈	让我们永不分离。	石很,一种藤子;哈是其树叶。用来表示彼此象藤子一样纠缠不分。
	抗 吉	无论多么苦,我们患难与共。	抗吉是一种苦果,用来表示同甘共苦之意。
	文 哈	你的困难,由我承担。	文哈,与"背"的音同,表示承担之意。
	额 芒	让我们白头到老。	额芒,与"老"的音相同。
	脚救哈	你不要怕家里人威胁。	脚救,与"威胁"的音相同。
	则 哈	你要的东西,我全答应。	则哈,与"东西"的音相同。
	浪 诺	你的心肠,不要学毒蛇那样狠。	浪诺,是一种植物名,也是毒蛇的名称,用以表示恶毒之意。
	泡 哈	我要把你扔掉。	泡哈为何表示扔掉,原因不详。

五 利用人类学、符号学和美学研究成果,进行跨学科综合研究

前文字研究除了需要文字学、考古学和历史学的知识和方法,还需要和人类学、符号学、民俗学、美学等学科的研究结合起来,才能对材料有综合性的全面认识。早期人类的思维方式和生活方式的特点会一定程度反映在前文字材料中,不同民族生活习俗的差异和审美观念的不同也会有所

体现。比如不同地区、不同民族住所和村落的差异，体现在岩画中，可以非常明显的体现人类学和民族学的重要性。"在内蒙古阴山和乌兰察布草原发现的岩画中，可以绍常看到"⊕"或"○"的形象，可能是表示当时居住的穹庐毡帐的仰视形象，其中圆圈中的十字形，可能是穹庐内顶上的十字木架。乌海市桌子山岩画中有 ⋀⋀⋀ 的形象，这应看作是从侧面看到的穹庐形。这些穹庐形为什么采用圆形呢？因为北方多风，圆形是不太挡风的，对排除风吹有好处。由于生活上的需要，我国北方也同世界上许多地方一样，原始人移居地面后的最早住宅是"斜仁柱"式的住所，即由几十根木杆聚在一起，外面覆盖兽皮的上尖下大的圆椎状住房。这种住房广泛分布于内蒙古西部雅布赖山一带，其样式见图四①。

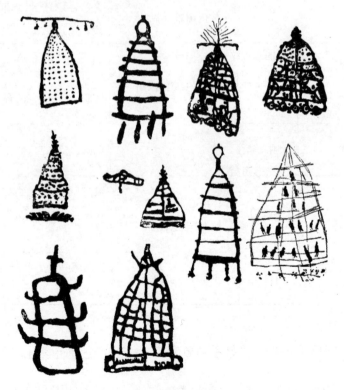

图四　圆锥形帐篷

① 盖山林：《中国岩画学》，书目文献出版社 1995 年版，第 106 页。

综上所述，我们在研究前文字的时候，一定要从具体材料出发，验证史料，然后综合地运用考古学、历史学、符号学、人类学、民俗学、美学等各种学科的知识和有效的研究方法。当然，这些方法在具体运用时是综合起来，相互交叉、相互辅助的，因此我们必须具体问题具体分析。对于现有理论、现有方法不能解读和研究的材料，要有阙疑待问的精神，不可随意解读，以免造成误读。

本文参考文献：

［1］黄亚平：《前文字研究》（课堂讲授稿），2016 年。

［2］黄亚平、孟华：《汉字符号学》，上海古籍出版社 2001 年版。

［3］盖山林：《中国岩画学》，书目文献出版社 1995 年版。

［4］汪宁生：《从原始记事到文字发明》，《考古学报》1981 年第 1 期。

［5］王先胜：《中国远古纹饰初读》，学苑出版社 2015 年版。

［6］［美］张光直：《古代中国考古学》，印群译，生活·读书·新知三联书店 2013 年版。

［7］苏秉琦：《苏秉琦文集》，文物出版社 2009 年版。

［8］陈淳：《考古学理论》，复旦大学出版社 2004 年版。

［9］杨泓、郑岩：《中国美术考古学概论》，中国社会科学出版社 2008 年版。

后　记

　　这本自选集得以面世，首先要感谢海大文新学院修斌院长的高瞻远瞩，在他的大力推动之下，围绕着中文学科博士点的建设工作，便有了编选论文的契机！感谢学界各位同人的鼎力相助，你们的鼓励和支持，始终是我前行的动力！感谢多年来积极参与广义文字学理论研讨，并为这一理论建构贡献力量的各位研究生同学，你们是广义文字学理论建构的真正英雄！感谢多年来为我操持家务的妻子，正是她的无私奉献，免除了我的后顾之忧，让我能够专心从事自己所热爱的事业！感谢伍淳为我精心修饰数量众多的图片，李聪为我挑选清晰的古文字字形，最后，还要衷心感谢本书责编安芳女士的严格把关，他们的工作为本书增色太多！

　　我怀着一颗感恩之心，回报大爱，心存喜悦！

黄亚平

2016 年 11 月 18 日

于青岛浮山"一线海"斋